U0901953

中国特色社会主义政治经济学名家论丛（第二辑）

王立胜 主编

中国特色社会主义
政治经济学体系研究

ZHONGGUO TESE SHEHUIZHUYI
ZHENGZHI JINGJIXUE TIXI YANJIU

颜鹏飞 著

山东城市出版传媒集团·济南出版社

图书在版编目(CIP)数据

中国特色社会主义政治经济学体系研究 / 颜鹏飞著.
—济南：济南出版社，2019.1
（中国特色社会主义政治经济学名家论丛 / 王立胜主编. 第二辑）
ISBN 978-7-5488-3549-3

Ⅰ.①中… Ⅱ.①颜… Ⅲ.①中国特色社会主义-社会主义政治经济学-研究 Ⅳ.①F120.2

中国版本图书馆 CIP 数据核字(2019)第 025451 号

出 版 人 崔 刚
责任编辑 李 敏 胡雨薇
封面设计 侯文英

出版发行 济南出版社
地　　址 山东省济南市二环南路 1 号(250002)
编辑热线 0531-82803191
发行热线 0531-86131728 86922073 86131701
印　　刷 山东省东营市新华印刷厂
版　　次 2019 年 1 月第 1 版
印　　次 2019 年 5 月第 1 次印刷
成品尺寸 170mm×240mm 16 开
印　　张 17
字　　数 230 千
定　　价 78.00 元

中国特色社会主义政治经济学名家论丛（第二辑）

武汉大学　颜鹏飞

颜鹏飞简介

1946 年 10 月出生于湖南益阳。北京大学经济学学士（1969 年），武汉大学经济学硕士（1981 年），马克思主义理论与中国实践协同创新中心研究员，人文社会科学研究院驻院研究员，经济与管理学院二级教授，经济思想史研究所所长，《经济思想史评论》主编；中华外国经济学说研究会副会长，全国马克思主义经济学史研究会副会长，中国经济发展研究会副会长，湖北省外国经济学说研究会会长，中国社会科学院马克思主义研究院特聘研究员，世界政治经济学学会顾问，马克思主义理论研究和建设工程首席专家和政府特殊津贴专家。兼任国内多所高校兼职教授或咨询委员。先后在美国密执安大学（1991 年）、德国特里尔大学（1998 年）、英国伦敦都市大学（1999 年）做过高访学者或合作研究学者。

迄今发表论文百余篇。主持编撰《马克思主义经济学说与中国改革发展研究》丛书、《新编经济思想史》丛书、“十一五”国家级规划教材《经济思想史》和马克思主义理论研究和建设工程《西方经济学》等重点教材。代表性论著有《中国社会经济形态的大变革——基于马克思恩格斯的新发展观》《马克思主义经济学说史》《激进政治经济学派》《自由经营还是国家干预——西方两大基本经济思潮概述》《近代西方经济学》《中国保险史（1805—1949 年）》等。曾主持由福特基金会和欧盟资助的多项国际合作项目、国家社会科学基金重大项目和教育部哲学社会科学研究重大课题攻关项目。

倡导马克思“四大重要贡献论”尤其马克思政治经济学逻辑体系构筑方法，被称为“最有影响”的“经典的马克思主义经济学文本流派”的代表之一；首次提出“李嘉图—穆勒定律”，并比较系统地剖析关于经济思想演变发展的多元化主线理论，其中包括西方和谐—冲突思潮这一经济思想史发展主线；较早向学术界系统阐述激进政治经济学、西方兼容理论和市场社会主义学派；倡导“改革开放四大拐点论”；解读科学发展五大规定性和“中国转型经济学体系”；入选 2017 年“中国特色社会主义政治经济学四十人”；关于中国保险史的开拓性研究，在学术界产生了一定的影响。相关报道见诸《国外理论动态》（2003.03）、《高校理论战线》（2008.01）、《社会科学家》（2009.03）、《马克思主义研究》（2013.07）、《海派经济学》（2013 年第 3 期）、《学习与实践》（2002.05）、《当代经济研究》（2011.12）、《管理学刊》（2014.03）、《学习与实践》（2002.05）、《今日财富》（2007.09）、《中国改革报》（2006.12.04）、香港《文汇报》（2002.10.12）、《信报》（2012.05.03）、《当代马克思主义经济学家：创新与批判》（2012）、《名家访谈：马克思主义理论创新与实践探索》（2015）等刊物，以及中国保险学会网站等媒体。

总 序

中国社会科学院　王立胜

习近平总书记在2016年哲学社会科学工作座谈会“5·17”讲话中指出：“这是一个需要理论而且一定能够产生理论的时代，这是一个需要思想而且一定能够产生思想的时代。我们不能辜负了这个时代。”① 中国特色社会主义政治经济学就是习近平总书记结合时代要求倡导的重要学说，其主要使命就是以政治经济学总结中国经验、创建中国理论。他指出：“坚持和发展中国特色社会主义政治经济学，要以马克思主义政治经济学为指导，总结和提炼我国改革开放和社会主义现代化建设的伟大实践经验。”② 在2017年省部级主要领导干部“学习习近平总书记重要讲话精神，迎接党的十九大”专题研讨班“7·26”讲话中，习近平总书记提出当前的时代变迁是发展阶段的变化，指出“我国发展站到了新的历史起点上，中国特色社会主义进入了新的发展阶段”③，强调“时代是思想之母，实践是理论之源”④，要求总结实践经验，推进理论创新。在经济学领域，实现从实践到理论的提升，就是要贯彻习近平总书记在中央政治局第二十八次集体学习时提出的重要指示，“提炼和总

---

① 习近平：《在哲学社会科学工作座谈会上的讲话》，《人民日报》2016年5月19日。

② 新华社：《坚定信心增强定力　坚定不移推进供给侧结构性改革》，《人民日报》2016年7月9日。

③ ④新华社：《高举中国特色社会主义伟大旗帜　为决胜全面小康社会实现中国梦而奋斗》，《人民日报》2017年7月28日。

结我国经济发展实践的规律性成果，把实践经验上升为系统化的经济学说"[①] ——这就是"坚持和发展中国特色社会主义政治经济学"的历史使命和时代要求。

当前中国特色社会主义政治经济学的提出和发展也是六十余年理论积淀的结果。1955 年苏联政治经济学教科书中文版[②]在国内出版，当时于光远[③]、林子力和马家驹等[④]学者就开始着手探讨政治经济学的体系构建问题。从 1958 年到 1961 年，毛泽东四次提倡领导干部学习政治经济学[⑤]，建议中央各部门党组和各省（市、自治区）党委的第一书记组织读书小组读政治经济学。他与刘少奇、周恩来分别组织了读书小组。在组织读书小组在杭州读书期间，他在信中说"读的是经济学。我下决心要搞通这门学问"[⑥]。在毛泽东的倡导下，20 世纪 50 年代中后期我国出现了第一次社会主义经济理论研究高潮——正是在这次研究高潮中，总结中国经验、构建中国版的社会主义经济理论体系被确定为中国政治经济学研究的方向和目标，并被一直坚持下来。这次研究高潮因"文革"而中断。"文革"结束后的 80 年代，在邓小平的倡导和亲自参与下，我国出现了第二次社会主义经济理论的研究高潮。很多学者在"文革"前积累的理论成果也在这一时期集中发表。在这次研究高潮中，我国确立了社会主义公有制与市场经济相结合的发展方向，形成了社会主义市场经济理论，为改革开放以来近 40 年的经济繁荣提供了理论支撑。当前在习近平总书记的倡导下，从 2016 年年初开始，我国出现了研究

---

① 新华社：《立足我国国情和我国发展实践　发展当代中国马克思主义政治经济学》，《人民日报》2015 年 11 月 25 日。

② 苏联科学院经济研究所：《政治经济学教科书》（中译本），人民出版社，1955 年。

③ 仲津（于光远）：《政治经济学社会主义部分研究什么？》，《学习》1956 年第 8 期；《最大限度地满足社会需要是政治经济学社会主义部分的一个中心问题》，《学习》1956 年第 11 期。

④ 林子力、马家驹、戴钟珩、朱声绂：《对社会主义经济的分析从哪里着手？》，《经济研究》1957 年第 4 期。

⑤ 戚义明：《"大跃进"后毛泽东四次提倡领导干部学政治经济学》，《党的文献》2008 年第 3 期。

⑥《建国以来毛泽东文稿》第 8 册，中央文献出版社，1993 年，第 637 页。此次学习期间毛泽东读苏联政治经济学教科书的批注和谈话成为我国政治经济学研究的重要文献资料。

中国特色社会主义政治经济学的新高潮，形成了中国社会主义政治经济学的第三次研究高潮。经历了六十余年的理论积淀，在中国特色社会主义新的发展阶段，中国特色社会主义政治经济学的发展正逐步汇成一股理论潮流，伴随中国特色社会主义建设事业的蓬勃发展滚滚而来！

纵观六十余年积淀与三次研究高潮，中国特色社会主义政治经济学的发展既继往开来又任重道远。

一方面，所谓“继往开来”，是指中国社会主义经济建设事业的蓬勃发展为中国版社会主义政治经济学的形成开创了越来越成熟的现实条件。20 世纪 50 年代，毛泽东感叹“社会主义社会的历史，至今还不过四十多年，社会主义社会的发展还不成熟，离共产主义的高级阶段还很远。现在就要写出一本成熟的社会主义、共产主义政治经济学教科书，还受到社会实践的一定限制”①。80 年代，邓小平高度评价中共十二届三中全会《中共中央关于经济体制改革的决定》提出的“在公有制基础上有计划的商品经济”，认为是“写出了一个政治经济学的初稿，是马克思主义基本原理和中国社会主义实践相结合的政治经济学”②。当前，习近平总书记指出，“中国特色社会主义是全面发展的社会主义”③，“中国特色社会主义进入了新的发展阶段”④，要“提炼和总结我国经济发展实践的规律性成果，把实践经验上升为系统化的经济学说”⑤。从毛泽东认为写出成熟的教科书“受到社会实践的一定限制”，到邓小平认为“写出了一个政治经济学的初稿”，再到习近平提出“把实践经验上升为系统化的经济学说”，历代领导人关于理论发展现实条件的不同判断表

① 中华人民共和国国史学会：《毛泽东读社会主义政治经济学批注和谈话》（简本），内部资料，第 804 页。

②《邓小平文选》第 3 卷，人民出版社，1993 年，第 83 页。

③ 新华社：《准确把握和抓好我国发展战略重点 扎实把“十三五”发展蓝图变为现实》，《人民日报》2016 年 1 月 31 日。

④ 新华社：《高举中国特色社会主义伟大旗帜 为决胜全面小康社会实现中国梦而奋斗》，《人民日报》2017 年 7 月 28 日。

⑤ 新华社：《立足我国国情和我国发展实践 发展当代中国马克思主义政治经济学》，《人民日报》2015 年 11 月 25 日。

明，随着社会主义建设进入不同历史阶段，政治经济学理论发展的现实条件日益成熟，实践推动理论创新。正如习近平总书记所言：“中国特色社会主义不断取得的重大成就，意味着近代以来久经磨难的中华民族实现了从站起来、富起来到强起来的历史性飞跃……意味着中国特色社会主义拓展了发展中国家走向现代化的途径，为解决人类问题贡献了中国智慧、提供了中国方案。”① 在实践的推动下，中国特色社会主义政治经济学在继往开来中不断发展。

另一方面，所谓“任重道远”，是指中国特色社会主义政治经济学从提出到成熟尚需经历曲折的探索过程。当前中国特色社会主义政治经济学的发展至少面临两个方面的艰难探索：第一，理论构建面临诸多悬而未解的学术难题。从20世纪50年代开始，国内围绕体系构建的“起点论”“红线论”等问题就形成了诸多争论，同时，社会主义条件下“剩余价值规律”和“经济危机周期性”的适用性等一些原则性的问题未能获得解决，甚至在某些问题上的分歧出现了日益扩大的趋势。这在很大程度上限制了中国特色社会主义政治经济学的理论化水平，使政治经济学经典理论中的价值理论、分配理论、剩余价值理论和危机理论未能充分体现在中国社会主义政治经济学中，从而导致中国实践中涌现出的一系列具有中国特色的经济思想未能获得经典的理论化表述。破解这一难题，需要直面六十余年来形成的一系列争论，加速对政治经济学经典理论的创新应用，在中国特色社会主义经济思想理论化的道路上不断探索。第二，时代变革形成的新问题和新挑战倒逼理论探索。50年代中后期，既是中国社会主义政治经济学的第一次研究高潮，也是我国社会主义初级阶段的起始时期。当前中国社会主义经济建设在经历了六十余年的巨变后，迎来了中国特色社会主义新的发展阶段。中国特色社会主

① 新华社：《高举中国特色社会主义伟大旗帜　为决胜全面小康社会实现中国梦而奋斗》，《人民日报》2017年7月28日。

义政治经济学也需要适应新时期新阶段，加速理论创新。正如习近平总书记在“7·26”讲话中所强调的：“我们要在迅速变化的时代中赢得主动，要在新的伟大斗争中赢得胜利，就要在坚持马克思主义基本原理的基础上，以更宽广的视野、更长远的眼光来思考和把握国家未来发展面临的一系列重大战略问题，在理论上不断拓展新视野、做出新概括。”① 值得注意的是，实践中的新问题与历史累积的学术难题，都将理论探索指向中国特色社会主义政治经济学理论化水平的提升：在实践方面，要形成解释社会主义初级阶段不同时期的理论体系，为新时期的经济实践指明方向，必须提升理论高度；而提高理论高度就需要在理论方面破解体系构建面临的学术难题，创新政治经济学经典理论使之适应当前现实，从而实现中国特色社会主义经济建设经验的理论化重构。理论水平的提升必须遵循学术发展的客观规律，注定是一个任重道远的探索过程，要求政治经济学研究者群策群力、积极进取、砥砺前行。

编写出版《中国特色社会主义政治经济学名家论丛》就是为了响应习近平总书记推进理论创新的时代要求，服务中国特色社会主义政治经济学的发展。纵观中国社会主义政治经济学六十余年的发展历程不难发现：政治经济学学者承担着理论创新的历史使命，学术交流质量决定理论发展水平。当前中国政治经济学界存在着一支高水平的政治经济学理论队伍，他们既是六十余年理论积淀的承载者，也是当前理论创新的承担者。及时把握这些学者的研究动态，加快其理论成果的普及推广，不仅有助于推动政治经济学界的学术交流，也有助于扩大中国特色社会主义政治经济学的社会反响，同时为后来的研究提供一批记录当代学者理论发展印迹的历史文献。“名家论丛”选取的名家学者都亲历过20世纪80年代和当前两次研究高潮，部分学者甚至是三次理论高潮的亲历者。

① 新华社：《高举中国特色社会主义伟大旗帜　为决胜全面小康社会实现中国梦而奋斗》，《人民日报》2017年7月28日。

这些学者熟悉中国社会主义政治经济学的理论传承，知晓历次研究高潮中的学术焦点与理论分歧，也对中国特色社会主义经济建设经验具有深刻的理论洞察。在本次研究高潮中，他们的理论积淀和实践观察集中迸发，围绕中国经验的理论升华和中国特色社会主义政治经济学的体系构建集中著述，在中国特色社会主义政治经济学的发展中起到学术引领和理论中坚的作用，其研究成果值得高度关注和广泛推广。同时，从2015年年底习近平总书记提出“中国特色社会主义政治经济学”算起，当前这次研究高潮从形成到发展，尚不足两年，还处于起步阶段，需要学界同仁的共同参与、群策群力，使之形成更大的理论潮流。中国社会科学院经济研究所是我国重要的经济学研究机构，也是中国社会主义政治经济学六十余年发展历程和三次理论高潮的重要参与者。在20世纪50年代和80年代两次理论高潮中，经济研究所的张闻天、孙冶方、刘国光和董辅礽等老一辈学者是重要的学术领袖。在本轮研究高潮中，经济研究所高度重视、积极参与中国特色社会主义政治经济学的发展，决心依托现有资源平台积极服务学界同仁。策划出版《中国特色社会主义政治经济学名家论丛》的目的就在于服务学术创新，为当前的理论发展略尽绵薄之力，也是为笔者所承担的国家社科规划重大项目“中国特色社会主义政治经济学探索”积累资料。

同时，为了更加全面地展示中国特色社会主义政治经济学的理论发展动态，我们还将依据理论发展状况适时推出“青年论丛”和“专题论丛”，就青年学者的学术观点和重要专题的学术成果进行及时梳理与推广，以期及时反映理论发展全貌，推动学术交流，服务理论创新。当然，三个系列论丛的策划与出版，完全依托当前的理论发展潮流，仰赖专家学者对经济研究所工作的认可与鼎力支持。在此我们代表经济研究所和论丛编写团队，对政治经济学界同仁的支持表示衷心的感谢！同时也希望各位大家积极参与论丛的编写和出版，为我们推荐更多的高水平研究成果，提高论丛的编写质量。

目 录

上卷 中国特色社会主义政治经济学理论体系的构建

中卷 《资本论》和当代资本主义研究

下卷 中国特色社会主义经济理论

上卷

中国特色社会主义政治经济学理论体系的构建

重视吸收和借鉴人类社会创造的一切文明成果

一、 从属型和创造型相结合的广义唯物主义发展观

《国外理论动态》记者：“吸收和借鉴人类社会创造的一切文明成果”这一句话，已写进党的十六大刚通过的《中国共产党章程》，您对此如何评价？

颜鹏飞：这句话具有深厚的马克思主义哲学底蕴和根基，从一个侧面体现了新生事物（例如中国特色社会主义这一新生的社会机体或社会经济形态）的发展规律。马克思说：“新的生产力和生产关系不是从无中发展起来的，也不是从空中，又不是从自己产生自己的那种观念的母胎中发展起来的，而是在现有的生产发展过程内部和流传下来的、传统的所有制关系内部，并且与它们相对立而发展起来的。而它向总体的发展过程就在于：使社会的一切要素从属于自己，或者把自己还缺乏的器官从社会中创造出来。有机体制（列宁“把社会经济形态看作特殊的社会机体”——引者注）在历史上就是这样向总体发展的。”① 这段经典论述阐明了新的社会机体和社会经济形态从低级向高级(“总体”) 发展的过程，既是体现历史继承性和

①《马克思恩格斯全集》第46卷（上），人民出版社1979年版，第235～236页。

开放性的“使社会的一切要素从属于自己的”从属型发展过程，又是体现历史更替性和创造性的“把自己还缺乏的器官从社会中创造出来的”创造型发展过程，从而是这两大过程相辅相成，辩证的历史发展自然过程。可见，吸收和借鉴人类社会创造的一切文明成果，扎根于包含从属型发展观在内的广义唯物主义发展观，扎根于中国朴素的唯物主义发展观即“有容乃大”。

记　者：马克思在《〈政治经济学批判〉序言》（1859 年）一书中，对社会经济形态演进的全过程做了人们熟知的经典式阐述，这是狭义唯物主义发展观吗?

颜鹏飞：对。马克思着重从生产方式、生产关系和社会经济形态的历史更替性和创造性的角度，阐述新社会机体和社会经济形态的发展规律和具体路径。这种更替性源于生产力和生产关系、经济基础和上层建筑的矛盾，从而依次创造出新的社会经济形态，如亚细亚的、古代的、封建的和资产阶级的生产方式或生产关系。同时，这也是马克思第一次构筑自己的经济学范式和话语体系，并力图将它同自己的哲学范式相沟通。需要强调指出：不能把这段论述视为唯物主义历史观和发展观的全部核心内容和唯一的经典表述，否则会堵塞吸收和借鉴人类社会创造的一切文明成果，其中包括资本主义生产方式在三四百年实践过程中积累起来的社会化大生产、市场经济运作和调节机制的经验。

二、 当代全球化和第二次 “西学东渐”

记　者：您在滁州召开的“纪念严复译作《原富》出版 100 周年研讨会”上提出两次“西学东渐”观点，愿闻其详。

颜鹏飞：全球化已经历两大高潮。英国是始于 19 世纪中后期的近代全球化浪潮的推动者和最大受益者，因为发端于英国的产业革命尤其是蒸汽机和电力带动的运输革命以及亚当·斯密倡导的古典经济自由主义，克服了各种生产要素流动的技术障碍和思想障碍。这是第一次“西学东渐”的总背景。清末顽固派祭起“上亏国体，下失民心”旗号，全面抵制“西学东渐”。严复深感“研讨西学”“师夷制夷”是“中国复兴”“中国之强”的必由之路，遂译亚当·斯密的《国富论》以及一批国外自然科学和社会科学著作，成为“传播西学第一人”。人们把上次世纪之交的这次“西学东渐”的积极成果概括为送来“德”先生（Democracy）和“赛”先生（Science），其实还送来一位“富”先生（Wealth），因为《国富论》的主旨是强调“富国裕民”“看不见的手”（市场经济）、经济自由主义和以近代工厂制度为标志的社会化大生产。该书75处涉及中国，并把自给自足、中央集权、轻视对外贸易和不保护个人私有财产视为中国经济停滞不前的重要原因，因而对中国近代工业化（“振兴实业”）起了不可低估的促进作用。

这次世纪之交的第二次“西学东渐”伴随着始于20世纪90年代的当代全球化，这次全球化高潮得益于美国做领头羊的知识经济革命尤其是信息技术带来的通信革命以及新自由主义。美国是这一浪潮最大的推动者和受益者。“马”先生（Market）、“驴”（Green）和“猴”先生（Human）引入中国，是这一次“西学东渐”的重要成果。不应过分高估和恐惧“西学东渐”的负面影响。它对于建立中国特色社会主义市场经济有重要借鉴意义。

三、 中国特色社会主义市场经济理论产生的三大来源

记　者： 您在武汉大学给全校文科博士生讲授“马克思主义和当代西方经济学思潮”课，强调西方激进经济学是中国特色市场经济理论的补充性来源，为什么？

颜鹏飞： 广义的激进经济学说包括西方马克思主义经济学或“新马克

思主义”“校园马克思主义”经济学等，并且把新制度经济学、后凯恩斯主义、斯拉法主义或新李嘉图主义都囊括在内。其中有以下几种理论：①所有制尤其是公有制如何与社会主义相结合的兼容理论。迄今已繁衍六代的兼容论者，力主“（公有制与市场）联姻论”“中性机制论”“市场主导机制论”和“第三条道路”。②由①衍生出混合经济理论和国有化及私有化理论。③分析的马克思主义学派（主张新社会阶层理论、博弈论、蛤壳社会主义和息票社会主义模式）。④以依附理论和不平等交换理论为代表的不发达政治经济学（激进的发展理论）以及激进主义思路的全球化理论。⑤制度变迁和资本主义变形理论。⑥激进的政策纲领和社会模式，其中涉及市场社会主义、生态社会主义、职能社会主义、民族社会主义、民主社会主义、可行性社会主义、基金社会主义。⑦关于社会主义条件下资源配置可行性的大论战（20 世纪上半叶）。还有长达一个多世纪的关于劳动价值论和转形理论的大论战等，都有许多可供借鉴和吸纳的合理因素和思想材料，从而构成中国特色社会主义市场经济理论的补充性来源。

此外，国内外发展社会主义市场经济的实践探索和经验材料，是中国特色社会主义市场经济理论赖以产生的实践性来源；马克思主义、列宁主义和毛泽东思想是这一理论产生的基础性来源，其中毛泽东思想是其直接性来源和实践起点。简言之，中国特色社会主义市场经济理论和实践始于毛泽东，成于邓小平。

记　者：学术界流行一种看法：马克思并无关于未来新社会商品经济与市场经济的理论，那么岂不是否定关于基础性来源的提法？

颜鹏飞：这种看法，人为地堵塞了中国特色社会主义市场经济理论与马克思学说的内在联系，否定了马克思主义的原创性和生命力。两者关系既是不断深化和发展的关系，也是一种渊源和继承的关系。中国特色社会主义市场经济理论与马克思主义同根同源同脉同祖，薪火相传，并非是无源之水，无本之木。我们并“没有丢马克思，没有丢列宁，也没有丢毛泽东”①。

要而言之，从整体（总和）、方法论（发展观）上把握马克思的学说，尤其是社会机体发展规律和辩证的新世界历史观，以及关于两种理论（狭义及广义政治经济学）演进、两种社会经济形态（五形态说和三形态说）并存的学说，从中不难得出肯定的答案：中国社会主义市场经济理论的源头活水和理论基石无疑是马克思的学说。关于基础性来源的研究包括方法论（第①—②点）、两大理论生长点（第③—④点）。①社会机体（社会经济形态）发展规律：从属型和创造型相结合的发展观。它为洞察马克思关于未来社会商品经济思想以及创立中国社会主义市场经济理论提供了科学方法论和辩证发展观。②辨证的新世界历史观：各个民族发展的特殊规律不能脱离世界历史的总过程，必须受普遍规律——日趋成熟的资本主义世界市场和全球化趋势——的制约，此即社会形态发展的统一性（普遍规律）与多样性（特殊规律）的对立统一。它为创立力图与世界市场或全球化经济相联系的中国社会主义市场经济理论奠定了方法论基础。③关于囊括两种不同演进路径的经济理论体系，马克思经济理论因研究对象不同而呈现两大演进路线。前期以英国为典型，主要创建狭义政治经济学体系，即阐述西方发达资本主义国家生产方式运动规律的市场经济学说。这是马克思经济理论研究的重点或主要路径。虽然马克思在这里否认未来新社会存在商品经济和市场经济，但在实际上它们构成了中国社会主义市场经济理论的重要内容，我们可以从中借鉴和吸纳“为几个时代共有的”有关生产力和市场经济一般的“共同规定”和“共同标志”（物质内容）。马克思在后期主要创建广义政治经济学，重点研究落后的前资本主义国家社会经济发展道路问题，实际上显露了关于未来新社会存在商品经济和市场经济的思想萌芽，呈现了另一条演进路径和理论轨迹。尽管它未被后来的实践所证

①《邓小平文选》第3卷，人民出版社1993年版，第369页。

实，但体现了马克思经济理论与时俱进的创新品质，是当代马克思主义经济理论最重要的生长点之一，因而是中国特色社会主义市场经济理论的源头活水。④关于两种社会经济形态理论并存的经济学说。一是以生产关系为划分标准的五社会形态理论，由于生产关系和上层建筑的巨大反作用而允许出现“跨越”现象；一是以生产力和交往为划分标准的三经济形态（自然经济——商品经济——产品经济）论和相应的人的发展三阶段论，它们则不允许出现这种历史的“错位”。两种理论应该相互叠加，相辅相成。马克思的“卡夫丁峡谷跨越论 + 世界市场联系论 + 吸收资本主义文明成果论”是一个典范，生动体现了跨越（属生产关系范畴的资本主义可以逾越）与非跨越（属生产力和交往范畴的商品经济不能逾越）的辩证法。换而言之，进行社会革命的、跨越资本主义卡夫丁峡谷的落后国家，应通过与世界市场的联系来吸收资本主义一切积极的成果，搞好社会主义市场经济。这也是当代马克思主义经济学最重要的生长点之一，因而也是中国社会主义市场经济的又一重要理论基石。

记　者：如何把握这三大来源的相互关系？

颜鹏飞：遵循创造型和从属型相结合的广义唯物主义发展观，基础性来源强调本源性、始基性，源远才能流长；补充性来源则是非本源性的，带有兼容性和从属性，“使社会的一切要素从属于自己”，借鉴和吸收人类社会创造出来的一切文明成果；而实践性来源，则是着眼于开拓性和创新性的实践之源，“把自己还缺乏的器官从社会中创造出来”。中国特色的社会主义正是这样不断发展壮大的。

（原载于《国外理论动态》2003 年第 3 期）

善于融通、吸收和借鉴国外经济学研究成果和思想资源

大凡博大精深的大型权威性百科全书型辞典，都已超越一般工具书的初始性含义，不仅成为召唤世界顶尖专家学者传道授业解惑的“阿拉丁神灯”，读者可坐收横渡浩瀚书海穿行无涯墨池的舟楫之利，并且是某一学科话语权的象征或一国文化软实力的组成部分。由美国威斯康辛大学的史蒂文·N. 杜尔劳夫（Steven. N. Durlauf）和美国康奈尔大学的劳伦斯·E. 布卢姆（Lawrence. E. Blume）主编的第2版《新帕尔格雷夫经济学大辞典》正是这样一部在西方具有权威性的经济学大辞典。2008年刚一出版就荣获美国出版商协会颁发的美国专业与学术卓越出版商（Prose）大奖，并被评为人文社科类最佳多卷本工具书。它秉承了帕尔格雷夫《政治经济学辞典》（1884—1903年）、《新帕尔格雷夫经济学大辞典》（1988年第1版）的学术传统，旨在“理解当代经济学说的发展状况，并帮助他们为此目标而可能必须进行的对经济学各分支学科的探究”（初版序）。如果说第1版体现了“维多利亚女王时期最出色的学术成就之一”〔哈佛大学默里·米尔盖特（Murray Milgate）语〕，一跃而成为经济学文献史上里程碑式的辞典巨著，第2版则后来居上，凸显了近二十年来蔚为大观的经济学全貌，令人眼花缭乱的最新研究成果，以及波云诡谲、难以预测的发展走向，无疑也是一切有志于“认真学习、研究经济学的个人或机构的不可或缺的参考书”（北京大学陈岱孙语）。

第 2 版汇集了大约 2000 个词条并且从第 1 版的 4 卷扩充到了 8 卷，中文版总字数 1800 万字，是第 1 版字数的近两倍。在所有词条中，共有1057 个词条是第 2 版新增的；而且在第 1 版保留下来的那些词条当中，原封未动的“经典词条”只有区区 80 个，其他的词条则经过了内容上的补充、完善和文字上的编辑。因此，这一版的修订，其实也如同第 1 版的修订一样，是“推倒重来”的颠覆性修订或全面更新的扩版。

这些词条由来自全世界 34 个国家的1 506位知名经济学家和其他学科领域的学者撰写（其中包括了 25 位诺贝尔经济学奖获得者），还收录了 400 多位近现代世界著名经济学家的小传。大部分词条都以专题论文或综述的形式出现，不仅涉及经济学各个领域的重要问题和最新发展，还广泛涉及了政治学、社会学、历史学、心理学、文化艺术、宗教、统计、计量学、数学、物理、化学、医学、计算机、环境等诸多学科以及很多边缘交叉学科，实现了与经济学的多方面多层次的交融。

这部大辞典第 2 版是近 20 年来经济学迅猛发展的写照和浓缩。在第 1 版出版之后，经济学领域至少发生了以下一些“革命性的事件”：世纪之交经济学的行为学转向，学派多元化倾向越演越烈，博弈论的全面复兴，贝叶斯革命的发生，经济学跨学科研究范式的逐渐形成，以及“经济学帝国主义”方兴未艾，并伴随着心理学、神经科学、伦理学、社会学等学科对经济学的“入侵”。至于计量经济学模型和技术的迅速发展、经济学经验研究领域的不断扩大，则无须赘言。所有这些，在第 2 版中都有充分的反映，尤其体现在那些新增的词条上面。

这也正是大辞典第 2 版最大的一个特点：它不仅清晰简明地给出了经济学思想演变的历史脉络，而且完整准确地呈现了当代经济学最前沿的学术创新领域的全貌，从而为经济学爱好者或者研究者进行深入研究提供了线索、创造了条件。虽然这是一本致力于长期有效性的“辞典”，但以“阳春白雪”为主，不是以释义为主，而侧重于有关学术领域的追本溯源和最新发展，专业深度很大，因此不同于仅仅提供释义性说明的普通工具书。不仅如此，它所包含的许多内容，其新颖性和前沿性，甚至超过了大多数经济学教科书。而且，值得指出的是，大辞典第2版还有网络版，编辑委员会每个季度都会发布若干“最近更新”，所以这个特点就更为突出。

第二个特点是它以经济学跨学科研究的方法，全方位地解释人类生活的各个领域，可谓阐幽微显，事无巨细，丝丝入扣。这一点，从它的词条名称所涉及的关键词就可以看得非常清楚：从“消费”与“劳动”，到“郁金香狂热”与“泡沫”，进而“合作”与“利他主义”，再到“使用者付费”与“人生价值”，不一而足。有人或许会说，这只不过是经济学帝国主义的又一个浪潮的表现罢了。但这一次，在一定意义上，经济学既是“殖民者”，也是“被殖民者”。在经济学“入侵”其他社会科学的同时，它也遭到了“科学性更强”的，例如心理学、神经科学和生物学的“入侵”。对此，大辞典第2版采取了双向包容、兼收并蓄之姿态。一个明显的证据是，有一些词条是由来自非经济学专业的学者撰写的。例如，“博弈论与生物学”这个词条的撰写者奥洛夫·莱马尔（Olof Leimar）就是一位瑞典斯德哥尔摩大学动物学家。跨学科交叉研究这个特点，也可能与大辞典第2版的两位主编的学术经历有关：他们都曾经在美国乃至全世界最著名的跨学科研究机构圣菲研究所（Santa Fe Institute）任职，并且作为经济学跨学科研究项目的联合主任。

第三个特点是，它不仅重视数理模型和计量方法，还非常重视经验研究和政策研究，甚至包括了不少描述制度（机构）演变历史的词条。大辞典第1版出版后，最大的批评意见是它所包含的经验内容过少。也许是作为对这个批评的回应，大辞典第2版的“经验性”色彩有所增加：既强调经济学方法，也强调怎样用经济学方法到现实世界中发现什么。其中，涉及贫困、不平等以及制度对经济发展的影响等经验研究领域的词条，值得中国经济学人思考和借鉴。

词条取舍或者学科内容占比权重难免众口难调，这在辞典编纂文献史上司空见惯。自《新帕尔格雷夫经济学大辞典》第 1 版出版以来，尽管总体上看好评如潮，但是也还是存在着一些争议。例如，大辞典中数学性的内容所占的比例是过大了还是过少了？数学在经济学中的重要地位人所共知。第 2 版也充斥着数理模型和公式，因为它所面对的主要读者毕竟是经济学家和大学本科以上研究经济学的人。统计结果表明，与顶尖经济学期刊相比，大辞典第 1 版中包含数学公式的词条所占的比例明显偏低，但一些著名经济学家仍然认为，许多“专业性非常强”的数理经济学词条，其实并没有包含多少经济学思想，它们不但没有给出解决问题的方法，甚至连要解决的经济学问题到底是什么也没有阐述清楚。诺贝尔经济学奖得主罗伯特·索罗（Robert Solow）对此发出告诫：如果你认为政治经济学的核心就是数学技术，而《帕尔格雷夫经济学大辞典》所能找到的，就只能是技术经济学、历史或者一无所获。

另外一个争议是，大辞典第 2 版对主流经济学之外的“异端经济学”思想的处理方式是否恰当，许多学者都曾经表达过不同的并且完全对立的意见。第 2 版对此依然秉承了第 1 版的编辑原则，即让各词条的撰稿人都能自由地、准确地表达自己的理论观点和结论，因此，对于同一个问题，思想倾向不同、所属经济学流派不同的学者可以通过不同词条从不同角度给出自己的解释。这无疑彰显“独立之精神、自由之人格”之神韵，同时又往往蕴含着西方“价值无涉”或者价值中立的治学取向和弊端。

综而述之，从最早的 1894 年《政治经济学大辞典》的问世，到 2008 年《新帕尔格雷夫经济学大辞典》第 2 版的出版，这部大辞典可以称得上已逾百年的辞典名著。同时也不讳言，《新帕尔格雷夫经济学大辞典》第 2 版不是没有瑕疵的，其译文也不可能尽善尽美，更不可能期待能够满足一切人的一切诉求，需要再版时在集思广益的基础上克服其不足之处。但同样毋庸置疑的是，它的出版是经济学界和辞书界的一大盛事，有助于促进西学东渐和东学西渐的双向沟通尤其中外经济学者的交流，并且无疑是有志于学习和研究经济学的个人、经济学家或机构的不可或缺的必备参考书。

〔本文系作者为《新帕尔格雷夫经济学大辞典》（中文第2版）所写“序言”〕

关于构建转轨型政治经济学体系的反思

一个国家有没有形成具有自己的民族形式并取得话语权的经济学体系，是从软实力角度衡量国家综合实力的一个重要指标。中国经济学界的现状与19世纪上半叶的德国惊人相似，其特点是作为舶来品的、并取得话语霸权的英法“世界主义经济学”与德国“国家经济学”即历史学派并存。而中国自改革开放以来，已进入各种“体系”或“范式”相互碰撞的经济学“战国时代”，因此，中国学者在20世纪80年代召开了一系列关于构建政治经济学体系的研讨会，90年代又连续召开了关于“中国经济学向何处去”的研讨会，并且出现了“主流”与“非主流”的分裂和争论。迄今为止，经济学界主要有三种政治经济学体系构建趋向。

第一种采取调整型体系取向的学者，大多以《资本论》结构框架为基础，但往往不能将马克思经济学体系的构筑方法和逻辑行程贯彻始终，而在社会主义部分却借助“西方范式”来分析市场经济问题，用“板块式结合”的方法来修补“炉灶”。因而有学者质疑这种“两张皮”或“双基础”并存体系的科学性与合理性（晏智杰、杨瑞龙，2000年）。赞成替代型体系取向的同志，也不赞成“另起炉灶”即“建立有别于西方经济学的、在概念上和体系上完全不同的中国经济学”，而主张引进反映“资源配置全过程”的现代经济学范式（董辅礽，1997年；魏杰，1997年）；或者着眼于世界三大理论体系互补性的“马克思主义新综合”，但前提是必须“对马克思主义理论本身进行发展和改造”，并且也不主张构筑新体系，因为“亚当·斯密的理论体系在当初已经完成了这一任务”（樊纲，1988 年）。第三种是力图摆脱外国“范式”窠臼的创造型体系取向，其特色是创造新的理论支点、核心范畴和“中国原创经济学”体系。例如从“社本”范畴推演而来的“社会主义新资本”论（卓炯，1962 年；冯子标，1994 年），“中国经济矛盾论”（刘永佶，2004 年）。而“后马克思经济学新综合”（程恩富，2004 年）属于综合型体系取向，以建设马克思主义经济学的各种“中国范式”或体系为宗旨。

由此可见，中国市场化导向的“转轨经济”“过渡经济”催生了一种双重多元化趋向或倾向，即体系多元化和指导思想多元化并存。目前尤应关注前一种倾向掩盖之下的后一种倾向。因此，极有必要用完整的关于马克思经济学逻辑体系构建的学说来指导和建立科学的现代政治经济学理论体系，使之成为社会实践的科学反映并用来指导现实经济活动。这是一项去“标签化”、去“空洞化”，凸显其指导思想地位的马克思主义基础工程。

一、 如何解读马克思关于经济学逻辑体系构建的学说？

理论或逻辑体系就是复制或再现客观辩证法的范畴运动和逻辑行程。马克思经济学逻辑体系构建学说，主要包括四卷本《资本论》、“六册计划”体系、《〈1857—1858 年经济学手稿〉导言》以及散见于马克思手稿各处的相关论述。其中《导言》集中阐述构筑逻辑体系的方法论，如历史和逻辑（客观辩证法和主观辩证法）相一致的方法，以及从抽象上升到具体的叙述方法。而完整准确地把握这一学说的关键点还在于：如何评价其主体即“六册计划”、四卷本《资本论》以及两者的相互关系？国外在这方面的研究，迄今已逾百年，并长期存在着“六册计划”、“改变说”与“不变说”之争，以及《资本论》“取代论”和“互补论”之争。其代表性著作有 H. Grossman 的《马克思〈资本论〉最初的结构计划的改变及其原因》

(1929 年)、苏联学者阿·科甘的《卡尔·马克思的创作活动》(1983 年)、德国马丁·路德大学研究组的《马克思恩格斯研究文集》第 20 辑（1986 年），以及日本斐阁出版社于 20 世纪 80 年代出版的 10 卷本《资本论体系》，而《〈资本论〉探索——关于马克思计划写的六册经济学著作》(1995 年)，代表中国学者在这一领域的突出成就。目前的共识或研究趋向是：

（1）计划写作的“六册计划”，提供了建立科学体系的方法论基础和体系框架，勾勒了从商品、货币、资本到国内的各种经济关系乃至包括经济全球化在内的生产关系总体的体系雏形，集中代表了马克思经济学逻辑体系构建的最高成就。

（2）后来完成的四卷结构《资本论》是该体系的基础或“精髓”部分；它是对“六册计划”第 1 册原“资本一般”框架的突破，从而衍变为“大写的‘资本一般’”（颜鹏飞，1995 年）。但并未改变其“小圆圈”（抽象层次上经济学范畴的辩证运动）的逻辑定位，并没有涉及本质关系在现实生活中呈现的种种具体形式，并没有上升到以世界市场为最高具体的“总体”，并没有穷尽关于经济关系研究或叙述的全部内容。

（3）尚未完成的“续篇”（“六册计划”第 2—6 册，至少是后 3 册）涉及本质关系在现实生活中呈现的种种具体形式和“总体”，拟铸造“大圆圈”，即经济学范畴上升到具体现象层次上的辩证运动。

（4）《资本论》和“续篇”，“小圆圈”与“大圆圈”构成了不可分割的逻辑体系整体，呈大圆圈套小圆圈的螺旋式上升的“总体”形态。

（5）因此，不能淡化而是要完成“六册计划”逻辑体系。这也是马克思的理论遗嘱。因为《资本论》是一个自成始基性体系，但又尚未完成的“半拉子”构筑物，只能留待后人“在已经打好的基础上去探讨”①。

长期以来，我们没有完整地准确地把握被马克思引为“德国民族骄傲”

①《马克思恩格斯〈资本论〉书信集》，人民出版社 1976 年版，第 170 页。

的关于经济学逻辑体系构建的学说，而把《资本论》“大写的逻辑”结构等同于马克思经济学逻辑体系构筑学说的全部内容，淡化或取消“六册计划”体系。这是对马克思构建学说的片面性或肢解性的所谓西方“结构主义”解读趋向。这种非整体性解读就是不承认理论体系的整体性，就是“肢解马克思”和“异化马克思”，就会抑制和窒息马克思理论的原创性和生命力，许多理论闪光点和生长点、有价值的分析框架和思想线索被遮蔽，因而出现逻辑体系构建方法“半截子化”、研究对象狭窄化、研究内容空洞化以及政治经济学本身趋于僵化和边缘化趋向，因此逐渐丧失对经济现实的解释力而导致指导思想多元化倾向。解决问题的基本思路是既要“回到马克思”，又要在实践、创新并吸取当代经济学家（包括西方经济学家）研究成果的基础上来“发展马克思”。

二、 关于中国特色的转轨型政治经济学体系的新思考

新体系应从新时代、中国国情和具体实践出发，以马克思主义基本原理、中国化马克思主义和马克思经济学逻辑体系构建学说为基础，并整合非马克思主义理论的合理成分，但又并不完全照搬植根于近代环境的“六册计划”及《资本论》的内容和结构。

1. 总体框架设计。除“导论”和“序言”外拟分 10 部分，即商品和货币、市场竞争和生产价格、货币作为资本、资本作为货币、信用和金融市场、所有制（企业、股份制和产权）、分配、国家（或政府）、对外经济关系、世界市场（经济全球化）。由此而铸造的转轨型政治经济学体系是一种崭新的尝试。

2. 新体系从整体上打通资本主义与社会主义的内在逻辑联系，其依据不仅仅在于：各种不同的社会经济形态、生产方式的更替并非突然出现的、相互截然分开的，后一个社会有机体赖以产生的物质可能性都是在前一个

形式的范围内创造出来的，因而社会主义社会不是建立在“空地”上的；并且是基于时代所赋予的“两个并存”（国际垄断资本主义和初级阶段社会主义并存、经济全球化和区域一体化并存）、“两个矛盾”（国别经济的特殊性与世界经济的一般性、意识形态特殊性与商品经济同一性）的客观要求。因此，它们在研究对象、研究方法、中心范畴、中介范畴、成果范畴、逻辑起点、逻辑终点等方面具有统一性，同时又允许一定的差异性。例如，新体系第1—3部分相当于“六册计划”中的“资本一般”，其逻辑起点和元范畴都是商品，它蕴藏着资本主义或社会主义发展过程中一切矛盾的“胚芽”，只是在不同所有制下有不同表现形式而已；而第10部分即世界市场及经济全球化引起的国际生产关系的矛盾是逻辑体系的终点。

3. 开拓性和不成熟性并存是转轨型政治经济学新体系的特征。我们正处在一个相当长的社会主义初级阶段上的社会经济“转轨”或“过渡”时期，并具有双重过渡性和改革开放的渐进性，而作为其理论反映的现代政治经济学体系，只能是转轨型政治经济学体系而不是成熟型或典型的政治经济学体系。

但这并不能成为“体系缓搞”论的一个理由。许多学者主张先对具体问题进行实证研究和理论归纳，对我国经济改革和发展过程中不断涌现的新情况、新问题进行分析、解释和总结，通过点的突破然后再带动理论体系的变革，所以构建体系要假以时日。但是，理论体系既不是绝对真理更不是“绝对精神”，只能逐渐逼近相对真理；同时，中国近三十年改革开放的实践已经提供构建转轨型政治经济学体系的研究材料和逻辑构件；更何况，不要忽视理论思维的前瞻性和自己独特的运动规律。

4. 研究对象的定位要突破狭窄化趋向。不仅要研究位于抽象层次上的第一级的原生的生产关系，而且研究上升到具体层次的“第二级的和第三级的东西”“派生的、转移来的、非原生的生产关系”，亦即生产关系的表现形式、实现形式或发展形式，例如研究“国际关系在这里的影响”和

"生产关系作为法的关系怎样进入了不平衡的发展"①。我们要回归马克思和恩格斯。其一，不能受流行的单一说（生产关系一般）或三段论（所有制—人与人关系—按劳分配）的束缚。其二，不能把交换关系即社会交换形态（自然经济、商品经济、产品经济）和社会主体形态（人的依赖性、物的依赖性和人的全面发展）排除在外，无视社会经济形态演进多元性而赋予社会经济五种形态理论唯一性。其三，政治经济学的研究对象是特定的"生产方式以及和它相适应的生产关系和交换关系"；"最终的目的就是揭示现代社会的经济运动规律"；"从最广泛的意义上说，是研究人类社会中支配物质资料的生产和交换规律的科学"，或"研究人类各种社会进行生产和交换并相应地进行产品分配的条件和形式的科学"。②

5. 注重研究四个"中介"范畴或"枢纽点"。"中介"范畴在逻辑系列上就是联结逻辑始项和逻辑终项这两个范畴的逻辑中项，或范畴从抽象上升到具体的中介环节（例如货币是商品转化为资本的"中介"范畴），也是范畴上升或转化的条件（劳动力转化为商品，就是货币转化为资本的条件）。把握一切"中介"才能真正地认识事物，这是逻辑演绎和体系构建的重中之重。

第一个"中介"范畴就是介于经济规律和经济现象之间，并逻辑地再现"生产力的社会结合"和资源配置过程的运行机制。第二个"中介"范畴是经济体制。它不仅是生产力与生产关系、基本经济制度的中介形式，又是处于具体层次上生产关系的发展形式，因此要正确处理生产关系、基本经济制度和经济体制三者的关系。后两者都是客观的生产关系在一定发展阶段上的具体反映形式。而经济体制较之基本经济制度又是更为具体的层次和范畴。生产关系—基本经济制度—经济体制既是从抽象到具体，从

①《马克思恩格斯全集》第46卷（上），人民出版社1979年版，第47～48页。

②《马克思恩格斯全集》第23卷，人民出版社1972年版，第8、11页；《马克思恩格斯选集》第3卷，人民出版社1972年版，第186、189页。

本质到现象，从客体到主体的上升序列，也是稳定性逐步衰落的下降的序列，并且也是决定与被决定关系的连续序列。这就决定了经济体制的下述特征：

（1）生产关系和基本经济制度规定了经济体制的根本性质、方向和发展趋势，但后者对前者又有巨大的能动作用和相对独立性。一是体制性属性与基本制度性质有很大区别，体制可以游离和独立于社会基本制度之外；二是体制层面的变化和创新必然要求和诱发制度的变革。所以体制改革是解决社会主义基本矛盾和解放生产力的突破口和必由之路。

（2）经济体制是一个内涵十分丰富的范畴，既包含了经济成分的结构、所有制关系，又包含经济管理体制、经济运行机制和分配制度，等等。因此，作为生产力与生产关系、基本经济制度的中介形式，经济体制直接与生产力层次相联系，具备把生产力发展的各种要求和信号向生产关系反馈和传递的功能，因此，基于这种亲和性，反映生产力发展要求的体制改革和创新无疑成为生产关系和基本经济制度变革和完善的前提。

6. 新体系第5部分所涉及的企业所有权安排即“产权”，是第三个“中介”范畴。社会经济的原动力就是财产关系及受其制约的利益关系，最后归结到所有制及其法律表现形式即产权关系。我们要很好地完成马克思关于“生产关系作为法的关系怎样进入了不平衡的发展”的理论遗愿。因而它是抽象层次上所有制与具体层次上所有制之间，以及基本经济关系或制度与具体经济关系或制度之间的不可或缺的中介范畴或“枢纽点”。这也是需要重点研究的生产关系表现形式、具体形式及实现形式。

但是，区别在于：在资本主义制度条件下，唯“资本产权”独尊，强调能带来剩余索取权或剩余控制权的资本产权，强调物质财产产权而贬低劳动力产权，并取消或异化“劳动力产权”。尽管西方国家推出收入理论、经理革命、福利国家理论、资本民主化和人民资本主义等理论，并力图用利润分享制来代替工资制，例如ESOP，即职工持股制度；但实际上不会从根本上动摇以剩余优先索取权或剩余优先控制权为标志的资本产权。这是资本主义社会赖以旋转的轴心，是万万不能丢掉的“通灵宝玉”。恰恰相反，在社会主义制度条件下，应该强调劳动力产权、人力资本产权以及兼顾物质财产产权和劳动力产权的双重要素产权制度，并且要防止和消除双重异化即劳动力产权异化和行政权力异化（行政权力对利益的优先索取权）。“产权人本化”或“产权社会化”是对社会主义具体经济制度定位的一种新探索（林子力，1997 年；王珏，2004 年）。中国政治经济学体系不能将劳动（者）的经济学倒退为一种偏袒资本、剥夺劳动者的资本所有者的经济学。

7. 股份制是第四个“枢纽点”或“中介”形式。应该被看作是由资本主义生产方式转化为新生产方式的过渡形式，是一种保留私有制前提下的社会所有制走向公有制的最高过渡形式。这种生产资料社会化的所有制形式，资本主义可以用，社会主义也可以用。国有企业搞股份制改造，可以变现有国有制的行政化占有方式为社会化占有方式。市场经济的客观要求和满足条件（如产权主体多元化、明晰化，产权结构分散化，资本和资本的所有权的二重化，产权商品化、证券化、市场化，生产要素流动化，市场信号灵活化和公开化），在股份制形式中大体都能得到满足。此外，股份制还具有开放性和渗透性，因此能够兼容不同性质的所有制关系和各种利益共同体；它也是一种能主动积聚和运用社会闲散资金同时又接受社会监督的制度形式。因此，作为公有制实现形式之一的股份制，可以顺理成章地与市场经济实现对接和兼容。

但它绝对不是公有制唯一主要的实现形式。“股份制万能”“一股就灵”或“一卖就灵”论是错误的。股份制也不是现阶段资本主义最完美无缺的企业经济制度或组织。日本学者奥村宏在《股份制向何处去：法人资本主义的命运》（中国计划出版社，1995 年）一书中，就批判过“股份公司万岁论”“日本公司主义万岁论”，并一一列举了股份公司的许多弊端，例如投机、欺诈、股东大会空壳化和资本的空壳化，等等。在这本书的末尾，作者甚至不无担忧地指出，不管是在美国、在日本还是在中国，股份公司万岁论都是时代的错误。21 世纪呼唤着一种与之不同的新型的企业形态。

8. 下述理论生长点可作为新体系的构件：以“新经济人”“社会人”，自主劳动、联合劳动或以产权和劳权的结合作为新体系的逻辑起点；或者围绕“经济体制转型”来设计框架结构，提倡从传统的以国家为本位的经济体制、企业本位论向劳动者本位体制的转变；或以马克思社会经济三形态学说为指针，以人的自身生产为轴心构建新体系；或设计产品社会化、劳动社会化和产权社会化递进型体系，或提出产权清晰化、产权多元化（物质财产产权的市场化改革）和产权人本化（产权人本化则意味着劳动力产权的实现和双重产权制度的基本确立）的改革路径和任务，以及“人本经济学”“公本经济学”“社本经济学”“选择经济学”等。

9. 注重各种体系构建理论和研究方法的互补性和兼容性。在国际化与本土化的交互作用中催生中国特色的现代政治经济学体系，应以马克思体系构建理论和方法为主，大胆借鉴西方的研究成果。应建构一个各种方法相互联系和补充的方法论体系。尤应加强对制度经济学、过渡经济学、演化经济学、发展经济学、激进经济学和西方马克思主义经济学的研究。

构建中国特色的转轨型政治经济学体系，这是时代赋予的历史重任，而“一切都在于实践，现在已经到了这样一个历史关头：理论在变为实践，理论由实践赋予活力，由实践来修正，由实践来检验”①。

（原载于《经济学动态》2005 年第 4 期）

①《列宁全集》第 33 卷，人民出版社 1974 年版，第 208 页。

马克思关于政治经济学体系构建方法再研究

世纪之交是一个需要理论而且一定能够产生理论的时代，需要思想而且一定能够产生思想的时代。“中国奇迹”是20世纪末21世纪初最为重大的世界历史事件，但其背后存在的“话语贫困”，却构成了当前我们必须解决的时代问题。推进中国特色社会主义政治经济学术语革命，构建中国特色社会主义政治经济学体系，已经成为理论工作者应有的历史担当。

一、现在不具备建构中国特色社会主义政治经济学体系必备条件吗?

学术界流行一种观点：中国经济的社会形态还处在初级阶段，呈现不成熟性，不具备建构这样一种政治经济学体系或逻辑结构所必要的条件。因此必须摒弃逻辑的方法或者“叙述”的方法，而应该采用托马斯·塞缪尔·库恩的范式理论、实证的方法或者历史学派及其祖师爷德国官房学派方法论，或者仅仅“致力于专题的研究方式”①。其结果只能是中国特色社会主义政治经济学体系成为浩如烟海的历史资料的堆砌，一系列中共中央、国务院和各部委各地方政府红头文件和政策条例的解读。对于马克思主义在一些学科中“失语”、教材中“失踪”、论坛上“失声”，以及政治经济

①陈胜昌、陈瑞铭：《社会主义政治经济学理论体系集锦》，浙江人民出版社1986年版，第227页。

学“边缘化”“标签化”和“空壳化”现象，西方学者甚至认为“社会主义中国没有建立起自己的知识体系”，而是抄袭西方的“山寨体系”，处于思维“被殖民”的状态①。上述这种观点无异于起了推波助澜的作用。

中国特色的社会主义市场经济的伟大实践，已经提供了构建当代中国马克思主义政治经济学体系的思想材料和逻辑构件，马克思主义经济学中国化已经取得了丰硕的成果。这是有目共睹的。由此可见，中国特色社会主义政治经济学术语革命已经刻不容缓。这就需要“回到马克思”，重读马克思的经典著作《资本论》。如何重铸以本土化的学术话语权为标志的中国经济学体系，无疑可以从中得到深刻的启迪。

《马克思传》的作者戴维·麦克莱伦、让·保罗·萨特、依纳齐奥·斯隆指出，马克思在19世纪完成了哲学、史学、经济学和政治学的“强有力的综合”，这是“19世纪最重大的思想成就之一”；他所建立的“哲学、史学、经济学和政治学体系”是当今时代和未来的“精神支架”，是我们“时代的哲学”，给我们提供了理解世界和改造世界的“新的思维方式”和方法论。② 被封为经济学“圣经”的《资本论》，在世界金融危机的爆发后再次成为西方国家的畅销书。马克思经济学及其方法论受到人们的青睐，国外许多著名学者甚至包括马克思主义的反对者——其中不乏诺贝尔经济学奖获得者以及哲学、社会学思想史等各种领域、流派和思潮的领军人物，不得不承认马克思这位思想巨人在思想界的历史地位、贡献和重大影响。

经典的魅力在于促使人们“亲自到原著那肃穆的圣地去寻找永垂不朽的大师”（叔本华语），从中寻找时代对接点、理论闪光点和增长点。而在全球化语境和当今时代条件下，重读《资本论》，无疑有助于彰显和发扬其在场的现实可能性、跨越历史时空而与当今时代对话的当代价值，以及在新的历史语境下回应现实和指引实践的理论张力。

---

①〔新加坡〕郑永年：《中国为什么没有自己的知识体系?》，《联合早报》2011年9月20日。

②〔英〕戴维·麦克莱伦：《马克思传》，王珍译，中国人民大学出版社2006年版，第482、483、486页。

二、 马克思政治经济学逻辑体系形成史

马克思主义政治经济学的一个主要任务，就是运用马克思“总体”发展观和方法论，构建反映“生产力的概念和生产关系的概念的辩证法”运动的政治经济学逻辑体系①。马克思总体方法论，就是以揭示事物整体或总体的普遍联系为特征的辩证唯物主义和历史唯物主义。它在政治经济学领域的具体应用，形成了政治经济学的方法论，其精髓就是构建政治经济学逻辑体系的方法。

《德意志意识形态》（1845—1846 年）是马克思哲学革命的结晶，第一次系统地阐述了历史唯物主义的基本原理。《哲学的贫困》（1847 年）不再采用以异化劳动为核心范畴的经济学逻辑体系的构建方法，并且批判蒲鲁东构建的形而上学的矛盾的政治经济学逻辑体系。

而《1857—1858 年经济学手稿》“导言”中，首次推出了以“总体”“整体”或“体系”为核心概念的政治经济学总体方法论，正面阐述了“政治经济学的方法”，剖析了构建“各种经济体系”的方法②。

1. 第一次推出“总体”“生产总体”“具体总体”“思想总体”“生产关系的总和”“总的合力”“总体工人”等范畴，并且用以阐释“有机体制”即社会经济形态这一总体的发展规律。“新的生产力和生产关系不是从无中发展起来的，也不是从空中，又不是从自己产生自己的那种观念的母胎中发展起来的……而它向总体的发展过程就在于：使社会的一切要素从属于自己，或者把自己还缺乏的器官从社会中创造出来。有机体制在历史上就是这样向总体发展的并且区分了生产。”③ 总体或者具体总体（现实表

---

①《马克思恩格斯文集》第 8 卷，人民出版社 2009 年版，第 34 页。

②《马克思恩格斯文集》第 8 卷，人民出版社 2009 年版，第 24 ~ 25 页。

③《马克思恩格斯全集》第 46 卷（上），人民出版社 1979 年版，第 235 ~ 236 页。

象)，以及作为其理论反映的思想总体、思想整体、思维总体或者精神具体(逻辑结构和思想体系)。

2. 首次提出了批判的政治经济学“五册结构”和“六册结构写作计划”，即资本（资本家为主体）、土地所有制（地主为主体）、雇佣劳动(工人为主体)、国家、对外贸易、世界市场，提供了建立科学体系的框架和方法，从整体上代表了马克思经济学逻辑体系的最高成就。

以后，马克思推出了《资本论》四卷结构。《资本论》第 1 卷阐述价值的生产过程存在着剥削；第 2 卷阐述价值的流通或者实现过程存在着剥削；第 3 卷阐述资本主义总过程存在着剥削，以及商人资本—产业资本—金融资本的转型；第 4 卷是剩余价值理论思想史。

马克思政治经济学逻辑体系形成史告诉我们，马克思对于资本主义社会经济形态亦即“一个在价值上建立起自己的生产方式，进而按照资本主义方式组织起来的国家”①，进行了科学的剖析，从总体上逻辑地再现了资本主义的本质、内部联系、逻辑结构和运动规律。马克思把这种总体或者结构方法上升为“德国科学的辉煌成就”乃至人类“掌握世界”的独特的专有的思维“方式”的高度，即列宁所概括的“大写的《资本论》的逻辑”②。恩格斯后来把这个方法视为“其意义不亚于唯物主义基本观点的成果”③。

三、 经济学逻辑体系九大构建方法

马克思关于政治经济学研究方法尤其是逻辑体系构建方法散见于其论著、手稿和笔记，仅择其要点论述之。

---

①《马克思恩格斯全集》第 31 卷，人民出版社 1979 年版，第 185 页。

②《列宁专题文集·论辩证唯物主义和历史唯物主义》，人民出版社 2009 年版，第 145 页。

③《马克思恩格斯全集》第 13 卷，人民出版社 1965 年版，第 532 页。

（一）具体总体和思想总体的对立统一

马克思区分了生产总体或者具体总体（现实表象），以及作为其理论反映的思想总体、思想整体、思维总体或者精神具体（逻辑结构和思想体系）。前者决定后者，也就是社会存在决定社会意识、客观事物的辩证法创造主观观念的辩证法，而后者是前者的反映。马克思批判了黑格尔唯心主义“绝对精神”的总体观，指出：“具体总体作为思想总体、作为思想具体，事实上是思维的理解的产物，但是，决不是处于直观和表象之外或驾于其上而思维着的、自我产生着的概念的产物，而是把直观和表象加工成为概念这一过程的产物。”①

（二）研究方法和叙述方法的对立统一

现实或者表象中的具体—抽象的规定—具有许多规定和关系的丰富的“具体总体”，这是政治经济学体系的逻辑运动的总路径。仅仅依靠研究方法或者仅仅依靠叙述方法，是会半途而废的。学术界大都推崇卢森贝方法论模式，把政治经济学方法主要归结为“从抽象上升到具体的方法”即叙述方法。其实，“从抽象上升到具体的方法”或者叙述方法仅仅是政治经济学总体方法论的一个组成部分。

研究方法和叙述方法是对立统一的。研究方法是从现象进入本质的方法，是以经济现象层次的东西为研究对象，也就是马克思所强调的，“摆在面前的对象，首先是物质生产”②；叙述方法是关于思维用来掌握具体并把它当作一个精神上的具体再现出来的方法，是以本质层次的概念和范畴为研究对象，是把本质逐步还原成为包含着诸多规定和关系的思想总体。两者缺一不可。所以，就逻辑运动的总路径和总过程而言，应该有两种方法（研究方法和叙述方法）和两种研究对象，它们都是相辅相成，不可或

①《马克思恩格斯文集》第8卷，人民出版社2009年版，第25页。

②《马克思恩格斯文集》第8卷，人民出版社2009年版，第5页。

缺的。

（三）历史与逻辑相一致的方法

一方面，从个别上升到一般、从简单到复杂的逻辑发展进程，从最简单上升到复杂这个抽象思维的进程符合现实的历史进程；另一方面，把经济范畴按它们在历史上起决定作用的先后次序来排列是不行的，应该舍象历史的偶然因素和干扰条件。

（四）内源性矛盾运动贯穿于逻辑运动的全过程

逻辑体系总体的运动实际上是一种不求助于外力的凸显自我运动、自我扬弃、自我否定、自生自灭和自我发展的内源性矛盾运动，因为它所反映的现实社会是一个能够变化并且经常处于变化过程中的社会有机体。马克思还批判了把经济学概念和范畴物化、凝固和僵化的形而上学矛盾观，即不知道任何经济范畴、概念和规律后面的繁杂的生产关系，不知道它们身上铭刻的“历史痕迹”，同样也不知道它们是永恒的，是活生生的，随着历史的或者现实的变化而变化的。在马克思著作中间，找不到“不变的、现成的、永远适用的定义”，“不言而喻，在事物及其相互关系不是被看作固定的东西，而是被看作可变的东西的时候，它们在思想上的反映，概念，会同样发生变化和变形：它们不能被限定在僵硬的定义中，而是要在它们的历史的或逻辑的形成过程中来加以阐明。”①

（五）总体的逻辑起点选择原则和方法，具有重大的方法论意义

确定了总体的逻辑起点，就是抓住了事物的主要矛盾。起点范畴即经济学元范畴包含着此后展开的一切矛盾的胚芽，其终端以扬弃的形式包含着自己开端的规定性，这充分体现了辩证逻辑运动的一以贯之的内在联系和自我运动的特性。起点范畴的选择至少应该同时具备三个条件，即抽象性、现实性以及孕育一切矛盾胚芽的始基性。起点与研究对象息息相关。

①《马克思恩格斯文集》第7卷，人民出版社2009年版，第17页。

这就需要我们区分两组研究对象，即与研究方法相联系的研究对象，以及与叙述方法相联系的研究对象；与此相呼应，确定两个导向，即“问题导向”以及“逻辑导向”，这一点至关重要。

其一，与研究方法相联系的研究对象（因为研究方法是从现象进入本质的方法），是以经济现象层次的东西为研究对象，也就是马克思所强调的，“摆在面前的对象，首先是物质生产”①。狭义的生产关系来源地是现实的生产过程，换而言之，与研究方法相联系的研究对象就是生产方式，亦即现实的劳动过程。其特征是“问题导向”。问题是时代的格言，是表现时代自己内心状态的最实际的呼声，而“任何真正的哲学都是自己时代精神的精华”②，它的哲学依据是世界统一于物质的原理，也是一切从实际出发的原理，即按照事物的本来面貌去认识事物，从调查研究入手。把大量的感性材料加工（去粗取精，去伪存真，由表及里，由此及彼）成为理性材料，其一是进一步确定材料的真伪和价值；其二是从材料中引出路线、方针、政策、计划、方案和方法来，以便去指导人们的实践，解决现实问题。而“问题导向”所产生的成果，是进一步上升到与“逻辑导向”相关的逻辑加工的坚实的基础。马克思是这方面的典范。他大量搜集“工厂视察员”报告、“童工调查”“公共卫生”“面包行业”等委员会的蓝皮书——《资本论》第1卷近一半篇幅阐释生产过程，其中包括协作分工和手工业—机器大工业，绝对剩余价值生产与相对剩余价值生产，旨在从物质生产过程中寻找剩余价值产生的秘密。

美国工人出身的“新左派”经济学家哈里·布雷弗曼，自20世纪50年代起，先后任《美国社会主义者》杂志主编、《每日评论》出版社社长及主编等职。布雷弗曼的《劳动与垄断资本》（商务印书馆1979年）一书，继承了马克思的研究路线和方法论，注重垄断资本主义条件下劳动过程这

①《马克思恩格斯文集》第8卷，人民出版社2009年版，第5页。

②《马克思恩格斯全集》第1卷，人民出版社1956年版，第121页。

一分析角度。在他看来，《资本论》把对劳动过程的分析第一次置于真正科学的基础之上。有鉴于此，布雷弗曼深入探讨了垄断资本主义条件下生产过程领域中的新变化和新现象，如劳动人民的职业结构和工业结构的变化，现代公司、办公室劳动的演变，工人阶级结构的变化（其中包括垄断资本主义制度造成了与工人阶级和旧中等阶级相区别的“职业的中间阶层”），尤其是企业管理和科技革命的发展及其影响，等等。他强调指出，上述变化或发展的原因是资本追求最大的剩余价值。并且，他认为，自马克思逝世后，至今尚无一个马克思主义者对此做出马克思主义的分析。

在他看来，劳动过程在 19 世纪末发生实质性的变革。这一时期正是西方“管理革命”崛起和新科学技术革命兴起的时代。前者为劳动过程提供了新的组织形式，后者促成以技能为基础的劳动向以科学为基础的劳动的转化，从而使劳动过程的内容产生了实质性的变革。他强调指出，劳动过程的重大变革和发展与垄断资本主义形成在时间上是正向吻合的，促成劳动过程的形式和内容发生变革的管理革命和新技术革命是资本主义发展新阶段的一部分，它们产生于垄断资本主义，而又使垄断资本主义成为可能，从而对保罗·巴兰和保罗·斯威齐的垄断资本理论做了重要补充。

其二，与叙述方法相联系的研究对象（因为叙述方法是关于思维用来掌握具体并把它当作一个精神上的具体再现出来的方法）。其特征是“逻辑导向”，即以本质层次的概念和范畴为研究对象，是把本质逐步还原成为包含着诸多规定和关系的思想总体。所以，就逻辑运动的总路径和总过程而言，应该有两种方法（研究方法和叙述方法）及其相应的两种研究对象，它们相辅相成、不可或缺，两者缺一不可。

（六）强调中介范畴在逻辑推进和运动过程中的重要性

这是政治经济学逻辑体系总体构筑方法的重要一环。“中介”范畴是逻辑演绎和体系构建的“枢纽点”。“中介”范畴就是逻辑中项，也是范畴上升或转化的条件和过渡环节。从某种意义上讲，作为一种“思想总体”要素的诸种范畴的自我运动，实质上是一系列中介范畴、中间环节之间的中介运动。

（七）逻辑主线及中心范畴的选择、逻辑联系或逻辑结构的布局谋篇原则

主线或者结构就是从总的联系和内在矛盾中，围绕生产力和生产关系的概念的辩证法或者观念的辩证法这一条红线，把反映错综复杂经济现象的各个概念、范畴、规定、规律、理论或者子系统，置于应有的地位和正确的联系之中，力求真实地反映经济的社会形态的现实运动。而按照何种客观联系用以确定逻辑联系，这一切取决于研究对象，取决于占统治地位的生产方式即劳动过程的品性，以及生产关系主体的本质，取决于是不是符合“现实历史过程”。

马克思政治经济学逻辑结构的布局即“分篇”的一般原则，即突出人类的物质生产，因为生产、分配、交换和消费构成“有机整体”或“总体”的各个环节，而一定的生产决定一定的分配、交换和消费，以及这些不同要素相互间的一定关系。而在资本主义生产总体中，其逻辑结构突出“资本”这一“中心范畴”“普照的光”或“特殊的以太”，因为“资本和劳动的关系是我们全部现代社会体系所围绕旋转的轴心”。社会主义生产总体中，其逻辑结构突出“人民”（物质生产者）这一“中心范畴”。

（八）警惕蒲鲁东逻辑陷阱和李嘉图逻辑陷阱

所谓蒲鲁东逻辑陷阱，是用继起的复杂范畴阐释先前的简单范畴，因此在构筑逻辑范畴体系时，犯了在阐述简单范畴时就急于推出和借助复杂范畴的错误。李嘉图逻辑陷阱是抽象过度，即熊彼特所讲的“李嘉图恶习”，例如把价值直接等同于生产价格，跳过中介范畴，忽视利润平均化过程。此外，李嘉图在其著作《政治经济学及赋税原理》头两章，所有的范畴都纷纷出场亮相。由此可见，从逻辑思想史的角度来看，大卫·李嘉图似乎还是蒲鲁东逻辑陷阱的祖师爷。但是，对于蒲鲁东逻辑陷阱不能做形

而上学的理解。

首先，在阐述简单范畴时可以借助继起的复杂范畴的一般规定性，但是不能借助复杂范畴的全部规定和规律。马克思严格规定：从继起的范畴或结构内吸取某些理论要素或规定性时，必须限定在对资本的一般分析的范围内；而这些理论要素或规定性不是对充分发展的复杂的“具体”及其现实运动的反映，而是对往往在低层次发展阶段上才出现的、尚处于未展开状况或呈现理想的均匀状态的一般的“具体”形态的理论反映。

例如，对于“竞争”这一继起的范畴体系，则抽象掉竞争的实际运动和市场价格的现实运动，只研究在理想的平均形式中表现出来的竞争，并以此作为《资本论》第1卷的理论要素；关于“世界市场”这个综合了所有规定性的资本主义生产的总体，则舍象了其复杂的具体形式，只研究一般生产过剩的经济危机，主要作为《资本论》第3卷的理论要素。

其次，“资本主义生产的这些比较具体的形式，只有在理解了资本的一般性质以后，才能得到全面的说明”。因此，他把旨在阐述资本一般性质的第一册首篇“资本一般”，即“基本经济原理”或“政治经济学原理”篇，扩充为“大写”的“资本一般”，也就是放弃了继续撰写体现“六册计划”结构的《政治经济学批判》六个分册的打算，而大大扩展的“资本一般”，将以《资本论》为标题单独出版，而《政治经济学批判》这个名称只作为副标题。“六册计划”结构转向四卷《资本论》结构具有开创性甚至是“决定性的重要意义”①，旨在夯实资本主义经济学体系的基础，即讲清楚马克思称之为决定资本主义生产方式根本性质的“普照的光”“特殊的以太”的“资本一般”。这一点至关重要。毋庸置疑，完成“六册计划”首册《资本》篇的《资本论》，是该体系的基础或“精髓”部分，并形成一个始基性体系即“小圆圈”（抽象层次上经济学范畴的辩证运动），可以说“第1卷

①《马克思恩格斯〈资本论〉书信集》，人民出版社1976年版，第152页。

已经是一个完整的部分”①；“六册计划”中的第2—6册，即《资本论》“续篇”，是上升到具体现象层次上的“大圆圈”，再现以世界市场为最高具体的“总体”。《资本论》及其“续篇”、“小圆圈”与“大圆圈”构成了不可分割的逻辑体系整体，因此，“别人就容易在已经打好的基础上去探讨了”②。马克思实际上期待后人最后完成“六册计划”逻辑体系。

（九）注重政治经济学“术语革命”

《资本论》第1卷“序言”中指出：“一门科学提出的每一种新见解，都包含着这门科学的术语的革命。”③ 恩格斯的这一句话实际上有两层含义：

一是基于从属型发展观视角，“把社会的一切要素从属于自己”，即对老话语的改造或者推陈出新。其理论根据是关于反映社会经济发展过程的经济范畴二重性的理论：它把经济范畴归结为由生产力发展的一定水平决定的物质内容与反映一定经济关系的社会形式组成的统一体；它要求在分析任何一个经济范畴时，自始至终地区分开它的物质内容和社会形式。其方法论意义在于强调经济范畴社会形式的暂时性及其物质内容的继承性（这与从属型相关联），强调应深入考察与旧社会形式剥离了的物质内容及其发展趋势，预测与它相适应的新社会形式（这与创造型相关联），以及这二者在更高级阶段上结合的特征。

二是基于创造型发展观视角，“把自己还缺乏的器官从社会中创造出来”，推出新概念、新范畴、新规律、新表述或者新理论。但是这一部分所占比重非常之少，屈指可数。这是基于更替性和创新性的“创造”形态的术语革命。劳动二重性理论是这一类术语革命的典范。它是《资本论》三大崭新因素之一，也是理解政治经济学的枢纽，解决了价值由什么劳动形

①《马克思恩格斯〈资本论〉书信集》，人民出版社1976年版，第284页。
②《马克思恩格斯〈资本论〉书信集》，人民出版社1976年版，第170页。
③马克思：《资本论》第1卷，人民出版社1975年版，第35页。

成（价值是抽象劳动的凝结，这对认识价值实体、剩余价值实体有决定性意义），价值量由什么决定，为什么形成价值，怎样形成价值的问题；从内容和形式的统一上完成价值本身规定性的研究，并且从价值形式的历史发展和商品内在矛盾冲突中，推出货币范畴，解决了商品怎样、为什么、通过什么成为货币的问题，并从价格（商品价值的货币表现）和价值的关系上阐述了价值规律的作用形式。这一术语革命的意义在于：这种在商品交换现象形态上完成的劳动价值论，包含一切资产阶级形式的秘密，成为以后一切经济科学的出发点。马克思还进一步研究了剩余价值本身，区分了剩余价值一般及其具体形式，确定了绝对剩余价值形式和相对剩余价值形式，劳动对资本的两种从属形式、劳动过程和价值增殖过程学说等。

马克思提出的这一组新术语的意义在于："为什么马克思的剩余价值理论，好像晴天霹雳震动了一切文明国家?"① 因为它从本质上揭示了资本主义剥削的秘密，"资本和劳动的关系，是我们全部现代社会体系所围绕旋转的轴心，这种关系在这里第一次得到了科学的说明"②，从而为工人阶级运动提供了强有力的思想武器。

四、 如何抉择中国特色社会主义政治经济学体系起点

马克思关于政治经济学研究方法尤其是逻辑体系构建方法，对于构建中国特色的政治经济学体系，具有重要的方法论意义和现实价值。如何抉择中国特色社会主义政治经济学体系起点？确定了中国特色社会主义政治经济学体系的逻辑起点，就是抓住了事物的主要矛盾。如前所述，起点范畴即经济学元范畴包含着此后展开的一切矛盾的胚芽，其终端以扬弃的形

①马克思：《资本论》第2卷，人民出版社1975年版，第20页。

②《马克思恩格斯选集》第2卷，人民出版社1995年版，第589页。

式包含着自己开端的规定性，这充分体现了辩证逻辑运动的一以贯之的内在联系和自我运动的特性。

1. 应该从具体的国情和时代主题出发。这是抉择当代中国马克思主义政治经济学体系起点的唯物主义前提。

马克思指出："相同的物质基础——按主要条件来说相同——可以由无数不同的经验的情况，自然条件，种族关系，各种从外部发生作用的历史影响，等等，而在现象上显示出无穷无尽的变异和色彩差异，这些变异和差异只有通过对于经验上已存在的情况进行分析才可以理解。"① 摆在面前的研究对象，是处在社会主义初级阶段，处于转轨期和经济新常态状况下的一种特殊的经济的社会形态。一定要从实际出发，从国情出发，调查研究，实事求是。这是构建当代中国马克思主义政治经济学体系的唯物主义前提。

2. 起点范畴的选择至少应该同时具备三个条件，即抽象性、现实性以及孕育一切矛盾胚芽的始基性。如何抉择中国特色社会主义政治经济学体系起点、元范畴或始点范畴，也必须如此。甚至可以为了现实性而牺牲抽象性。马克思当年是把"价值"而不是"商品"作为资本主义经济学体系的起点，后来改变初心的原因是：价值是比商品更为抽象，但似乎是看不见摸不着的幽灵，缺乏现实性。

社会主义"变形的商品"应该是当代中国马克思主义政治经济学的起点范畴。迄今为止，商品已经经历了三次变形。

第一次变形：从一般的简单商品即 W－G－W，转化为资本主义商品生产，即 G－W－G′。马克思认为，资本主义商品生产不同于"作为历史前提的简单商品生产"，资本主义商品应该是"一个在概念上和历史上都是派生

①马克思：《资本论》第 3 卷，人民出版社 1975 年版，第 892 页。

的形式，即已经在资本主义下变形的商品（Die Modifizierte Ware）”①。

第二次变形：在经济全球化尤其金融全球化条件下，资本主义市场经济条件下的商品，很多实体经济条件下的资本主义商品，转变为金融商品即金融衍生品、新金融商品或者虚拟经济品。“最重要和最关键的进步，是向金属货币的过渡，但是这种过渡也造成了如下的后果：价值由劳动时间决定这一事实，从此在商品交换的表面上再也看不出来了。”②

第三次变形：社会主义初级阶段公有制条件下的商品，不同于计划经济商品，也不同于资本主义商品，而是二元并存条件下的“变形的商品”。这种社会主义“变形的商品”大量存在于现实的社会主义市场经济形态之中。

鉴于起点范畴的选择至少应该同时具备三个条件，即抽象性、现实性以及孕育一切矛盾胚芽的始基性，因此，起点范畴也是政治经济学体系赖以演绎或逻辑推进的元范畴。同时，也基于马克思、恩格斯关于“资本主义下变形的商品”理论的有力启迪，应该以大量存在于社会主义初级阶段中，现实的社会主义公有制市场经济形态条件下的“变形的商品”作为中国特色社会主义政治经济学体系的逻辑起点或元范畴。

其一，社会主义“变形的商品”产生的前提条件，具有二元性质——作为主体的公有制经济体制及国营企业与非公有制经济体制及民营企业、外资企业并存。

其二，社会主义公有制条件下的“变形的商品”的二元并存性质：

（1）这种“变形的商品”主要来自国营企业、民营企业和外资企业，也就是出现了两种并存的所有制（公有制为主体，与非公有制并存），其政策背景是“两个毫不动摇”。

---

①马克思：《资本论》第3卷，人民出版社1975年版，第17页。

②马克思：《资本论》第3卷，人民出版社1975年版，第1018页。

（2）“变形的商品”市场所普遍存在的二元并存的混合机制，一种是以利润或者效率为中心的看不见的手，即市场机制；另一种是力图符合社会主义基本经济规律的看得见的手，即政府调节规律，市场机制与政府机制并存，但是，往往很难厘清两者的边界。

（3）商品生产者的劳动力形态，具有商品属性（例如外资企业）和非商品的二元性质。在外资企业是一种合作的劳资关系。

（4）劳动者二元并存的分配关系：按劳分配与按要素分配相结合，资本所得与劳动所得相结合。

（5）商品、投资品与公共产品（准公共产品）并存。

这种特殊的变形的商品在现实的社会主义公有制市场经济形态条件下，尤其在双层所有制结构（公有制为主体，与非公有制并存，以及多种规律或者机制，例如社会主义基本经济规律和市场经济规律）制约条件下，不断地被再生产出来，由此而推动经济的社会形态的发展和变迁。这种“变形的商品”及其生产，应该是当代中国马克思主义政治经济学的起点范畴。

我们应该以马克思政治经济学逻辑体系构建学说为指导，将中国实践中大量涌现的感性材料和成功经验予以去粗取精，去伪存真，由此及彼，由表及里，形成新表述、新话语、新概念、新范畴，从而形成这一理论制作过程的最终产物，即当代中国马克思主义政治经济学理论体系，并由此彰显马克思政治经济学体系构建方法的当代价值。

〔原载于《福建师范大学学报》（哲学社会科学版）2017 年第 2 期。副标题：兼论中国特色社会主义政治经济学体系逻辑起点〕

习近平总书记新发展观解析

2016年7月17—19日，颜鹏飞教授出席中共贵州省委党校举办的“中国第八次人的发展经济学研讨会”期间，就“习近平总书记新发展观”这一主题，接受本刊采访。

王廷国（本刊记者，以下简称“王”）：在党的十八届五中全会上，习近平总书记提出创新、协调、绿色、开放、共享五大新发展理念。您认为，应该如何理解五大新发展理念是发展观的重大飞跃？

颜鹏飞（以下简称“颜”）：发展观、人民观和历史观三者是统一的。以前讲统一是讲辩证法、认识论和逻辑方法三者的统一。列宁就把逻辑论、唯物辩证法和认识论三者相统一。马克思的发展观主要表现在唯物史观，即辩证唯物主义和历史唯物主义。这种发展观主要是从实践的角度去讲。马克思在《费尔巴哈提纲》中把实践引进哲学，讲人的主观能动性。习近平总书记站在历史和时代的高度，把历史观、人民观和发展观统一起来，提出五大新发展理念，这在以前是没有的。这种新发展观不但与马克思的发展观一脉相承，同时又是对中国化的发展观的一种继承和超越。

如何理解习近平总书记的新发展观既是对马克思、恩格斯的发展观的继承，又是对中国化的发展观的继承和超越？

第一，从对马克思主义发展观的一脉相承性来看。马克思主义认为“每个人的自由发展是一切人的自由发展的条件”。换句话说，促进人的全面发展是马克思主义发展观最本质的内涵。习近平总书记提出的新发展观，归结点和落脚点是共享。共享是中国特色社会主义的本质要求。必须坚持发展为了人民、发展依靠人民、发展成果由人民共享。这是总书记提出的“坚持以人民为中心的发展思想”的本质内涵。也就是说，新发展观的本质仍然是促进人的发展。这与马克思主义发展观是一脉相承的，体现了对马克思、恩格斯发展观的继承性。

第二，从中国化的发展观在我国的历史源流来看。中国化的发展观源于马克思主义发展观，在实践上具体表现为毛泽东提出的“人民群众是历史的创造者”。他在《为人民服务》《愚公移山》《纪念白求恩》“老三篇”中提出“为人民服务”的发展观点，指出“人民，只有人民，才是创造世界历史的动力”。这和马克思关于人的发展的本质是一致的。以邓小平同志为代表的中国共产党人在改革开放后提出“发展是硬道理”的发展观点；以江泽民同志为代表的中国共产党人开始把它系统化；以胡锦涛同志为代表的中国共产党人根据时代发展要求，在此前发展观的基础上提出了“科学发展观”，指出“发展是第一要务”，但强调核心是“以人为本”，同时提出很多相关内容，进一步丰富了发展观思想，但还未完全把它系统化。

对于科学发展观，习近平总书记有过精准的评述，特别指出“我们党提出的以人为本，全面协调可持续的发展观，立足于世界大势和我国国情，是基于对当今世界发展实践的审视和思考，是对多种发展理论的合理借鉴、创新和超越，是最富有系统性、科学性和时代性的发展观”。科学发展观把发展作为治国安邦的第一要务，这是一个重点。这个重点基本上还是围绕“发展是硬道理”这个问题来讲的。从内容来看，科学发展观重点是在讲协调，主要是以协调为引领，“统筹城乡发展、统筹区域发展、统筹经济社会发展、统筹人与自然和谐发展、统筹国内发展和对外开放”，因此它既较少提及创新，也没有把共享放在突出位置。当然这样的理论总结与当时所处的发展阶段紧密相关。

习近平总书记提出“创新、协调、绿色、开放、共享”五大发展理念，把创新作为开篇，强调创新、协调、绿色、开放、共享五者相统一，最终实现人的全面发展。不可否认“发展是硬道理”“科学发展观”等发展思想，为习近平新发展观的提出提供了依据和借鉴。习近平总书记正是在过去中国化的发展观，特别是科学发展观的基础上，加进了创新发展，强调了绿色发展，突出了共享发展，使发展观更具有系统性、科学性和时代性。

第三，习近平总书记新发展观的提出是时代使然。习近平总书记的五大新发展理念不是从天上掉下来的，是时代性使然，是现实性使然。理论需要实践来检验，实践需要理论来推动。就目前的形式来看，我们的伟大实践，一个是国内经济形势进入新常态，一个是国际发展形势比较严峻。在这样的时代背景下，把发展问题提到一个新的高度，显然是高瞻远瞩。从时代性、科学性、系统性出发，当前我们处在一个新常态，处在一个既是和平又是发展，且发展具有很大挑战的时期。随着时代和环境的变化，我们和平发展已经不能像过去那样只讲韬光养晦。因为从现在的时代和环境条件来看，你想要和平发展，别人却不让你称心如意地和平发展。最典型的例子就是南海问题。我们要韬光养晦，可是别人就是不肯让你“韬光”，而是非要逼你亮相，逼你表态。在这样的时代背景下，习近平提出新发展观，显然是实践和时代使然。

从上述几方面来看，习近平的新发展观开辟了马克思主义发展新境界，带有鲜明时代特色，凸显其“中国话语”和“中国智慧”，“中国声音”和“中国方案”，是对马克思发展观的丰富和发展，是对我国经济发展实践规律性成果的提炼和总结，是对国内外中国经济发展模式争论的解答和升华，深刻回答了新形势下实现什么样的发展、如何实现发展、为谁发展、依靠谁发展、由谁来享受发展成果，以及如何以改革促发展、如何规范发展、发展如何对接世界，以及发展需要怎样的政治领导等重大问题，标志着我们党对中国特色的经济社会发展规律的认识达到了一个新的高度，极大地丰富和发展了马克思发展观和当代中国政治经济学。

王：创新、协调、绿色、开放、共享五大发展理念共同组成了一个相互联系的体系。您认为，应该如何理解这一科学体系？

颜：创新、协调、绿色、开放、共享，这五大发展理念，形成了从发展动力到发展目的的一个完整的科学体系，不可分割，也不可或缺。

这个体系以创新为开篇。中央有一个提法，说的是“创新是一个民族进步的灵魂，是一个国家兴旺发达的不竭动力，也是一个政党永葆生机的源泉”。也就是说，在这个新发展观体系中，创新是龙头。关于创新，以毛泽东同志为核心的党的第一代中央领导集体、以邓小平同志为核心的党的第二代中央领导集体等讲过，以江泽民同志为核心的党的第三代中央领导集体、以胡锦涛同志为总书记的党中央也讲过，但都没有提到战略高度加以重视。以习近平同志为核心的党中央，开篇就讲创新，把创新放在第一位的高度，这是五大发展理念科学体系的一大特点，而且是第一次把“创新”引入发展理念，深化了我们对新形势下发展动力的认识，具有很强的时代性、问题导向和现实针对性。改革开放初期，一心一意引进外资，引进市场技术，这是可以的，但是过了很长一段时间后，都不提自力更生，不提创新，推崇所谓“市场换技术”，这就不行。引进固然不错，但引进以后我们要懂得内化，懂得在引进中创新，不能只讲引进，不讲创新，这样只能受制于人。以前我们就是没有把创新放在第一位，所以吃了很大的亏。

我们再来看看协调问题。协调是确保共享、实现共同富裕的关键手段。实现共同富裕是最终目的，但从实践上来说，又是一个长期的过程。在这个过程中存在着先富后富的问题。邓小平在改革开放之初就提出，要允许一部分地区一部分人先富起来，以先富带动后富，最终实现共同富裕。“先富带动后富”就需要协调。先富后富应该同步进行，不能讲先富一段时间以后再讲后富。虽然先富后富存在差异性，有些人由于先天禀赋、知识结构等可能先富起来，但是不能说先富已经搞了一二十年，再搞后富。我们要对这个政策进行修正，比如说“效率要兼顾公平”，在当时针对“平均主义”“吃大锅饭”是一个突破，但是现在看起来这个理论还是存在一定的历史局限性，当时提出这样的理论有其特定的历史环境。科学发展观特别强调协调可持续发展，也是因为当时相对严峻的区域发展不平衡。现在习近平总书记所提出的协调又有了更深的内涵，强调协调既是发展手段又是发展目标。促进协调发展要处理好局部和全局、当前和长远、重点与非重点的关系，着力推动区域协调发展、城乡协调发展、物质文明和精神文明协调发展，推动经济建设和国防建设融合发展，“一带一路”的协调，是一个全新的协调观，站在世界的高度来统筹，具有国际视野和战略眼光。

关于绿色发展。“发展是硬道理”，但能不能以牺牲环境代价来发展呢？习近平坚决否定这样的发展方式，指出必须坚持绿色发展。习近平总书记强调：“良好生态环境是最公平的公共产品，是最普惠的民生福祉”，“绿水青山就是金山银山。”为此，习近平总书记指出，绿色发展既是理念又是举措，要让良好生态环境成为人民生活质量的增长点。

开放是我国的一项基本国策。截至目前，我国经济已经深度融入全球经济之中。不敢想象，脱离于全球经济之外的中国经济会是怎样的景象。某种意义上来说，全面深化改革，也是在为进一步的改革开放夯实根基，清除阻碍。近四十年的改革开放，我们已经深深地融入全球经济之中。现在，全球经济发展的每一根神经都牵动着我们。从当前的实践来看，融入全球经济，对我们是机遇远大于挑战。所以，要通过五大发展理念中的“开放发展”，解决发展内外联动问题。习近平总书记特别强调，我们将继续深化各领域改革，坚持对外开放基本国策，坚定不移奉行互利共赢的开放战略，继续从世界汲取发展动力，让中国发展更好惠及世界。

五大发展理念的科学体系是以创新开篇，以共享压轴。实现共享是习近平总书记新发展观的目的和归宿。新发展理念的理论创新之一，就是突出强调了共享的发展目的，体现了“以人民为中心”的重大发展原则。

习近平五大发展理念，其落脚点应该是以人民为中心，实现共享发展。

共享，即以人民为中心。以人民为中心有一个值得探讨的问题，那就是三大分配差距。一是微观方面的分配差距，即个人、居民，他们的基尼系数现在比较突出，原来的警戒线是0.4，现在已经逼近0.5了，这是违背“以人民为中心”的发展目的的，所以要重启“以人民为中心”。二是中观方面的差距，即地区之间的差距，东部、中部、西部之间的差距还在逐渐扩大，尤其是东北地区（东三省）与其他省区的差距逐渐增大，中、西部地区由于特殊政策的支撑，正在逐渐崛起。另外就是城乡差距，虽然进城务工人员工资有所提高，但很多现实矛盾依然突出，进城务工人员的状况还没有得到根本好转。三是宏观方面的差距，即国家与人民之间的差距。实行分税制改革后，国家手中的资金相对较多，而人民手中的资金相对较少，这样一来就不符合国强民富的要求。宏观的国民分配差异、中观的地区差异和微观的居民个体收入差异，这三者成为阻碍共享较严峻的现实问题。提出以人民为中心的发展，正是基于这样一个时代背景而言的。

总体来说，创新、协调、绿色、开放、共享的五大发展理念，是改革开放30多年来我国发展经验，“十三五”乃至更长时期我国发展思路、发展方向、发展着力点的集中体现，是对我国经济发展实践规律性成果的提炼和理论总结，反映出我们党对我国发展规律的新认识。新发展理念摈弃了过去简单的以生存型为主或者单纯的以GDP为中心的发展观，抛弃拼资源拼投入、竭泽而渔、重城市轻农村、先污染后治理、重效率轻公平等陈旧观念，杜绝与民争利、忽视民生，抛弃以忽视公平和影响稳定为代价的畸形发展，并且形成了一个科学的体系。创新是引领发展的第一动力，协调是持续健康发展的内在要求，绿色是永续发展的必要条件，开放是国家繁荣发展的必由之路，共享是中国特色社会主义的本质要求。

应该强调指出，我们既要看到五大发展理念各自都有雄浑的理论张力和深刻内涵，同时也要从差异性中认识到它们之间的内在联系。创新性、协调性、绿色化、开放性、共享性等都要从整体性和统一性中予以引申、衍生和阐释，必须由“要素发展论”进入到“整体发展论”，即强调要素间、阶段间的关联性。五大发展理念是具有内在联系的集合体，相互联系、相互贯通、相得益彰、形成合力，共同推动我国经济社会发展迈上新台阶。

王：“十三五”时期，经济社会发展贯彻新发展观，应抓住哪些要点（或关键）？

颜：习近平总书记的新发展观犹如一条红线贯穿于“十三五”经济社会发展的各领域各环节，它抓住了中国社会经济发展的“衣领子、牛鼻子”，凝聚着对经济社会发展规律的深入思考，如同“指挥棒”“红绿灯”“导航仪”和“指路灯”，为未来发展指向引路、谋篇定策。要贯彻好新发展观，五大发展理念都必须要掌握，都要严格贯彻落实。在这五个要点中，关键在创新，落脚点在共享。这两大要点一头一尾，一个开篇，一个结尾；一个龙头，一个龙尾。搞活龙头龙尾是最大的要点。

总之，贯彻新发展观，重点是搞好“一头一尾”，即要把创新摆在国家发展全局的核心位置，崇尚创新，更加注重创新驱动；把“共享”发展作为最后的“压轴”理念，彰显发展的目的、归宿、出发点和落脚点，旨在坚持以人民为中心的发展思想、以人民为主体的价值理念和中国特色社会主义的本质要求。

王：贵州如何贯彻落实习近平总书记的新发展观？

颜：习近平总书记的新发展观要在贵州贯彻落实，生根发芽。第一，必须注重绿色发展，搞绿色贵州建设。习近平总书记说过，绿水青山就是金山银山。我们知道，贵州的长处就是绿水青山，这正是其他省区所缺少的。贵州要牢牢抓住绿色发展，牢牢守住生态这条底线。云、贵、川三省都要按照中央提出的功能区规划，抓绿色、抓旅游、抓无烟工业，这更为合理些。第二，贵州要发展，必须抓好创新。只有创新，才能更好地发展。有了创新，各方面的工作才有生机与活力。贵州注重创新发展，主要是引进信息产业。贵州目前做得较好的是大数据发展，这就是很好的信息产业。

信息产业是一种高技术产业，不会以破坏环境为代价。大数据产业能够在贵州孵化，这是一个很重要而远大的决策，体现了贵州省委省政府高度的战略眼光。贵州还可以发展军工产业。军工产业如雷达、飞机叶片等属于高科技产业，对环境的破坏性不大。贵州要抓住绿色产业、抓住高新产业。第三，贵州要发展，就必须坚持对外开放。贵州开放发展，先行的方向就是发展大交通战略。贵州山高、水深，交通不便将成为发展的瓶颈。无论是旅游业、物流业等，交通都是关键。贵州大交通战略，南下以广东、广西为主，同时辐射西南地区，北上以北京、上海为主，覆盖全国，其大交通战略已初步形成，但和其他发达省份相比还有一定差距。第四，贵州要发展，必须把贵州人均总体收入搞上去，同步实现全面建成小康社会。只有把百姓工作做好做实，落实共享发展才能水到渠成。第五，把新发展理念转化成为实践行动，必须坚定不移地推进供给侧结构性改革。周期性、总量性和结构性问题是当前我国经济发展的瓶颈，而矛盾的主要方面在供给侧。要把供给侧结构性改革作为贯彻落实新发展理念的主线，必须实施宏观政策要稳、产业政策要准、微观政策要活、改革政策要实、社会政策要托底的五大政策支柱，突出抓好去产能、去库存、去杠杆、降成本、补短板五大任务。总体说来，贵州贯彻新发展观方向是对的，路线是明确的，只要认真加以践行，贵州实现跨越发展指日可待。

（原载于《贵州省党校学报》2016 年第 4 期。副标题：访著名经济学家，武汉大学经济思想史研究所所长，教授、博士生导师颜鹏飞）

政治经济学“术语革命”或者话语革命

中国经济改革和发展已经到了一个新的阶段，即中国初级阶段的经济总体不同于以往的单一的计划经济体或者市场经济体，已经是一个以公有制为主体、多种所有制成分和若干调节要素并存的多元化的复杂的经济系统。马克思主义经济理论发展也到了一个新的发展时期，即从以苏学东渐、西学东渐为标志的引进阶段，转向以建构中国化马克思主义经济学、占领话语权制高点为特征的“术语革命”和创新阶段。

一、 政治经济学需要术语革命

政治经济学领域的术语革命或者话语革命包含两层含义：一是从属型含义，即对老话语的改造或者推陈出新；二是创造型含义，即提出新的话语。但是，中国经济学界在某种程度上患上了“失语病症”，即“学术失语症”和“集体失语症”，以至于在经济学许多领域甚至在实业界和部分主流媒体言必称西方经济学。当前中国学界热衷的话语、规则、观念、标准等大多是西方的，“影子主义”和“影子模式”（例如新自由主义、新凯恩斯主义、新重商主义）很有市场，出现了马克思主义经济学弱势化和西方经济学强势化现象。而中国本土仍具文化活力与生命力的学术话语、语言、资源、概念、范畴、表述、思维方式、思想文化等则被有意或无意地遗忘与抛弃，民族学术正逐渐被西方学术或者普世价值所侵蚀甚至取代，最终很有可能引致软实力匮乏、文化安全和颜色革命等问题。因此，开展中国经济学的“术语革命”，构建凸显中国特色、中国气派、中国风格的具有鲜明的时代性、科学性、民族性、开放性和大众性的话语语汇、知识概念和话语规则及其学术话语体系很有必要。

中国已经成为世界上第二大经济综合体。作为其上层建筑组成部分的话语权，理所应当在世界学术界占有一席之地。应该大力克服中国特色社会主义经济学话语体系建设存在的滞后，以及马克思主义经济学边缘化和西方经济学泛化问题。我们有这个理论自信、理论自觉和理论自为，在“三千年未有之大变局”中以重构学术话语体系的方式再建民族主体性。这已经成为经济学学术界义不容辞的历史性任务。

中国特色的马克思主义经济学的话语体系有什么特征？

首先，进入转型阶段的中国政治经济学体系具有中国本土化文化根基、价值支撑和话语，应该是民生本位的经济学话语体系。秦汉以来一直把经济学视为经邦济世、强国富民之学，充分体现其厚生、惠民的人文主义、人本本位和主体本位思想。这是明显地区别于丧失道德制高点、以物本本位和利润取向为标志的西方“经济人本位”话语体系。

其次，中国特色的马克思主义经济学的话语体系应该是具有马克思主义遗传基因、元素和话语的话语体系。这是明显地区别于反映资本主义意识形态的西方市场本位的话语体系。

最后，吸收和借鉴多年来西方资本主义国家搞市场调节经济、多年来社会主义国家搞计划调节经济以及中国改革开放的成败得失，推出“社会主义调节经济”这一新话语，有其历史必然性和现实合理性。从社会主义市场经济话语体系到社会主义调节经济话语体系，这是在“社会主义市场经济”话语基础之上的深化、升华和发展。事物就是过程，就是关系，就是在于运动。调节就是推动事物演变这一主题应有之本义。社会主义调节经济也就是多元化（诸多调节因素）一体（纳入作为总体的社会主义调节经济体系）经济。顾名思义，推动生产力—生产关系运动和经济发展的调节要素，以及与此相关的制度、体制、机制、途径、发展模式和政策选择等，是社会主义调节经济所着重考察的对象。社会主义调节经济话语体系的精髓，就是在洞悉“生产力（生产资料）的概念和生产关系的概念的辩证法”也即主观辩证法逻辑运动（这也是马克思主义政治经济学的研究对象和研究宗旨）的基础上审时度势，在有效调节生产力—生产关系的客观辩证法运动过程中，在诸种纷繁复杂的调节要素交叉作用过程中，寻找推动中国经济社会可持续健康发展的“合力”。[①]

多元化的调节要素包括以下内容：①就抽象层次若干关系的调节而言，一是生产系统诸因素可以区分为“生产力的永恒因素”（自然条件、社会条件、活劳动、生产资料等）以及领先因素或主导因素（科学、管理、信息等）。二是生产关系系统诸因素可以区分为原生态生产关系，以及“派生的、转移来的、非原生的生产关系”，“第二级的和第三级的东西”[②] 生产方式、交换方式、发展方式、经济制度、经济体制、产权、分工、管理、股份制等，可以列入领先的生产力因素和非原生的生产关系行列。三是生产力—中介范畴—生产关系、上层建筑—经济基础之间的关系。②调节机制层次，涉及第一配置（市场机制）、第二配置（计划机制）、第三配置（伦理道德、习俗、权力寻租设租、裙带关系）。③调节主体层次，涉及企业、国家、非政府组织（例如工会、慈善机构、智库），以及社会、个人、家庭之间的调节问题。④其调节范围则把微观规制、中观协调、宏观调控、社会政策安排、国家经济关系排序等，揽括其中。⑤就保障和支撑意义而言，调节经济也是区别于权力调节的法治经济，不能忽视法治对于调节经济的保驾护航作用。

①《马克思恩格斯全集》第46卷（上），人民出版社1979年版，第47页。《马克思恩格斯全集》第4卷，人民出版社1995年版，第695～697页。

②《马克思恩格斯全集》第46卷（上），人民出版社1979年版，第47页。

1. 具有马克思主义遗传基因、元素和话语

人们往往忘记，马克思在人类思想史上第一次提出比较系统的社会经济调节理论，而凯恩斯等人提出类似思想要晚六十年。调节经济的一级本质是社会总劳动时间的分配和调节，并且适用于一切社会经济形态。它的二级本质是，社会总劳动时间的分配和调节规律，在各个具体的社会经济形态中具有不同的表现形式。① 马克思指出："实际上，没有一种社会形态能够阻止社会所支配的劳动时间以这种或那种方式调节生产"，"这种按一定比例分配社会劳动的必要性，决不可能被社会生产的一定形式所取消，而可能改变的只是它的表现形式，这是不言而喻的。自然规律是根本不能取消的。在不同的历史条件下能够发生变化的，只是这些规律借以实现的形式。"② 马克思还以此剖析了三种社会经济形态的调节规律。一是以"农村家长制生产"为特征的自然经济形态："家庭内的分工和家庭各个成员的劳动时间，是由性别年龄上的差异以及随季节而改变的劳动的自然条件来调节的。"③ 二是在商品经济形态中，生产商品的"社会必要劳动时间作为起调节作用的自然规律强制地为自己开辟道路"④。三是"自由人联合体"即产品经济形态，"劳动时间的社会的有计划的分配，调节着各种劳动职能同各种需要的适当的比例"：一方面，"社会化的人，联合起来的生产者，将合理地调节他们和自然之间的物质变换，把它置于他们的共同控制之下，而不让它作为盲目的力量来统治自己，靠消耗最小的力量，在最无愧于和

---

①马克思在《1861—1863 年经济学手稿》"剩余价值理论"中第一次系统阐述了社会总劳动时间的分配及其调节机制的问题。马克思指出：在一个单位商品上花费的劳动时间不超过社会必要劳动时间，即不超过生产这个商品平均所需要的时间，这是资本主义的结果，而且资本主义生产在不断降低这个必要劳动时间的最低值。当然，这是以资本主义生产必须在不断扩大的规模上进行为前提的。马克思提问："必要劳动时间究竟按怎样的量在不同的生产领域中分配?"他回答说："竞争不断地调节这种分配，正像它不断地打乱这种分配一样。"（《马克思恩格斯全集》第 26 卷第 1 册，人民出版社 1972 年版，第 234 ~ 235 页。）

②《马克思恩格斯文集》第 10 卷，人民出版社 2009 年版，第 276、289 页。

③马克思：《资本论》第 1 卷，人民出版社 1975 年版，第 95 页。

④马克思：《资本论》第 1 卷，人民出版社 1975 年版，第 92 页。

最适合于他们的人类本性的条件下来进行这种物质变换”①；另一方面，“他们的社会关系作为他们自己的共同的关系，也是服从于他们的共同的控制的”②，人们也就成了自己社会结合的主人。市场调节在马克思调节经济理论中居于重要地位。马克思在早期是以英国作为研究典型。在他看来，资本主义之后的未来社会尽管不存在商品经济，但是，“价值决定仍会在下述意义上起支配作用：劳动时间的调节和社会劳动在各类不同生产之间的分配。”③ 尤其在晚年，马克思以俄国、印度和中国等非西方发达资本主义国家，即东方社会作为考察对象，提出了另外一条东方社会发展中国家跨越“卡夫丁峡谷”的发展道路，就是利用市场关系或市场机制来发展社会主义生产力总量。此外，马克思对于市场经济的二重性，即在一定历史条件下促进生产力发展，以及伴随而来的“李嘉图定律”陷阱（社会生产力发展和社会的进步是以牺牲某些阶级或阶层的利益为代价，这一论断被英国古典经济学家李嘉图称为绝对合理的必然规律），尤其是商品拜物教、货币拜物教和社会不公平不公正等资本主义异化做了科学的剖析。

2. 具有中国本土化文化根基、价值支撑和话语

秦汉以来，经济学一直被视为经邦济世、强国富民之学，即所谓“以人为本”，“凡治国之道，必先富民”，或者把“民生”视为“吾将上下而求索”的问题。这充分体现其厚生、惠民和彰显民生本位的特征，具有原始的朴素的鲜明的人文主义、人本主义、主体本位色彩，既推行重农抑商政策，也崇尚“轻重之术”。轻重之术就是包括“管氏之轻重，李悝之平余，耿寿昌之常平”在内的平抑物价和调节经济之术。④ 把国家调节和市场

①马克思：《资本论》第3卷，人民出版社1975年版，第926~927页。

②《马克思恩格斯全集》第46卷（上），人民出版社1979年版，第108页。

③马克思：《资本论》第3卷，人民出版社1975年版，第963页。

④中国历史上平抑物价的调节之术。例如，汉武帝时，桑弘羊推行平准政策：“大农诸官尽笼天下之货物，贵则卖之，贱则买之……万物不得腾跃，故抑天下之物。”（《管子·国蓄》）西汉宣帝五凤四年“（耿）寿昌遂令边郡皆筑仓，以谷贱时增其贾而米，以利农，谷贵时减贾而粜，名曰常平仓。民便之。”（《汉书·食货志》）这是看不见的手（市场供求关系决定商品价格）和看得见的手（大农诸官尽笼天下之货物）相结合的典范。

调节融为一体，是中国对经济学的重大贡献。此外，被誉为“群经之首，大道之源”的《易经》蕴藏着“天人合一”的系统观、和合思维、人本理念和朴素的辩证方法。这是社会主义调节话语体系的本土化理论渊源。

3. 基于马克思总体性方法论（或者“总体性”原则、“整体性”研究方法、政治经济学话语体系构建学说）和社会或历史发展的“合力”理论①

马克思很重视“总体”这一术语。现代经济就是由生产、分配、交换和消费各个环节构成的“总体”“统一体”和“有机整体”②，是一个复杂的非线性的协调工程。必须从整体、总和、体系、方法论和发展观上把握社会主义调节经济理论，把包括市场调节和政府调节在内的诸种调节要素作为其内生变量而纳入作为总体的社会主义调节经济体系。以往，在制定具体的经济发展战略和政策时，往往无形中陷入西方经济学的“概念陷阱”，而且关于“中国模式”“中国道路”的分析也往往是在西方经济学范式的框架内进行的，以至于无形中导致马克思主义经济学话语体系的边缘化。毛泽东的《论十大关系》和党的十七大提出的“十个结合”，是正确处理和调节各种关系、跳出西方范式或者话语体系陷阱的范例。

总而言之，社会主义调节经济是一体（以公有制经济为主体）多元化混合调节（把看不见的手、看得见的手和“第三只手”等纳入总体调节和协调框架）经济体系。它有利于厘正各个调节方式，尤其政府调节和市场调节的边界和活动区间，有利于谨防市场或者政府的“错位”“越位”“缺位”或者“在其位而不谋其政”，也即“尸位素餐”③；它有利于杜绝两个异化即政府异化和市场异化，或者两个失灵、两个缺陷，使其回归本位即政府本位和市场本位。它既区别于计划经济话语，避免重返传统社会主义经济学话语体系，也不套用或者照搬市场经济话语，避免被强行纳入当代

---

①《马克思恩格斯全集》第4卷，人民出版社1995年版，第695~697页。

②《马克思恩格斯文集》第8卷，人民出版社2009年版，第22、23页。

③班固《汉书·朱云传》：“今朝廷大臣，上不能匡主，下亡以益民，皆尸位素餐。”

西方经济学话语体系；既不同于西方兼容理论，尤其市场社会主义思潮，也不同于法国调节学派理论。它把市场调节、计划调节或者国家调节以及诸多调节因素作为其内生变量，纳入作为总体的社会主义调节经济体系，并且是在社会主义公有制为主体的经济框架内运行。其目的在于重铸以本土化的学术话语为标志的社会主义调节经济话语体系，开启“后西方经济学话语时代”之门。

三、 破解社会主义调节经济的三大难题

政治经济学的术语革命，当务之急是破解社会主义调节经济三大难题。

第一，着重寻找政府调节和市场调节之间边界厘定、变动和修正的规律，是这一新话语体系的重中之重。政府调节和市场调节之间的关系是一种对立统一的辩证关系。完全由政府调节，就会走向计划经济；完全由市场调节，就会走向市场原教旨主义或者新自由主义经济。应该尽全力寻找和剖析经济发展全过程中平衡各种关系的契合点、调节点或者制约经济发展的合力，适时调整相关政策，不断地纠正市场缺陷和市场异化，或者政府缺陷和政府异化，也即错位、越位、缺位现象，有针对性地处理不同阶段遇到的不同性质的问题。例如，习总书记根据改革开放中出现的新问题新情况，提出了一个新的理论概括：核心问题是处理好政府和市场的关系，使市场在资源配置中起决定性作用，更好发挥政府作用。一方面，市场在资源配置方面起决定性作用，既不能用市场在资源配置中的决定性作用取代甚至否定政府作用，也不能用更好地发挥政府作用取代甚至否定使市场在资源配置中起决定性作用。另一方面，在如何更好发挥政府作用方面，搞好政府自身建设是重中之重。这是一篇大文章。应该坚持法治国家、法治政府、法治社会一体建设，实现科学立法、严格执法、公正司法、全民守法，促进国家治理体系和治理能力现代化，力图清除滋生权力寻租—设

租即权力调节或配置资源的土壤。

第二，要真正区分私人产品、公共产品（包括基础教育、环境保护、科学研究等）和准公共产品（包括高等教育、文化卫生、基础设施等社会公益事业）。凡是供给和服务涉及住、行、信息对称、司法公正、社会治安、环境保护，尤其医疗保险、义务教育、社会保障等都属于广义的公共品范畴。实践证明：医疗卫生领域的市场化改革是失败的，教育领域的市场化和产业化试验问题丛生，社会保障覆盖面有限，房地产的泡沫化，成为破坏社会和谐的重灾区。因此，要真正弄清楚哪些行业可以市场化，哪些是处在市场和政府接合部的行业，哪些是要通过国家产业政策扶持乃至需要运用国家力量实现跨越式发展的战略产业。另外，还要正确处理具有发散型、开放型及风险型特征的市场改革与带有集中及凝聚型倾向的政府改革之间的关系。目前政府自身的治理严重滞后，政府还掌管着大量本来应该交由市场配置的资源。

第三，如何着重从理论上阐释先进的社会主义公有制社会形式与市场经济的相互融合和调节问题，并由此构建一种话语逻辑体系，这是构建社会主义调节经济话语体系的难点和创新之处。私有制与市场经济这两者关系的调节、兼容和相互融合，曾经呼唤出巨大的生产力和资本主义物质文明，公有制社会形式与市场经济这两者关系的调节、兼容和相互融合，必将在更高一级程度上创造出前所未有的灿烂和辉煌。

可以断言，在新的历史条件下，在处于转型期的中国，这一学习大国，学习和传承马克思调节经济理论、总体方法论和中国文化传统，必然转化成为巨大的学习红利，从而释放促进中国社会主义初级阶段调节经济发展的正能量和物质力量。

（原载于《30位著名学者纵论哲学社会科学》，中国社会科学出版社2017年版。副标题：兼论“社会主义调节经济”新话语体系）

对于经济思想史主线的新思考

经济思想史本质上是一门关于历史的科学。如何打通经济思想史、经济学说史、狭义政治经济学史和广义政治经济学史之间的界限（而经济学说史和狭义政治经济学的研究起点仅限定于重商主义），如何打通中国经济思想史、外国经济思想史和马克思主义经济学说史之间的界限，谈古论今，贯通中西，从而突破时空的障碍、各学科间的藩篱、意识形态的障碍和局限性，拓宽研究对象和研究范围，从而有可能实现治史的宗旨和境界，即“达中外之情、通古今之变、究天人之际、成一家之言”，探讨经济思想史演变的规律，这无疑是经济思想史研究者的使命。

一

各国各个时期的经济思想、文化或者文明是在互相渗透、互相影响、互相竞争、互相冲撞或融合的过程中发展壮大的。王国维指出：“学问之事，本无中西。” “中西两学，盛则俱盛，衰则俱衰。风气既开，互相推助。”① 从世界文明史这一大视域来看，“西学东渐”与“东学西渐”是东西方文明互相交流过程中交替出现的规律性现象。

东学西渐有一千多年的历史进程，尤其首次创立关于资本主义生产的

①王国继：《国学丛刊》序。

完整而独特的理论体系的重农学派的崛起，以及 18 世纪法国启蒙运动，都是深受中国这个“理性王国”的影响。

自 19 世纪以来，西学东渐蔚然成风。第一次西学东渐对中国思想启蒙运动产生了深刻的影响，不仅引进了“德先生”和“赛先生”，还有“富先生”。清末第一批留学生严复以《原富》为名，在 1902 年翻译出版西方经济学的奠基之作，即亚当·斯密的《国富论》(The Wealth of Nations)。[①] 严复深感“研讨西学”“师夷制夷”是“中国复兴”“中国之强”的必由之路，遂译斯密的《国富论》等一批国外自然科学和社会科学著作，被称为“传播西学第一人”。人们把 19 世纪和 20 世纪之交的这次“西学东渐”的积极成果概括为送来“德”先生（Democracy）和“赛”先生（Science），其实还送来一位“富”先生（Wealth）。因为《国富论》的主旨是强调“富国裕民”“看不见的手”（市场经济）、经济自由主义和以近代工厂制度为标志的社会化大生产（该书 75 处涉及中国，并把自给自足、中央集权、轻视对外贸易和不保护个人私有财产视为中国经济停滞不前的重要原因），因而对中国近代工业化（“振兴实业”）起了不可低估的促进作用。

始于 20 世纪 90 年代的当代全球化，以及中国的改革开放，促进第二次“西学东渐”。而这次“西学东渐”送来“马”先生（Market），引进包括西方经济学教科书在内的大量西方经济学论著。不应过分高估或者恐惧“西学东渐”的负面影响。我们有这个理论自信，在不久的将来，重铸以本土化的学术话语为标志的中国特色经济学，东学西渐之风将重起于世界民族之林。

二

各个国家的经济思想的发展规律带有各自的民族烙印和地域特色，并

---

①2002 年，学术界在安徽滁州召开了《原富》出版 100 周年研讨会。

且在其经济思想史论著中得到了反映。

西方的经济思想史著作有美欧中心主义情结，例如埃里克·罗尔的《经济思想史》、斯坦利·L·布鲁的《经济思想史》、亨利·威廉·斯皮格尔的《经济思想的成长》、约瑟夫·熊彼特的《经济分析史》、E. K. 亨特的《经济思想史：一种批判性的视角》皆如此。其中，夏尔·季德和夏尔·李斯特写的《经济学说史》的特点在于：该书用大量篇幅介绍了法国本土经济思想史。而约瑟夫·熊彼特的《经济分析史》分别评述了从公元前四五百年的希腊—罗马时期起，直到20世纪40年代末期作者去世前为止，绵延二千四百余年的经济分析发展史，包括各个时期的重要人物、思想观点、学说体系、分析工具和方法、贡献和影响、评价等，是迄今西方经济学界关于经济学特别是关于经济分析方法的演变方面最广泛而详尽，而溯源又比较深透，分析评论又颇具特色的第一本巨幅专著（张培刚语）。并且该书不仅介绍了马克思的经济思想和方法论，而且在第五篇第三章“极权主义国家的经济学”中，还介绍了俄国的经济思想，尽管篇幅很短。但总的来说，该书没有跳出欧美中心主义的窠臼。就部分内容而言，有些地方显得不甚均匀或相互重复，这毕竟是一本未完成的遗稿。至于海因茨·沃尔夫冈·阿恩特的《经济发展思想史》、马克·布劳格等著的《经济学方法论的新趋势》、马尔科姆·卢瑟福的《经济学中的制度：老制度经济学和新制度经济学》和阿萨·林德贝克的《新左派政治经济学——一个局外人的看法》等，只是断代史、专门史或流派史。马克·斯考森的《现代经济学的历程（大思想家的生平和思想）》则风格迥异，是学术和情节的集合体，着重阐述经济学大师如何建设一门严谨的社会科学的戏剧性故事。

苏联的经济思想史著作又有卢森贝烙印。M. H. 雷金娜等主编的《经济学说史教科书》是卢森贝1932年出版的《政治经济学史》的改进型。该模式突出苏联中心论，一味突出古典政治经济学，因将其作为马克思主义经济学说的来源而否定其他经济学流派和经济理论并把它们打成庸俗经济学。其基本指导思想是，经济学说史作为政治经济学的配套课程，主要以批驳西方各种反马克思主义的“敌对思潮”和服务于阶级斗争为主要任务。自新中国成立后直至20世纪80年代初，这种指导思想在我国学者所著述的经济学说史教材中也有所反映。

美国犹他州大学经济学教授E. K. 亨特的《经济思想史：一种批判性的视角》（2002年）在经济思想史领域的贡献是：一是推出了资本主义和谐抑或冲突、稳定或者不稳定两条经济理论主线；二是推出了经济思想史教科书“编纂三原则”。[①] 这本书将经济思想史与形成这些经济思想的整个历史背景融为一体，并且还专门论证了为何新理论的出现，事实上总是相关现实问题以及政治、社会和道德诸问题激烈争论的结果。书中处处批评“非价值取向（Value Free or Non-Value Orientation）观，认为这种自由游离于价值判断之外的所谓价值中立化倾向，就是完全否定规范分析而一味推崇实证分析。亨特依据这编纂三大原则对从启蒙时代至今的经济思想发展历程进行了科学的梳理、理论检验和经验分析，并且这也是他选择、取舍和锁定经济学家入史的原则。亨特的这本书吸收了以前同类书籍的长处和优点，取长补短，兼收并蓄，有容乃大，是近年来国外经济思想史领域的上乘之作。

浙江大学蒋自强及其学术团队继主译《道德情操论》（商务印书馆，1997年）后，又推出了230万字4卷本的《经济思想通史》（浙江大学出版社，2003年），填补了经济思想史研究领域的空白。其特点有以下几点：第一，突出了“通”和“达”，贯通中西、谈古论今。这样就为经济思想史的

---

①经济思想史教科书编纂三原则：其一，社会理论和社会历史进程是相互联系的，理论是基于或产生于或者反映和试图阐释正在发生的社会事件和环境，因此，应该对该理论所处的时代和社会以及经济史领域作简要的阐释和概括；其二，社会和经济变迁是一个持续的过程，应该通过追溯其历史渊源来阐明当代经济理论争论的实质；其三，所有经济学家的作品既有认知和科学成分，同时也具有感情、伦理道德或意识形态成分。即使我们能够部分地将社会理论的科学与意识形态成分区分开来，但这种区分绝对不可能是完全的。如果不理解理论所包含的评估和意识形态成分，我们就永远不能完全理解经济学家理论中的认知和科学成分。

研究提供了更为广阔的视野、范围和研究平台。第二，突出了“破”和“容”。《经济思想通史》破“美欧中心主义”，破“卢森贝模式”，大量吸收了经济思想史学界的大量研究成果，其卷末刊登的主要参考文献近千种，充分体现了一个“容”字。①

十年以后，经济思想史学界又推出一部力作：顾海良、颜鹏飞为总主编、约800万字10卷本的《新编经济思想史》（经济科学出版社，2014年）。这是国家出版基金的重大资助项目。在顾海良看来，经济思想史嬗变、演化和变迁是一个比较复杂的现象，经济思想史的重大转折，有的时候先于经济事实的变化，有的时候滞后于经济事实的变化，但是，国内的经济思想史著述基本上按照马克思的劳动价值—剩余价值理论主线来编写，该书试图突破以往大多就经济思想演变的单一线索编写经济思想史的方法，力图用一种多元的综合思想，按照三大线索（经济关系和经济制度变迁、经济体制和重大经济政策变化、人类思想文化和历史的发展）划分基本的经济思想阶段，指导经济思想史的编写，亦即从主流经济思想的演变过程、制度变迁、体制演进、政策变化和人类思想文化相互影响的大视域和多元视角，透过社会经济运行过程来考察经济思想史的运行规律。

一言以蔽之，经济思想史不能搞单线论，而应该是并行不悖的多元化主线论。《新编经济思想史》集深度与广度、时间与空间于一体，涵盖狭义

---

①中国学界数十年来的研究成果为该书作者提供了大量可供研究的思想资料。例如，陈岱孙的《从古典经济学派到马克思——若干主要学说发展论略》和《西方经济学中经济自由主义和国家干预主义两思潮的消长》科学地阐述了经济思想史发展的线索和演变规律；鲁友章和李宗正的《经济学说史》教科书（人民出版社，1965年）的长处是培育了整整几代经济学家，但是仍然打上了那个时代特有的注重大批判的学术风格；陈岱孙主编的《政治经济学史》（吉林人民出版社，1981年）的优点是把马克思主义经济学说史囊括其中；经陈岱孙审定，由汤在新、颜鹏飞撰写的《近代西方经济学》和《近代西方经济学学习指南》（上海人民出版社，2002年）把经济学说史划分为七个演变阶段，并且阐述了不同历史阶段各种经济思想演变的路线和总背景；胡代光主编的《西方经济学说的演变及其影响》（北京大学出版社，1998年）则深入阐述了西方经济学的六次革命；马涛的《经济思想史教程》（复旦大学出版社，2002年）力图从经济学的范式和范式转换的角度阐释西方经济思想的演变和发展；谈敏的《法国重农学说的中国渊源》（上海人民出版社，1992年）为该书的“东学西渐”章提供了丰富的第一手思想资料。

的主线与广义的主线，突破卢森贝模式的局限性（即以劳动价值—剩余价值论这一条主线作为经济思想史评判和取舍的标准），并且打通中国经济思想史、西方经济思想史、马克思主义经济思想史之间的界限，将经济思想史划分为四个基本历史时期，涵盖十二个历史发展阶段，重点研究1640年以来中外经济学的进展和经济学人思潮的变迁，并着力体现中国经济思想的价值和地位。该书用中国经济学的语言论述、评价经济思想史的变迁，纵横古今，是一部“思想史”，也是一部“综合史”：是经济史与经济思想史的交汇，是政治、哲学、数学、心理学等多学科的交汇，是西方经济学史与马克思主义经济学史的交汇，也是中国经济思想史与外国经济思想史的交汇、交融与交锋。鉴于其融通古今中西、汇集各种学科内容的特点，它将启发更多学者对经济思想史研究领域进行更深入的探索，并且对中国经济发展过程中如何制定经济政策、指导经济实践具有重要的借鉴作用。

三

E. K. 亨特（E. K. Hunt）的《经济思想史：一种批判性的视角》还提出一个经济思想史发展主线的重大问题：这是经济思想史中一个反复出现的主题，也是该书的中心。在亚当·斯密（Adam Smith）和大卫·李嘉图（David Ricardo）的著作中，两种观念都有进一步阐述。李嘉图之后，大多数经济学家要么认为资本主义是根本和谐，要么认为是根本冲突。此点分歧决定了每一个经济学家如何选择其分析的范围、方法和内容。另一个经常争论的主题是有关资本主义是内在稳定还是内在不稳定的问题。关于经济理论中合理的价值判断问题也一直有不同的意见。①

亨特在这里实际上提出了一个重要的命题：西方和谐与冲突理论是贯

①〔美〕E. K. 亨特：《经济思想史：一种批判性的视角》“序”，颜鹏飞总译校，上海财经大学出版社2007年版，第2页。

穿于经济思想史的一条主线。它足堪以与其他主线媲美；但资本主义生产方式进入成熟阶段后，这条和谐与冲突主线却被砍掉了，下降到仅仅在危机阶段才浮现的“主题”地位。亨特从经济理论路线视角出发，将其归结为劳动价值论和效用价值论的对立、生产优先论（Vantage Point of Production）与交换优先论（Vantage Point of Exchange）的对立；而从阶级分析视角出发，将其归结为富人经济学（Economics of the Rich）与穷人经济学（Economics of the Poor）的对立。并且从经济学流派视角出发，演绎和构筑了附着于和谐与冲突理论主线之上的和谐学派与冲突学派这两大派别及其嬗变的谱系。

这种裂变始自西方经济学的开山鼻祖亚当·斯密。“斯密—李嘉图—穆勒定律”（Smith-Ricardo-Mill Law）——我们简称为“李嘉图定律”——是和谐抑或冲突这两条理论路线分歧的一个起点或分水岭。亚当·斯密是这一定律的始作俑者，但是不断游离于两条对立的理论路线之间，一方面强调劳动价值论和阶级冲突，另一方面则强调效用价值论、社会和谐和“看不见的手”。然而在实际上，他建立了一个较完整的古典政治经济学逻辑体系，即在一个竞争、自由放任的资本主义经济中，自由市场会把所有利己主义的、营利性的和唯利是图的行为纳入到一个和谐占主导的互惠互利的“最明白最单纯的自然自由制度”。英国古典政治经济学的最后完成者大卫·李嘉图，也是这一定律的完成者。他是生产力经济学家，并把分配问题作为政治经济学的主题。发展生产力的要求是大卫·李嘉图评价经济现象的基本原则，并公开承认资本主义是有利于生产力发展和社会发展的一种生产方式，尽管它是和构成整个这一发展基础的工人群众的利益相矛盾并以牺牲后者的利益为代价。而作为西方经济学第一次大综合完成者的约翰·斯图尔特·穆勒，把李嘉图的上述观点作为一种“生产规律”和“分配规律”纳入其折中主义政治经济学体系。

“李嘉图定律”是西方经济思想发展史上一个重要的路标。由此出发的和谐理论路线，历经马尔萨斯的供应过剩和第三者理论—巴斯夏经济和谐论—凯里利益调和论—瓦尔拉斯一般均衡论—帕累托最大化原理—克拉克边际生产力分配论—马歇尔“四位一体”公式，力图论证资本主义社会和谐性和分配的公正性。而始于J. A. 霍布森、阿瑟·塞西尔·庇古的福利经济学、新福利经济学、福利国家政策和后福利国家理论，是迄今为止现代经济学和谐路线的终点。其中，帕累托最大化原理可以说是西方和谐理论路线的典型，也是对李嘉图定律的反动，因为它主张一个人福利的增加、效用水平提高的同时不能使其他任何人的福利和效用水平受到损害，使一部分人受益而另一部分人受损的资源配置的变化就不是帕累托最优。

由此而分道扬镳的另一条理论路线是为冲突做论证的，其理论成员主要来自广义激进经济学派、西方马克思主义学派。E. K. 亨特列出了一个长名单，其中包括威廉·汤普逊、托马斯·霍吉斯金、卡尔·马克思、索恩斯坦·凡勃伦、霍布森、卢森堡、列宁，等等。

应该着重指出，西方冲突理论的典型是“李嘉图定律”“库兹涅茨假说”，以及托马斯·皮凯蒂（Thomas Piketty）的《21世纪资本论》（中信出版社，2014年）和戴维·斯托克曼（David Stockman）的《资本主义大变形》（中信出版社，2014年）对于当代资本主义的新解读。生产力发展和社会发展是和构成整个这一发展基础的劳动群众的利益相矛盾并以牺牲后者的利益为代价，是李嘉图定律的实质；而人均财富差异与人均财富增长、增长与不平等的关系、公平与发展遵循库兹涅茨所谓的倒“U”型曲线规律。库兹涅茨指出，在从前农业文明向工业文明极为快速转变的经济增长早期，不平等扩大，一个时期变得稳定；后期不平等缩小。被人们称为新马克思主义的托马斯·皮凯蒂与美国前国会议员、里根时期白宫预算和管理办公室主任戴维·斯托克曼虽然没有否认当代资本主义经济发展的活力与成果，但是认为美国回到了第二次“镀金时代”，美国经济蜕变成了权贵资本主义、金融资本主义和投机赌博资本主义，21世纪有重新滑向19世纪贫富两极分化的“拼爹资本主义”和“世袭资本主义”的危险，即最富有的那些人不是通过劳动创造了收入，而是通过继承变得越来越富有。托马斯·皮凯蒂探讨了18世纪以来全球财富和收入分配动态变化的不平等历史，得出来一个结论，即资本主义财富分化的根本原因在于私人资本的收益率r在长期显著地高于收入和产出增长率g，并把“资本主义的核心矛盾”或者“资本主义第二基本定律”表达为不等式r>g。[①] 无怪乎，弗朗西斯·福山（Francis Fukuyama）在美国《外交》双月刊9/10月号上撰文《衰败的美利坚——政治制度失灵的根源》，以“死路一条”（No Way Out）作为文章结尾的小标题。

而激进学派和西方马克思主义学派只是这条理论路线的另一条分支，它表现为阶级和阶级斗争学说。随着资本主义进入国家垄断资本主义阶段和后工业时期，这两条理论路线实际上有融合的趋势，其特征往往是用和谐理论来掩盖或粉饰资本主义社会的矛盾和对抗。新自由主义学派是体现这一趋势的最大代表。

我们正处在一个以和平与发展为时代主题的全球化时代。但是，“李嘉图定律”和“库兹涅茨假说”的阴影正在游荡。一个国家处于从人均GDP1000美元至3000美元的社会发展阶段，一般呈现两元化特征，即它既是经济的加快发展机遇期，又是各种矛盾凸显期和非和谐期。这已被许多国家的发展实践所证实，甚至被称为“狄更斯悖论”或“双城记情结”。人们不禁要问：生产力的进步和社会发展必然要以牺牲某些阶级或阶层的利益，以冲突取代和谐为代价吗？社会的发展一定要采取对立和不公平的形式吗？人均财富差异与人均财富增长、增长与不平等的关系、公平与发展（效率）是一种倒“U”型曲线规律吗？奴隶社会、封建社会和资本主义社会都没有逃出“穆勒定律”怪圈和“库兹涅茨假说”阴影，难道社会主义社会就一定要重蹈这一历史覆辙吗？中国应该为击破“李嘉图定律”和

---

①〔法〕托马斯·皮凯蒂：《21世纪资本论》，巴曙松等译，中信出版社，2014年，第453页。

“库兹涅茨假说”怪圈做出历史性的贡献。

四

关于经济思想史演绎的主线理论，是本文阐释的一个重要主题。对于地域如此辽阔、时间跨度如此巨大的浩如烟海的经济思想史资料，应该如何选材，材料如何安排成体系，材料本身如何处理，这就需要高屋建瓴，提纲挈领，抓住主线。这里讲的主线大抵上可分为基础性主线与专题性主线。前者往往是以生产关系、生产方式、社会经济形态和生产的变革或以每一个经济时代和历史时期出现的应该着重解决的重大经济问题为主线，展开对经济思想发展过程的论述。基础性主线具有一元性或单一性，它们构成了全部经济思想史的骨骼系统和神经系统。后者即专题性主线以方法论的演衍，或以流派的更替、主流和非主流的嬗变，或国家干预主义与经济自由主义两大思想之争，或以范式的演化，或以和谐与冲突理论为主线，从而呈现主线的非线性、非单一或非一元化性。基础性主线和专题性主线是经济思想通史赖以旋转的轴心和主线；它们的交织、综合和互补在一定程度上逼近了经济事物及其经济理论发展的主观与客观辩证法，较为真实地再现了其历史的本来面貌。

一般而言，专题性主线大体如下：

其一，方法论主线。其逻辑演绎顺序和演化路径大体如下：

（1）前实证主义（重商主义“经验主义总结方法”、英国古典经济学配第的“政治算术”、法国古典经济学重农学派的演绎法、斯密的二元论方法论、描述或者外在观察方法的继承者如马尔萨斯的两大法则和萨伊的三分法）。

（2）实证主义（西尼尔—穆勒—凯恩斯传统、内维尔·凯恩斯的折中主义方法论）。

（3）证伪主义经济学方法论。一方面，从公认的假设出发，传统的严格的逻辑演绎法；另一方面，实用化，证伪方法及其方法支柱即概率论，代表者有保罗·萨缪尔森的“操作主义”、米尔顿·弗里德曼的“工具主义”，完成者是伊姆雷·拉卡托斯的“科学研究纲领”（是对“新古典研究纲领”的发展）。

此外还有历史主义经济学方法论（还没有取得比较完备的逻辑形式和公认的主流派地位），以及非正统经济学方法论的崛起，其中包括试验经济学方法论和行为经济学方法论。

其二，以范式演化为主线：古典范式—新古典范式—凯恩斯范式及马克思范式的演衍和变迁。这是隐藏其后的更为凝练的一条内在主线，因为范式的形成和转换从某种程度上揭示了经济思想演变的内在规律。

其三，国家干预主义/经济自由主义两大思想的斗争与共存为主线（原始国家干预主义—古典经济自由主义—穆勒折中主义—新古典经济自由主义—现代国家干预主义—新经济自由主义）。目前，已经出现互相融合以及主体多元化（国家、政府，企业，个人与家庭，NGO）的两大新趋势。

其四，以流派的更替、主流和非主流的嬗变为主线，并且为大多数教科书所采纳的传统的路径。

其五，以西方经济学的“三大革命”和“三大综合”为主线。一是指发生在18世纪中叶到19世纪中叶“斯密革命”或称“斯密—李嘉图革命”或称“古典政治经济学革命”以及约翰·斯图尔特·穆勒的第一次大综合。二是指发生在19世纪70年代至20世纪30年代西方“边际革命”或称“新古典革命”的第二次大综合。三是指发生在20世纪30年代到60年代、70年代的凯恩斯革命以及希克斯—萨缪尔森—帕廷金的第三次理论大综合。

上述多元化主线（基础性主线和专题性主线）是经济思想通史赖以旋转的轴心和主线，它们的大综合和共存互补为我们编织了一幅波澜壮阔、绚丽多姿的经济思想史画卷，在一定程度上逼近了经济事物及其经济理论发展的主观与客观辩证法，较为真实地再现了其历史的本来面貌。它表明，革命—综合、破—容—立、从属型发展—创造型发展正是经济思想史产生、演变和发展的普遍规律，也是经济思想史所着力反映的经济形态形成和发展的规律。“新的生产力和生产关系不是从无中发展起来的，也不是从空中，又不是从自己产生自己的那种观念的母胎中发展起来的，而是在现有的生产发展过程内部和流传下来的、传统的所有制关系内部，并且与它们相对立而发展起来的……而它向总体的发展过程就在于：使社会的一切要素从属于自己，或者把自己还缺乏的器官从社会中创造出来。有机体制在历史上就是这样向总体发展的。”①

（原载于《经济理论与政策研究》2014 年第 7 辑。副标题：兼评《经济思想史：一种批判性的视角》、4 卷本《经济思想通史》和 10 卷本《新编经济思想史》）

①《马克思恩格斯全集》第 46 卷（上），人民出版社 1979 年版，第 235 ~ 236 页。

《资本论》与新时代中国特色政治经济学体系

学术界尤其是经济学界或者高校经济学科，呈现出一番欣欣向荣的景象。纵览学术界大局，可谓“群雄并起，逐鹿中原”。这个“鹿”就是“体系”（学术体系、理论体系；学科体系、教材体系、教学体系；话语体系）。马克思把结构体系视为“德国民族的骄傲”，而黑格尔视为“绝对精神”。

构建新时代中国特色社会主义政治经济学体系，或者学科、学术或话语体系，以及如何构建？这也是经济学体系构建史领域的“哈姆雷特之问”。这也是衡量一个民族理论思维能力的重大标志。

我们不能忘记马克思的《资本论》。经典的魅力在于促使人们“亲自到原著那肃穆的圣地去寻找永垂不朽的大师”（叔本华），从中寻找时代对接点、理论闪光点和增长点。

马克思政治经济学体系构建学说的精髓，就是政治经济学逻辑体系总体构筑方法论。这一方法（“辩证方法”“逻辑方法”“唯一正确的思想发展形式”）是马克思把辩证唯物主义、历史唯物主义和总体方法应用于政治经济学领域的产物。“这个方法的制定，在我们看来是一个其意义不亚于唯物主义基本观点的成果”（恩格斯，1859 年），亦即马克思的第三个伟大发现。他本人也把运用这一方法所揭示的经济学逻辑结构体系即“整个的内部联系”视为“德国科学的辉煌成就”（马克思，1866 年）。

马克思政治经济学体系构建方法史，其思想轨迹和路径是《贫困的哲学，经济矛盾的体系》（1847 年）—《政治经济学批判》“导言”（1857—

1858 年）—《政治经济学批判》“序言”（1859 年）。而且首次集中见诸《1857—1858 年经济学手稿》，其“导言”“可以看作马克思全部政治经济学著作的总导言”并且被列为“领导干部必读的经典篇目”之一（习近平，2010 年）。中国特色社会主义进入了新时代，这是一个需要理论体系而且一定能够产生理论体系的时代。毋庸置疑，深入学习马克思政治经济学体系构建学说，并且进一步传承和发展，对于中国特色社会主义政治经济学体系的建设，体系自信建设，以及提高把握社会经济发展规律及驾驭经济发展能力，定当大有裨益。

一、 马克思政治经济学逻辑体系构建学说

马克思总体方法论，就是以揭示事物整体或总体的普遍联系为特征的辩证唯物主义和历史唯物主义。它在政治经济学领域的具体应用，形成了政治经济学的方法论，其精髓就是构建政治经济学逻辑体系的方法。马克思在《1844 年经济学哲学手稿》中，首次构建以异化劳动为核心范畴的经济学逻辑体系；《哲学的贫困》（1847 年）以论战的形式，对蒲鲁东形而上学的矛盾的政治经济学逻辑体系进行系统的批判，与此同时也阐述了他自己的方法论的基本原则；《1857—1858 年经济学手稿》“导言”中，首次推出了以“总体”“整体”或“体系”为核心概念的政治经济学总体方法论，正面阐述了“政治经济学的方法”，剖析了构建“各种经济学体系”的方法。① 总的来看，马克思方法论有如下特征：

1. 马克思总体方法论的基石，就是“总体”发展观。“总体”“总和”或“整体”这一类术语，在他看来，可以是指微观层面的“总体工人”，但主要是讲宏观层次的“有机体制”即经济的社会形态，甚至每一社会中的生产关系都形成一个统一的整体。马克思在 1858 年指出，“新的生产力和

---

①《马克思恩格斯文集》第 8 卷，人民出版社 2009 年版，第 24～25 页。

生产关系不是从无中发展起来的，也不是从空中，又不是从自己产生自己的那种观念的母胎中发展起来的……而它向总体的发展过程就在于：使社会的一切要素从属于自己，或者把自己还缺乏的器官从社会中创造出来。有机体制在历史上就是这样向总体发展的。”① 同时强调指出：政治经济学的主要任务，就是构建反映“生产力的概念和生产关系的概念的辩证法”运动的政治经济学逻辑体系②。翌年，马克思第一次正式推出关于物质生产力—生产关系、经济基础—上层建筑、人们的社会存在——社会意识的“总体”结构，第一次公开“六册结构写作计划”逻辑，指出“我考察资产阶级经济制度是按照以下的顺序：资本、土地所有制、雇佣劳动、国家、对外贸易、世界市场”③。六大组成部分得以呈现出其内在联系及其有序性和层次性，真实地再现了资本主义这一总体的运动规律和历史结局，从而把总体方法论的使用拓宽到政治经济学领域。

具体总体和思想总体的对立统一，是“总体”发展观的体系化。马克思区分了生产总体或者具体总体（现实表象），以及作为其理论反映的思想总体、思想整体、思维总体或者精神具体（逻辑结构和思想体系）。前者决定后者，也就是社会存在决定社会意识、客观事物的辩证法创造主观观念的辩证法，而后者是前者的反映。马克思批判了黑格尔唯心主义“绝对精神”的总体观，指出：“具体总体作为思想总体、作为思想具体，事实上是思维的理解的产物，但是，决不是处于直观和表象之外或驾于其上而思维着的、自我产生着的概念的产物，而是把直观和表象加工成为概念这一过

①《马克思恩格斯全集》第46卷（上），人民出版社1979年版，第235～236页。

②《马克思恩格斯全集》第46卷（上），人民出版社1979年版，第47页。《政治经济学批判》“导言”的结束语，推出了政治经济学提纲（8条）。其中第五条首次提出：经济学逻辑体系应一以贯之以“生产力（生产资料）的概念与生产关系的概念的辩证法”，以及原生态生产关系和次生态生产关系的辩证关系，物质生产与艺术发展的辩证关系，生产、分配、交换和消费之间的辩证关系，以及“国家形式和意识形态同生产关系和交往关系的关系”“国际关系在这里的影响”和“生产关系作为法的关系怎样进入了不平衡的发展”等。它不亚于展现天才世界观萌芽的《关于费尔巴哈的提纲》（11条）。

③《马克思恩格斯文集》第2卷，人民出版社2009年版，第588页。

程的产物。”①

2. 关于经济的社会形态“总体”的发展路径。其特征是从属型和创造型并举，“新的生产力和生产关系……向总体的发展过程就在于：使社会的一切要素从属于自己，或者把自己还缺乏的器官从社会中创造出来。”②

而现实或者表象中的具体—抽象的规定—具有许多规定和关系的丰富的“具体总体”，这是政治经济学体系的逻辑运动的总路径。仅仅依靠研究方法或者仅仅依靠叙述方法，是会半途而废的。学术界大都推崇卢森贝方法论模式，把政治经济学方法主要归结为“从抽象上升到具体的方法”即叙述方法。其实，“从抽象上升到具体的方法”或者叙述方法仅仅是政治经济学总体方法论的一个组成部分。

马克思实际上提出了关于政治经济学逻辑体系构建路径即两条“道路”理论。“第一条道路”即“从最简单上升到复杂的这个抽象思维的进程”，是“经济学在它产生时期在历史上走过的道路”，是“符合现实的历史过程”，并且使用了研究方法。“第二条道路”所使用的“从抽象上升到具体的方法”，是构建经济学体系的“科学上正确的方法”，这就是叙述方法。

研究方法和叙述方法是对立统一的。研究方法是从现象进入本质的方法，是以经济现象层次的东西为研究对象，也就是马克思所强调的，“摆在面前的对象，首先是物质生产”③；叙述方法是关于思维用来掌握具体并把它当作一个精神上的具体再现出来的方法，是以本质层次的概念和范畴为研究对象，是把本质逐步还原成为包含着诸多规定和关系的思想总体。两者缺一不可。所以，就逻辑运动的总路径和总过程而言，应该有两种方法（研究方法和叙述方法）和两种研究对象，它们都是相辅相成、不可或缺的。

---

①《马克思恩格斯文集》第8卷，人民出版社2009年版，第25页。

②《马克思恩格斯全集》第46卷（上），人民出版社1979年版，第235～236页。

③《马克思恩格斯文集》第8卷，人民出版社，2009年，第5页。

3. 历史与逻辑相一致的方法。

4. 内源性矛盾运动贯穿于逻辑运动的全过程。

5. 总体的逻辑起点选择原则和方法，具有重大的方法论意义。

6. 强调中介范畴在逻辑推进和运动过程中的重要性。

7. 逻辑主线及中心范畴的选择、逻辑联系或逻辑结构的布局谋篇原则。

8. 警惕蒲鲁东逻辑陷阱和李嘉图逻辑陷阱。

9. 注重政治经济学“术语革命”①。

一门科学及其体系的术语长期固化，是没有有生命力的。例如化学的全部术语大约每20年就彻底更换一次。“术语革命”是防止政治经济学体系僵化和固化的灵丹妙药。

10. “普照的光—特殊的以太—中心范畴”理论。把核心的所有制关系范畴置于首位，这一点“对于分篇具有决定的意义”。

11. 关于概念的变形和商品变形理论。

马克思总体方法论及其政治经济学体系构建方法博大精深，有待于进一步发掘。这一方法即列宁所概括的“《资本论》的逻辑”。马克思上升为“德国科学的辉煌成就”乃至人类“掌握世界”的独特的专有的思维“方式”的高度，即“整体，当它在头脑中作为思想整体而出现时，是思维着的头脑的产物，这个头脑用它所专有的方式掌握世界，而这种方式是不同于对于世界的艺术精神的，宗教精神的，实践精神的掌握的”；恩格斯后来把这个方法视为“其意义不亚于唯物主义基本观点的成果”，在他看来，马克思是独一无二地在辩证的运动中把握所有经济范畴并且重建整个经济学大厦的人，而且其中每一部分都相互依存和相互决定。②

①马克思：《资本论》第1卷，人民出版社1975年版，第35页。

②《马克思恩格斯全集》第31卷，人民出版社1979年版，第185页。《马克思恩格斯〈资本论〉书信集》，人民出版社1976年版，第196、202页。《列宁专题文集·论辩证唯物主义和历史唯物主义》，人民出版社2009年版，第145页。《马克思恩格斯文集》第8卷，人民出版社2009年版，第25页。〔美〕伯特尔·奥尔曼：《辩证法的舞蹈：马克思方法的步骤》，田世锭、何霜梅译，高等教育出版社2006年版，第171页。

二、 新时代中国特色政治经济学体系构建方法论

作为马克思体系构建方法论的传承和发展，列宁的“辩证法、认识论和逻辑学三者同一性思想”（《哲学笔记》，1895—1916 年），以及斯大林的《苏联社会主义经济问题》（1952 年）和毛泽东的《毛泽东论社会主义政治经济学批注和谈话》（1959—1960 年）等相关论著，也是不可或缺的理论渊源。1978 年改革开放以来，中国共产党四代领导人，尤其习近平的中国特色社会主义经济思想，是对马克思方法论的丰富和发展。“中国特色社会主义政治经济学理论体系”应该“充分体现中国特色、中国风格、中国气派”的思想；吸收三大思想资源并且把创新置于发展之首的五大发展理念，充分体现了马克思“从属”型和“创造”型发展观；以人民为中心、以五大发展理念为准绳的发展思想，以及“坚持加强党对经济工作的集中统一领导”，是习近平经济思想最显著、最根本的理论特色，对于如何构建中国特色“系统化的经济学说”具有重要启迪。

概而言之，研究对象与研究方法的辩证统一、公有制与市场机制相结合、有效市场与有为政府的有效结合、逻辑起点四大规定性的辩证统一，以及生产与分配、交换、消费的辩证统一，是新时代中国特色政治经济学体系构建方法论的重要组成部分。

1. 研究对象与研究方法的辩证统一

就中国特色社会主义政治经济学体系逻辑运动的总路径和总过程而言，研究对象就是社会主义生产方式总体及其生产力和生产关系的运动规律，研究方法就是致力于研究对象和研究方法的五大对立统一。而注重“第一条道路”和“问题导向”研究方法，在现阶段不可或缺。

其一，社会主义生产方式总体及其生产力和生产关系的运动规律，是中国特色社会主义政治经济学的研究对象。学术界对于中国特色社会主义政治经济学研究方法，争议比较小；研究对象颇具争议。新中国成立以来，

比较流行的观点，是根源于斯大林经济学模式的，把政治经济学研究对象仅定位于单一的生产关系及其三分法。而以生产关系为研究对象论者居于主流地位。改革开放以来，生产力（熊映梧，1978 年）、生产方式（马家驹，1981 年）、“生产力—生产方式—生产关系”（吴易风，1997 年），以及“生产关系总体”（胡钧，2011 年），先后被列为政治经济学的研究对象而引起学界的讨论和争鸣。总的来看，其发展趋势是越来越逼近马克思的研究对象总体论。

其二，把政治经济学方法主要归结为“从抽象上升到具体的方法”即侧重于构建经济学体系的叙述方法，是学术界的一种主流观点，也是一种关注逻辑指向、忽视问题导向的流行观点。研究对象和研究方法的五大对立统一，则是我们的方法论。这就是——两条道路、研究方法和叙述方法、研究对象与研究方法、逻辑指向和问题导向的对立统一，以及逻辑、辩证法和唯物主义认识论的对立统一。它们都是相辅相成，不可或缺，两者缺一不可。研究对象和研究方法的五大对立统一，相辅相成，才能有助于构成系统化的理论体系。

与狭义的研究方法相联系的研究对象（现实的重大的深层次的社会经济问题）或研究路径，其特征是“问题导向”，即着眼于从现实实践中寻找解决问题的症结和矛盾所在，从而确立纷繁复杂现象背后的本质性规定和关系，奠定进一步逻辑加工的基础；与叙述方法相联系的研究对象（经济学理论体系）或者研究路径，其特征是“逻辑导向”，即致力于构建经济学理论体系，确定逻辑起点、构建路径、核心范畴、主要矛盾和核心规律等逻辑元件。抑此扬彼是不符合辩证法的。

我们是逻辑指向和问题导向的对立统一论者。“问题导向”，是从现实实践中寻找解决问题的症结。“问题导向”所产生的成果，奠定了逻辑加工的基础，是进一步上升到与“逻辑导向”相关的逻辑加工的坚实的基础，从而有助于“逻辑导向”，即把本质逐步还原成为包含着诸多规定和关系的思想总体。坚持逻辑导向，就是构建学科体系、学术体系和话语体系，尤其建构中国特色的政治经济学体系。

2. 公有制与市场机制相结合

“普照的光—特殊的以太—中心范畴”理论把核心的所有制关系范畴置于首位。毋庸置疑，我们关于公有制与市场机制相结合的理论和实践是马克思这一理论的丰富和发展。

社会主义初级阶段公有制为主体、多种所有制经济共同发展的基本经济制度，与对资源配置起决定性作用的市场机制，这二者如何实现有效结合，将对经济学体制或体系的根本性质、逻辑结构或者分篇方法具有重大意义。它既是新时代中国特色社会主义政治经济学的核心理论，也是构建中国特色社会主义政治经济学体系的根本性难题。突破公有制与市场机制如何有效结合以及有效市场与有为政府如何有效结合的过程，也是构建中国政治经济学体系的一条不可或缺的重要路径。①

3. 有效市场与有为政府的有效结合

有效市场和有为政府，涉及什么是市场，什么是政府或计划，建立什么样的市场和政府，以及市场和政府的关系，从而确定政府与市场的边界

①一般认为，社会主义市场经济理论是中国特色社会主义政治经济学的核心理论。因此，社会主义公有制与市场手段的结合也被学者们视为中国特色社会主义政治经济学理论构建中重要的方法论原则。刘伟指出，社会主义初级阶段公有制为主体、多种所有制经济共同发展的基本经济制度，与市场机制对资源配置起决定性作用，二者如何实现有效结合，是构建中国特色社会主义政治经济学的根本性难题。中国特色社会主义经济改革实践的根本特征，在于坚持二者的有机统一，已经取得了重大进展，同时面临一系列新的问题。“我国的经济体制改革，以坚持马克思主义基本理论和方法作为主流，特别是将其运用于分析公有制与市场经济相结合的改革实践，集中体现在以下方面：一是从生产力与生产关系矛盾运动的唯物史观出发，阐释改革的历史必然性，把改革的本质归结为社会主义制度及其生产关系的自我完善和发展，改革的动因被归结为解放和发展生产力，始终以保护、解放和发展生产力作为检验改革绩效的根本标准。二是从对生产关系的本质认识出发，在生产关系变革的意义上把握改革，把改革的实质和真正难点解释为所有制结构及实现形式的变革，尤其强调所有制结构的多元化和国有制企业改革的重要性。三是在对改革总体模式的认识上，始终把改革的历史内涵理解为两个基本方面，即作为所有制结构的基本经济制度和资源配置的运行机制，强调两者进程的内在协调，探究企业所有制与市场价格机制培育之间的关系。”（刘伟：《中国经济改革对社会主义政治经济学根本性难题的突破》，《中国社会科学》2017 年第 7 期）

和结合部，才能真正把握有为政府和有效市场的辩证关系。这是中国经济体制改革和发展的核心问题，涉及高效能运行机制和高质量发展这一条主线，涉及如何构建市场机制有效、微观主体有活力、宏观调控有度的经济体制。这也是构建新时代中国特色政治经济学理论体系所要解决的核心问题。从某种意义上讲，有效市场与有为政府这二者如何实现有效结合，实际上是关于公有制与市场机制相结合这一根本性难题，所衍生出来的另一个有效结合问题。

有效市场与有为政府的辩证统一，就是使市场在资源配置中起决定性作用和更好发挥政府作用；就是“市场有效以政府有为为前提，政府有为以市场有效为依归”；就是发挥好“看不见的手”和“看得见的手”两方面的优势。这是为改革开放实践所证明的中国经验、中国智慧和中国方案。

首先，一方面，从表象上升到抽象的行程中，把体制从基本制度中抽象出来，强调计划与市场都是资源配置的机制，与社会制度无关，与姓“社”姓“公”无关。另一方面，从抽象上升到具体的行程中，又不能忽视普照之光，即社会主义生产关系尤其公有制的重大作用。

其次，一方面，市场在资源配置中起决定性作用，并不是起全部作用；市场并不是万能的，应该消除其市场失灵的弊端。另一方面，在切实转变政府职能、建设法治政府与服务型政府、谨防政府失灵的同时，更不可以忽视政府和国家的治国理政能力尤其党的决定性领导作用，这正是确保中国伟大复兴梦如期实现的政治之锚。

就马克思主义经济学说史视域而言，市场作用和政府作用的辩证统一及其实践，可以有效地化解一百年前关于社会主义资源配置问题争论所产生的著名的“米塞斯之问”，化解“琼·罗宾逊夫人之问”（《经济哲学》，

1962 年)，化解“伊丽莎白二世之问”（2008 年)，[①] 也是对“列宁之问”和“政治同经济相比不能不占首位”（列宁，1921 年）论断的发展。

4. 何为中国特色政治经济学体系的逻辑起点

这在学术界是一个长期争论不休、莫衷一是的热门问题。有的学者选择了社会主义公有制或者基本经济制度[②]，或者社会主义本质，或者市场经济一般。国家、人民主体、社会主义产品、自主的联合劳动、社会化的劳动一般、企业抑或消费需求，也都被一一选入。

关于逻辑体系的元范畴即起点或始点范畴的定位，牵一发而动全局。逻辑起点的选择应该遵循现实性（唯物性)、抽象性、始基性（胚芽性）和历史性“四性合一”原则。

四性合一原则，要求我们把现实性（唯物性）置于首位，反对从概念或定义出发，反对为抽象性或简单性牺牲现实性，这也是《资本论》选择具有现实品性的商品而不是价值作为逻辑起点的原因；四性合一的原则，要求我们应以历史与现实相结合的眼光确定逻辑起点。这符合经典作家关于包括“变形的商品”（Die Modifizierte Ware）在内的概念、术语或范畴变形理论。它是建立在关于包括商品、资本在内的概念、术语或范畴变形理论基础之上的，也是马克思商品学说的深化和丰富。因此，马克思反对把

---

①在西方经济思想史的进程中曾有“三大问题”即著名的“三问”。一是“米塞斯之问”。一百年前关于社会主义资源配置问题争论所产生的著名的“米塞斯之问”。弗里德里希·奥古斯特·冯·哈耶克的老师米塞斯批评奥斯卡·兰格与阿巴·勒纳（A. Lerner）的“有效率的计算机社会主义”，强调两个因素：①全面计算之不可能性，②“利润”与“价格”在公有产权下不可能提供有效率行为的激励。兰格因此被讽刺为“乌托邦计算机社会主义”。他针对米塞斯提出社会主义无法进行经济计算之问，不无调侃地说：“这有什么难处？让我们把联立方程放进一架电子计算机，我们将在一秒钟内得到它们的解。”二是琼·罗宾逊夫人之问：劳动价值“理论的实际应用如何呢？被想象成戳穿资本主义伪装的价值规律是如何培育出社会主义经济的呢？”（1995 年的诺贝尔经济学奖得主罗伯特·卢卡斯抱怨说，琼·罗宾逊夫人应在 1969 年首届就获奖）这一个“老大难”问题，又进一步演化为围绕社会主义与市场经济的关系问题展开的旷日持久的讨论。三是“伊丽莎白二世之问”。2008 年伊丽莎白二世视察伦敦政治经济学院，三千名英国经济学家，一万名美国经济学家，束手无策，无人预测和预警 2007 年次货危机。资本增值规律压迫价值规律，破坏按比例分配劳动铁律。

②详见张宇、谢地、任保平、蒋永穆：《中国特色社会主义政治经济学》，高等教育出版社 2017 年版。

概念“限定在僵硬的定义中，而是要在它们的历史的或逻辑的形成过程中来加以阐明”①；四性合一的原则，要求起点范畴应该包含着此后展开的一切矛盾的胚芽，其终端以扬弃的形式包含着自己开端的规定性。

有鉴于此，社会主义“变形的商品”应该是当代中国马克思主义政治经济学的起点范畴。这种社会主义“变形的商品”大量存在于现实的社会主义市场经济形态之中。这是一种从特殊的“普照之光”（公有制与非公有制双层所有制结构），商品形态二元化（商品与公共品并存、劳动力商品化与非商品劳动力并存）以及多种规律或机制（市场机制与政府作用并存）制约条件下生产出来的特殊的变形商品。这是一篇需要结合当代中国新的实际加以丰富发展的大文章，并从中演绎出中国特色社会主义政治经济学体系。

5. 生产与分配、交换、消费的辩证统一

应该把握马克思关于生产四环节的辩证法，这也是中国新时代条件下的理论增长点。我国社会主要矛盾是人民日益增长的美好生活需要和不平衡不充分的发展之间的矛盾，经济已由高速增长阶段转向高质量发展阶段，正处在转变发展方式、优化经济结构、转换增长动力的攻关期。党的十九大阐述的关于供给侧结构性改革主线，建立现代化经济体系、产业体系和经济体制思路，就是把现代化经济体系作为一个兼容生产与分配、交换、消费相互关系的有机整体来统筹推进。这包括了建设创新引领、协同发展的产业体系，统一开放、竞争有序的市场体系，体现效率、促进公平的收入分配体系，彰显优势、协调联动的城乡区域发展体系，资源节约、环境友好的绿色发展体系，多元平衡、安全高效的全面开放体系，以及充分发挥市场作用、更好发挥政府作用的经济体制。

这是马克思生产四环节辩证法的现代中国版，有助于解决“人民日益

①马克思：《资本论》第3卷“序言”，人民出版社1975年版，第17页。

增长的美好生活需求和不平衡不充分发展之间的”主要矛盾，体现了以人民为本的理念，拓宽了21世纪马克思主义政治经济学体系的新境界。

（根据2017年11月22日厦门大学王亚南经济研究院学术讲座发言内容整理）

马克思主义经济学及其中国化政治经济学体系

前言

马克思主义“幽灵”和社会主义“幽灵”在世界各地游荡，已成为19世纪中叶以来的重要的时代特征。世界性思潮的一种新动向是“追寻马克思”“回到马克思”“超越马克思”或“重构马克思主义”，崇尚马克思经典文本的原创性和理论张力以及马克思主义的多元化和本土化。诸如法兰克福学派、“新”马克思主义、后马克思主义、“虚拟”马克思主义、分析马克思主义、生态马克思主义、黑格尔马克思主义，凡此种种；中国特色社会主义、“有古巴特色的社会主义”、“朝鲜式社会主义”、追求“社会主义定向的市场经济”的越南社会主义、民主社会主义、市场社会主义、辩证的共产主义，不一而足。

国外许多著名学者——我们可以开出一个长长的名单，其中包括J. H. 哈贝马斯、A. 吉登斯、E. 拉克劳、F. 詹姆逊、G. 拉比卡、J. E. 罗默等人——宣称“马克思主义没有过时”“未来不能没有马克思”“我仍看重马克思，或许已不再时髦”“无怨无悔地拥抱后马克思主义”。法国学者雅克·德里达指出：“地球上所有的人，所有的男人和女人，不管他们愿意与否，知道与否，他们今天在某种程度上说都是马克思和马克思主义的继承人。”因此，“不能没有马克思。没有马克思，没有对马克思的记忆，没有马克思的遗产，也就没有将来：无论如何得有某个马克思，得有他的才华，至少得有他的某种精神。”（《马克思的幽灵》，1993 年）

许多西方经济学家把马克思列入与亚当·斯密、梅纳德·凯恩斯齐名的世界最伟大的三个经济学家行列，而《资本论》被视为三大经济学“圣经”之一。美国著名的经济学家罗伯特·海尔布伦纳和莱斯特·瑟罗指出：“要想真正掌握经济学的基本原理，最好的办法就是去阅读三位伟大的经济学家的著作……更确切地说，俯瞰整个社会学、哲学，当然也包括经济学的思想史，马克思都处于重要的地位……马克思的确是一位改变了社会思想方式的人，包括历史学的、社会学的以及经济学的。就如同柏拉图改变哲学思想的景观或弗洛伊德改变心理学的走向一样。”（《经济学的秘密》，2001 年）

兹以亲身体验二三事作证。第一件印象深刻的事情。1999 年由中国—欧盟高等教育交流委员会（ECHECP）资助，在伦敦都市大学与 Gerry Dickinson 教授合作搞为期半年的关于中—英保险史的研究，我得以拜谒马克思墓地。这是一个天气阴霾的典型的伦敦之晨。一位来自美国的大学生左顾右盼，然后迅捷地从书包中掏出相机，要我帮忙在马克思墓前给他留个影。这件事是促成我们攀谈的契机。他的相机是偷偷带进来的，因为海格特公墓守门人规定带照相机要交纳 5 英镑；他是利用打工积攒起来的钱来英国旅游，参观他仰慕已久的马克思墓是其中重要一站。我于是热心地给这位密执安州立大学“校友”介绍了马克思在英国的几个重要活动遗址，伦敦市政当局还嵌挂了显眼的蓝色介绍牌，其中包括与《资本论》写作密切相关的第恩街 28 号（1850—1857 年）和梅特兰花园路多所旧居，以及与《共产党宣言》直接相关的索荷区红狮子啤酒馆。此外，大不列颠博物馆不可不去，但随着全部藏书迁往大英图书馆新址，马克思的足迹已不复辨认。原大阅览室只有纪念牌为证：“这间阅览室及其相关建筑物为众多的政治流亡者和学生提供了避难所和精神源泉。共产主义政治体系最早根植于这间阅览室。在长达 30 年的漫长岁月中，卡尔·马克思几乎每天来。1850 年 6 月，马克思最先被旧的阅览室接待；并从 1857 年起从事包括《资本论》在内的数项计划的研究。他很有可能使用的是离他所需参考书不远处的 L、N、O、P 几排座位。”

二是参加 1998 年在特里尔马克思故居举办的《共产党宣言》发表 150 周年研讨会。邀请方之所以发来会议请柬，缘起于我利用在特里尔大学当访问学者之便，向他们赠送《资本论第一稿研究》一书之故。新华社波恩分社的文字记者和摄影记者也到了会场。而西方学者深谙马克思著作版本学，是这次学术研讨会给我留下的深刻印象之一。

第三件印象深刻的事情。我在 1991 年利用中美经济学教育和交流委员会（CEERC）和福特基金会（Ford Foundation）的资助，在密执安州立大学（MSU）做了半年高访学者，并赴美国激进政治经济学联盟（URPE）当年活动最为频繁的哈佛大学、加利福尼亚大学（伯克利）、宾夕法尼亚大学、密执安州立大学等地进行考察、研究和学术交流，为《激进政治经济学研究》课题收集第一手资料。作为一种破例，密执安大学慷慨提供了专项资助。激进政治经济学联盟第一届大会论文集等珍贵文献资料，正是在密执安大学亚洲图书馆寻到的。尤应提及的是，年事已高的美国激进政治经济学的先驱者、“老左派”马克思主义经济学家——他的著作成了年轻一代美国人接触和认识马克思的启蒙教材——保罗·斯威齐（Paul Sweezy）用老式打印机敲打了一封热情洋溢的回信，并为笔者提供了有关资料和研究思路。拙著《激进政治经济学派》的问世，首先应该感谢这些素昧平生的马克思的追随者。

人所皆知，马克思在其出生地和安葬地德国和英国的民意测验中拔得头筹，其中包括英国 BBC 广播电台评选千年世纪伟人（1999 年），英国广播四台评选“我们时代最伟大的哲学家”（2005 年），以及德国的国家第二电视台和《图片报》评选“德国最伟大人物”（2005年）。“尔曹身与名俱灭，不废江河万古流”。联想到国内不时涌动的马克思主义边缘化潜流，岂不发人深思？

一、马克思恩格斯辩证的新发展观

马克思恩格斯在19世纪中叶创建的新唯物主义的辩证的新发展观或者“新世界观”“新历史观”和“自然观”，究其根源，是他们扬弃、继承、改造和综合前人一切优秀思想成果，其中包括三大自然科学成就即近代牛顿力学、微积分数学和达尔文的进化论，以及三大人文科学优秀成就即德国哲学、英国政治经济学和法国社会主义——均鼎盛于19世纪初期的西欧又衰落于三四十年代，而在经历短暂的辉煌的理论高峰时期之后又急剧地向相反方向转化——并将其“从属于自己”的思想理论和方法论体系的时代和历史的产物，是极富原创性的哲学瑰宝，提供了审视和解读人类社会经济形态以及如何顺应和推进其发展的新的世界观和方法论。

广义唯物主义的辩证的新发展观阐述了社会经济形态的发展规律：既是体现历史继承性和开放性的“使社会的一切要素从属于自己的”从属型发展过程，又是体现历史更替性和创造性的“把自己还缺乏的器官从社会中创造出来的”创造型发展过程，从而是这两大过程相辅相成，从属型和创造型相结合的、辩证的顺乎历史发展的自然过程。而基于生产力和生产关系、经济基础和上层建筑的内在矛盾的推动力，着重阐述社会经济形态的历史更替性和创造性，这是狭义唯物主义的辩证的发展观的精髓。

恩格斯关于历史合力的理论及其辩证方法论把新发展观推向一个新的阶段。由于种种原因，他并没有把在致友人信函中所表述的关于历史合力的理论及其辩证方法论（例如在致友人信函中多次批判经济决定论）演绎而成一个关于推动社会经济形态发展的关于历史合力的综合性理论体系和方法论体系，从而对他们的新唯物主义的辩证的新发展观做一个总结。恩格斯原来是寄希望于最适宜于做这项工作的马克思的。然而，作为马克思遗嘱执行人的他，首先在马克思书房寻找这样一部手稿，却大失所望。① 在事物、社会历史或社会经济形态“整个伟大的发展过程”中，究竟哪一些因素和力量，尤其是“最强有力的、最本原的、最有决定性”作用的“元”力量或“元”因素而对历史合力有所贡献呢?② 这实际上是恩格斯的一个哲学遗嘱。根据马克思恩格斯的思想轨迹和发展取向，可以认为：

（1）基于客体性视角，生产力、经济因素是最具本原的力量。生产关系和社会经济形态的更迭根源于分工以及工艺、技术、科学、产业和生产组织的革命，即表现为工艺革命的生产力革命，必然导致生产关系的革命，科学发明或产业革命“引起‘生产方式上的改变’，并且由此引起生产关系上的改变，因而引起社会关系上的改变，‘并且归根到底’引起‘工人的生活方式上’的改变”③。由此而演绎出关于生产关系必须顺应生产力的性质的基本原理。但是，如果不纳入关于推动社会经济形态发展的历史合力体系，而把它推向极致，就很有可能走向诸如经济决定论一类的机械的形而上学的旧唯物主义。

（2）基于主体性视角，关于人的主体性、能动性以及旨在改造世界的实践能力，这一点被恩格斯誉为具有新世界观和唯物主义历史观的天才的萌芽。“主体”从此被置于“变革的实践”和“新唯物主义”的坚实的基础之上，由此，人“在其现实性上成为一切社会关系的总和”，属于“一定的社会形式的人”即“社会化的人类”；由此，人被赋予实践（我们不能低

①马克思不止一次流露出撰写关于辩证法问题的哲学专著的想法。他早在1868年5月9日写给约·狄慈根的信函中就指出，“一旦我卸下经济负担，我就要写《辩证法》。辩证法的真正规律在黑格尔那里已经有了，自然是具有神秘的形式。必须把它们从这种形式中解放出来。”（《马克思恩格斯全集》第32卷，人民出版社1974年版，第535页）。

②《马克思恩格斯选集》第4卷，人民出版社1995年版，第705页。

③《马克思恩格斯全集》第47卷，人民出版社1979年版，第501页。

估马克思把实践予以正名和解放出来的这一哲学革命的伟大意义）的“能动”性即不仅“解释世界”尤其“改造世界”，并“在实践中证明自己思维的真理性”的能力①。这也是一种构建历史合力之“元”力量。

马克思批判了旧唯物主义轻视人的主体性、轻视改造世界的实践观的错误观点，并且情有独钟地从人的主体性视角出发，建构了作为主体的人的生成史和社会经济形态发展史，并且把未来新社会界定为“在保证社会劳动生产力极高度发展的同时又保证每个生产者个人最全面的发展的这样一种经济形态”亦即“自由人联合体”②，并且把“人的自由而全面的发展”视为未来新社会的根本标志。作为主体的人的生成史应该是一部从“人的依赖关系”走向“以物的依赖性为基础的人的独立性”再走向“自由个性”的历史，而前者是以人类社会的三种社会形态和经济形式为基础并且大体上是与后者一一对应的。但是，如果不纳入关于推动社会经济形态发展的历史合力体系，而把它推向极致，就很有可能倒退到马克思恩格斯早年曾经痛加批判的唯心主义老路上去。

（3）基于主体（性）与客体（性）、历史客体决定论与历史主体选择论、主观辩证法与客观辩证法、唯物主义与辩证法相辅相成的视角，关于事物自我否定、自我运动、无求于外的推动原则和创造原则，是解读和诠释历史合力的最具本原的原创性理论。这是辩证法的精华和灵魂，以至于辩证法被称为“否定性辩证法”。但是，如果不纳入关于推动社会经济形态发展的历史合力体系，而把它推向极致，就很有可能堕入“绝对精神”体

①《马克思恩格斯选集》第1卷，人民出版社1995年版，第58、59、60、61页。

②《马克思恩格斯选集》第3卷，人民出版社1995年版，第342页。

系陷阱。①

马克思、恩格斯实际上还阐述了关于推动事物、社会历史或社会经济形态发展的其他因素，例如人民群众的历史作用，作为社会动力的阶级斗争，个人在历史上的作用，精神、理论或意识形态因素，政治、法律或国家权力等上层建筑的各种因素，及其对经济基础的反作用，等等。

我们要全面把握马克思关于创造型发展和从属型发展相统一的，包括广义和狭义两种意义上的唯物主义的辩证的新发展观，其中包括关于推动社会历史、社会有机体或社会经济形态发展的历史合力理论。它们为诠释和解读中国社会经济形态的变迁尤其30年改革开放过程中催生的新生事物如社会主义市场经济新形态提供了方法论。人们至今已耳熟能详的“改革”“开放”是这一新发展观在中国的现代版话语，因为改革开放是中国特色社会主义新形态的催产婆和发动机，改革的灵魂就是创新和创造，“把自己还缺乏的器官从社会中创造出来”；开放的精髓就是融入经济全球化，“使社会的一切要素从属于自己”。这是题中应有之义，凸显了马克思、恩格斯新发展观的时代意义、当代价值和理论张力。

---

①客体与主体、存在与思维、天与人之间的关系问题，是全部哲学的最高问题。第一层次的关系是回答什么是本原的，是精神世界还是物质世界？由此而划分为唯物主义和唯心主义两大阵营；第二层次的关系是回答思维与存在是否有同一性？由此划分为可知论与不可知论两大学派。再一层次的关系涉及关于“主客两分”（subject－object dichotomy）关系、主体性（subjectivity）与主体间性（inter－subjectivity）关系以及主体（subject）或主体性是否死亡之辩。在哲学史上，黑格尔是系统阐述人的主体性原则的第一人。段德智的《主体生成论：对“主体死亡论”之超越》（人民出版社2009年）一书对此做了开拓性的诠释和解读。在他看来，“主体生成论”与“主体死亡论”之争是客体与主体、存在与思维关系之争的继续。他力图把现当代人学理解成一个从主体性到“主体间性”的生成过程，从而构建一个崭新的关于主体生成的理论体系。张世英的“新哲学”则认为，西方哲学史是从思维与存在、主体与客体浑然一体观，经两者分离对立观，逐步走向两者对立统一观（主体性原则成为西方近代哲学的主导原则），甚或否定主客两分（甚至提出“主体死亡”的口号）观的发展史。西方传统哲学是主客两分的哲学，强调发现人尊重人就是发现主体、尊重主体，发现自然尊重自然和自然知识就是发现客体、尊重客体，但长期使主客彼此外在、彼此限制而无法达到物我交融、天人合一的高级阶段是其弊病；中国传统哲学是天人合一、主客合一的哲学，但是，由于缺乏一个主客两分的中介过程而往往导致忽视多样性、个别性，忽视自然、自然科学，忽视纯理论知识、认识论和方法论以至于压制人欲和个性以及自然科学和物质文明的发展。中西方哲学应该互补。（详见其《天人之际：中西哲学的困惑与选择》，人民出版社2007年版）

二、 马克思主义是相对真理和绝对真理的对立统一体

相对真理和绝对真理的对立统一性的含义在于以下两点：首先，马克思主义受到历史和时代的制约、人类实践能力和认识水平的制约，以及新生事物赖以产生的已有的思想材料和物质条件的制约。“所以人类始终只提出自己能够解决的任务，因为只要仔细考察就可以发现，任务本身，只有在解决它的物质条件已经存在或者至少是在形成过程中的时候，才会产生。”（《政治经济学批判》，1859 年）其次，马克思主义必然随着时代的变化和时代主题的变迁而发展，它不是教义而是方法和行动的指南，其基本原理不是绝对真理，只有在一定的条件下和一定的范围内才是正确的，并且根据实践的发展不断地修正、丰富、完善或扬弃自身。这是真理相对性的题中必有之义。同时，马克思主义在不断地逼近绝对真理，或者说它又含有绝对真理的成分。这主要体现在其世界观、方法论以及经过实践检验的一般原理中。

我们是相对真理和绝对真理的统一论者。一方面坚持马克思主义的基本原理。不坚持和发展基本原理，就不能坚持和发展马克思主义的整个理论体系。但是，前提必须是基本原理赖以成立的历史的物质的条件没有发生质的变化。另一方面又要倡导马克思主义及其基本原理的本土化或地域化。因为“这些原理的实际运用……随时随地都要以当时的历史条件为转移”，“需要的只是把这一理论应用于本国的经济条件和政治条件”。（马克思：《共产党宣言》，1872 年；恩格斯：《恩格斯致维・伊・查苏利奇》，1885 年）

学术界出现一种“指导思想转型论”或“指导思想二元化论”：马克思并无关于未来新社会商品经济与市场经济的理论，马克思经济学的基本原理已经捉襟见肘，市场化导向的中国经济改革的指导思想应该从马克思经

济学说转向西方市场经济理论、政策和法律主张；或者至少两种指导思想共存。这是需要正本清源的重大问题。这种看法，人为地堵塞了中国特色的改革开放实践、社会主义市场经济理论与马克思主义经济学说的内在联系，否定了马克思主义的原创性、生命力或理论张力。中国特色社会主义政治经济学理论是中国化的马克思主义，与马克思主义同根同源同脉同祖，薪火相传，并非是无源之水、无本之木。两者关系既是不断深化和发展的关系，也是一种渊源和继承的关系。从整体（总和）和方法论（发展观）上把握马克思的学说，从中不难得出肯定的答案：中国经济改革、开放、发展和社会主义市场经济理论的源头活水和理论基石无疑是马克思主义学说。

应该强调指出：政治经济学“六册计划”结构、《资本论》“大写的逻辑”是马克思经济学逻辑体系构筑方法的结晶。其一，“六册计划”，即马克思从资本、土地所有制、雇佣劳动、国家、对外贸易、世界市场6个方面考察资产阶级经济制度，提供了建立科学体系的框架和方法，从整体上代表了马克思经济学逻辑体系构筑的最高成就；其二，完成“六册计划”首册《资本》篇的《资本论》，是该体系的基础或“精髓”部分，并形成一个始基性体系，但是并未完全改变其“小圆圈”（抽象层次上经济学范畴的辩证运动）的逻辑定位；其三，尚未完成的“续篇”（“六册计划”第2—6册）通过经济学范畴上升到具体现象层次上的“大圆圈”辩证运动，再现以世界市场为最高具体的“总体”；其四，《资本论》和“续篇”、“小圆圈”与“大圆圈”构成了不可分割的逻辑体系整体，因此，马克思期待后人“在已经打好的基础上去探讨”《资本论》“续篇”，最后完成“六册计划”逻辑体系。

学术界出现了一种经济学体系构筑方法多元化趋向。例如，我们把《资本论》逻辑结构等同于马克思经济学逻辑体系构筑学说的全部内容，马克思逻辑体系构筑方法“半截子化”是政治经济学体系僵化和边缘化的一个重要原因；以演化经济学范式、过渡经济学范式、新制度经济学范式和马克思主义经济学分析范式为代表的“范式”热，其中不乏真知灼见；有的学者赞成马克思主义范式危机论，有的主张引进反映“资源配置全过程”的西方经济学范式；有的学者以《资本论》结构框架＋范式的“拼盘”模式来构筑中国政治经济学体系等。一言以蔽之，体系多元化与指导思想多元化并存。目前尤应关注前一种倾向掩盖之下的后一种倾向。鉴于用范式理论完全取代马克思逻辑体系构筑理论在理论界已成一种时髦风气，尤应鲜明地反对“取代论”“取消论”“对立论”和“拼盘”式“互补论”，而是提倡从属型“互补论”，即范式理论应该从属于并纳入马克思逻辑体系构筑学说的框架。

因此，对于马克思主义经典著作家的理论，必须坚持“四个分清”的原则：要分清哪些是必须长期坚持的马克思主义基本原理，哪些是需要结合新的实际加以丰富发展的理论判断，哪些是必须破除的对马克思主义的教条式的理解，哪些是必须澄清的附加在马克思主义名下的错误观点。同时也要吸收历史上的、国外的、合理的、积极的、能为我所用的思想资料，结合新的实践经验尤其新时代所提出的时代问题，丰富和发展马克思主义。例如：

（1）社会机体（社会经济形态）发展规律。这种从属型和创造型相结合的唯物主义新发展观，为洞察马克思关于未来社会商品经济思想，以及创立中国社会主义市场经济理论提供了科学方法论和辩证发展观。

包含从属型发展观在内的广义唯物主义发展观告诉我们：我们不应拒绝并且应该吸收和借鉴人类社会创造的一切文明成果，注重吸收、扬弃、改造和同化西方学者尤其西方马克思主义者和激进学派的一切积极的理论成果，其中包括西方市场经济理论和政策，较为突出的有西方兼容理论或市场社会主义。

国外学者在社会主义公有制与市场经济之间有无兼容性的问题上曾展

开了多次的大论战。他们善于把资源配置的两大主要形式即市场机制和计划机制从社会经济制度中抽象出来，赋予其“中性机制”的地位。他们甚至把中国初级阶段的社会主义市场经济的理论和实践完全等同于市场社会主义。例如美国学者施韦卡特认为中国正在搞“中国特色的市场社会主义的大胆创新试验”（《反对资本主义》，1992 年）。这是需要着重澄清的一种误解。尽管这一理论有许多缺陷和弊端，但它的积极意义，是大胆否定关于市场只能依附于资本主义私有制度这一西方市场经济理论赖以成立的制度假设和既定前提，大胆突破市场与社会主义水火不容的思维定式和传统见解，并且提出许多市场社会主义新模式，从而为中国社会主义市场经济体制改革提供了富于启迪的思想材料。这些无疑构成了中国社会主义市场经济理论的补充性来源。

（2）辩证的新世界历史观。各个民族发展的特殊规律不能脱离世界历史的总过程，必须受普遍规律——日趋成熟的资本主义世界市场和全球化趋势——的制约。此即社会形态发展的统一性（普遍规律）与多样性（特殊规律）的对立统一。它为创立力图与世界市场或全球化经济相联系的中国社会主义市场经济理论奠定了方法论基础。

（3）关于囊括两种不同演进路径的经济理论体系。不能把马克思理论体系片面化和凝固化，必须从整体、总和、体系、方法论或发展观上加以把握。马克思的经济学说因研究对象不同因而呈现两大演进路线。前期以英国为典型，主要创建狭义政治经济学体系，即阐述西方发达资本主义国家生产方式运动规律的市场经济学说。这是马克思经济理论研究的重点或主要路径。马克思一生最主要的著作《资本论》及其手稿是阐述资本主义生产方式运动规律的。应该理直气壮地强调指出：这些著作中对社会化生产一般规律、资本主义市场经济规律以及未来新社会经济特性的阐述，无疑构成了中国初级阶段社会主义市场经济的理论基础。因为“生产的一切时代有某些共同标志，共同规定。生产一般是一个抽象，但是只要它真正把共同点提出来、定下来，免得我们重复，它就是一个合理的抽象。不过，这个一般，或者说，经过比较而抽出来的共同点，本身就是有许多组成部分的、分别有不同规定的东西。其中有些属于一切时代，另一些是几个时代共有的。”（《政治经济学批判手稿》，1857—1858 年）我们所要做的工作就是把马克思的学说与具有中华民族特色的处于初级阶段的社会主义的实践相结合，就是通过深入学习和领会《资本论》及其相关著述的基本理论，进行“剥离”“借鉴”和“嫁接”——剥离资本外壳（社会形式），借鉴有关生产力和市场经济一般的内核（物质内容），再把它有条件地嫁接到与之相适应的中国初级阶段社会主义的基本制度（新的社会形式）中去——并最终丰富、深化和发展马克思的学说。

马克思在后期主要创建广义政治经济学，重点研究落后的前资本主义国家的社会经济发展道路问题，实际上绽露了关于在特定条件和历史环境下发展商品经济和市场关系的思想萌芽，呈现了另一条演进路径和理论轨迹，由此形成的另一子体系即广义政治经济学理论框架，其中包括世界历史及世界市场理论、社会经济形态三阶段论、东方社会理论、亚细亚理论、原始氏族和农村公社理论，等等。马克思在这里强调：以只具有落后生产力水平的发展中国家为历史起点的，跳过资本主义“卡夫丁峡谷”的社会主义社会应该同世界市场相联系，吸收人类社会尤其资本主义社会创造出来的文明成果。他的卡夫丁峡谷跨越论 + 世界市场联系论 + 吸收资本主义文明成果论，生动体现了跨越（属生产关系范畴的资本主义制度可以逾越）与非跨越（属生产力和交往范畴的商品经济阶段不能逾越）的辩证法。尽管它未被 19 世纪末期的俄国的实践所证实，但体现了马克思理论与时俱进的理论品质，是当代马克思主义经济理论最重要的生长点之一。

由此可见，马克思经济理论体系有两条演进路径和模式：一条是发达国家搞社会主义、共产主义，其特征是用以人的全面发展为标志的产品经济形态取代商品经济形态；另一条演进路线和模式的实质，是发展中国家利用世界市场利用商业机构，亦即利用市场关系和市场机制发展社会主义生产力总量。马克思晚年关于俄国发展道路的笔记，对俄国民粹派“农民社会主义”思潮进行批判，认为后者脱离生产力，脱离世界市场，脱离市场关系，空谈俄国农村公社社会主义新模式。因此，不能“肢解马克思”，不能人为地堵塞中国特色社会主义市场经济理论与马克思学说的内在联系，否定马克思主义的原创性和生命力。尽管马克思晚年的新思想未被后来的实践所证实，但体现了马克思经济理论与时俱进的创新品质，是当代马克思主义经济理论最重要的生长点之一，因而是中国特色社会主义市场经济理论的基础性来源。

（4）关于两种社会经济形态理论并存的经济学说。一是以生产关系为划分标准的五社会形态理论，由于生产关系和上层建筑的巨大反作用而允许出现“跨越”现象；一是以生产力和交往为划分标准的三经济形态论（自然经济—商品经济—产品经济）和相应的人的发展三阶段论，它们则不允许出现这种历史的“错位”。两种理论应该相互叠加，相辅相成。马克思的“卡夫丁峡谷跨越论＋世界市场联系论＋吸收资本主义文明成果论”是一个典范，生动体现了跨越（属生产关系范畴的资本主义可以逾越）与非跨越（属生产力和交往范畴的商品经济不能逾越）的辩证法。其启迪意义就是：进行社会革命而跨越资本主义卡夫丁峡谷的落后国家，应通过与世界市场的联系来吸收资本主义一切积极的成果，搞好社会主义市场经济。

（5）列宁晚年关于过渡时期商品货币关系的分析以及关于新经济政策的实践是中国社会主义市场经济的重要思想来源。列宁晚年明确提出关于过渡时期必须重视和利用商品货币关系、市场、贸易或商业作用的思想，抛弃了排斥市场、货币、贸易或商业买卖的产品交换模式。他首次使用“市场经济”这个概念，并在苏共决议中明确采用“转而采取市场的经济形式”的提法。列宁强调国营企业包括国营大托拉斯等联合组织，应普遍推行以经济核算制、考虑市场销售为标志的商业化原则或商业精神，并号召全党要学会经商，批判了那种所谓“关心”共产主义纯洁性，本能地轻视商业的“感情社会主义”或旧俄半贵族半农民的宗法情绪。俄共（布）第11次代表大会决议根据列宁的指示精神，宣称：必须从市场的存在出发并考虑市场的规律，掌握市场，通过有系统的、深思熟虑的、建立在对市场过程的精确估计之上的经济措施，来调节市场和货币流通。列宁在社会主义经济建设7年的实践——“现在一切都在于实践，现在已经到了这样一个历史关头：理论在变为实践，理论由实践赋予活力，由实践来修正，由实践来检验”① ——中摸索出来的经验总结和理论概括，已大大地丰富了马克思主义的广义政治经济学。这也是当代马克思主义经济学最重要的生长点之一，因而也是中国社会主义市场经济的又一重要理论基石。

总而言之，中国特色社会主义政治经济学理论并非是“舶来品”。发展社会主义市场经济的实践、探索、创新及其经验材料，是中国特色社会主义政治经济学理论赖以产生的实践性来源；马克思主义及其广义政治经济学是这一理论产生的基础性来源；西方发展市场经济的理论、政策和经验材料，为我们提供富于启迪的思想资料，构成其补充性来源。

三、 中国特色政治经济学体系是马克思主义经济学中国化的最新成果

恩格斯曾经说过：“政治经济学本质上是一门历史的科学。它所涉及的是历史性的，即经常变化的材料；它首先研究生产和交换的每个个别发展阶段的特殊规律，而且只有在完成这种研究以后，它才能确立为数不多的、适用于生产一般和交换一般的、完全普遍的规律。同时，不言而喻，适用于一定的生产方式和交换形式的规律，对于具有这种生产方式和交换形式

①《列宁专题文集·论社会主义》，人民出版社2009年版，第59~60页。

的一切历史时期也是适用的。”① 这一论述表明，马克思主义政治经济学不是一经创立就一成不变的，而是随着时代的变化、新课题的提出和新材料的出现而不断变化。

这种变化在马克思、恩格斯那里就开始了。马克思的《资本论》是以英国的资本主义发展为典型，但那时，马克思已经开始关注美国资本主义的发展了。而到了晚年，马克思花了很大的精力研究俄国及欧洲以外的广大的亚非国家的公社制度及其瓦解过程，思考“不同的部落和族系的发展道路”② 问题。他的这一思考成为今天的人们研究殖民地问题、发达国家与欠发达国家之间的关系等问题的重要思想资源。与马克思一样，恩格斯晚年转向了对东方社会的研究，并从这一研究中得出了这样的结论：“要处在较低的经济发展阶段的社会来解决只是处在高得多的发展阶段的社会才产生了的和才能产生的问题和冲突，这在历史上是不可能的。发生在商品生产和私人交换出现以前的一切形式的氏族公社同未来的社会主义社会只有一个共同点，就是一定的东西即生产资料由一定的集团公共所有和共同使用。但是单单这一个共同特性并不会使较低的社会形态能够从自己本身产生出未来的社会主义社会，后者是资本主义社会本身的最后产物。每一种特定的经济形态都应当解决它自己的、从它本身产生的任务；如果要去解决另一种完全不同的经济形态所面临的问题，那是十分荒谬的。”③ 恩格斯的这一结论，提出了马克思主义政治经济学发展的新方向，这就是结合当代人类学提供的新材料，思考如何建立社会主义经济形态的问题。这一方向成为日后马克思主义政治经济学发展的主题。

19 世纪末至 20 世纪初，帝国主义现象的出现和十月革命的成功，为马克思主义政治经济学提出了新问题，也提供了新材料。从这时开始，马克

---

①《马克思恩格斯选集》第 3 卷，人民出版社 1995 年版，第 489 ~ 490 页。

②《马克思恩格斯全集》第 45 卷，人民出版社 1974 年版，第 331 页。

③《马克思恩格斯全集》第 22 卷，人民出版社 1974 年版，第 502 页。

思主义政治经济学研究在两个向度上发展起来：其一，通过分析帝国主义的经济现象，建立马克思主义的帝国主义理论；其二，探讨社会主义经济形态及有关理论问题；创造马克思主义的社会主义的经济理论。在这一时期，那些杰出的马克思主义者，如罗莎·卢森堡、列宁、布哈林等，几乎都在这两个向度上提出了自己独到的见解，从而推动了马克思主义经济学的发展。中国人在这个时代接受马克思主义，自然地把帝国主义和社会主义问题作为自己的理论问题；在政治经济学上，也把建立社会主义经济理论作为自己的主题。从20世纪初到今天，中国的马克思主义者对马克思主义政治经济学做了多层面、多向度的研究：有对马克思《资本论》的专题研究，有对马克思主义的政治经济学的基本理论的研究，有对马克思主义的资本主义经济理论的研究，也有对马克思主义的社会主义经济理论的研究，等等。在这些研究中，最有中国特色的，也是富有创新性的，还是结合中国的实际情况，创造了具有中国特色的社会主义经济理论体系。

而一定时代和历史阶段上的理论体系是关于一种学说的概念、范畴、规律和理论的集成、总和、系统或有机统一的整体。首先，马克思主义经典作家十分看重理论“结构”或者逻辑“体系”，强调“马克思主义是马克思观点和学说的体系”，并且阐述了这一体系的时代性、历史性和严整性：“一切划时代的体系的内容都是由于产生这些体系的那个时代的需要而形成起来的”，“马克思主义的全部精神，它的整个体系，要求人们对每一个原理只是（a）历史地，（b）只是同其他原理联系起来，（c）只是同具体的历史经验联系起来加以考察。”① 同时，也验证了一句名言：“真理只有作为体系才是现实的。”②

其次，尤应倡导马克思的总体方法论和经济学逻辑体系构建方法。罗

---

①《列宁选集》第2卷，人民出版社1995年版，第418页；马克思、恩格斯：《德意志意识形态》，人民出版社1961年版，第534页；《列宁全集》第472卷，人民出版社1990年版，第464页。

②[德] 黑格尔：《精神现象学》上卷，贺麟等译，商务印书馆1979年版，第15页。

莎·卢森堡（Rosa Luxemburg）、乔治·卢卡奇（Ceorg Lukacs）等人推崇“总体性”“总体范畴”及其“至高无上性”原则，指出：总体范畴是辩证法的支柱，“总体范畴，整体对各个部分的全面的、决定性的统治地位，是马克思取自黑格尔并独创性地改造成为一门全新科学的基础的方法的本质。”①

马克思总体方法论和经济学逻辑体系构建方法的实质，就是“思想总体”如何再现“生产总体”和“具体总体”，并从总的联系和内在矛盾中逻辑地再现社会经济形态总体的一门学问。一言以蔽之，就是构建“生产力（生产资料）的概念和生产关系的概念的辩证法”② 运动的逻辑体系。这也是政治经济学的研究对象和任务。这一经典论断出自被马克思评价为“为重要的社会关系观做了第一次科学表述”的《政治经济学批判大纲》（《1857—1858 经济学手稿》）之中的“经济学提纲”（8 条），其理论意义和学术价值不亚于彰显马克思哲学革命原创性成果的《关于费尔巴哈的提纲》（11 条）。

中国经济学理论体系的是中国特色社会主义理论体系的重要组成部分，是马克思主义经济学中国化的集中反映和最为突出的理论成果。两者既有共性，同时后者又有自己独特的话语体系、主导理论、演变路径和发展规律。

两者的共性：①它们不是邓小平理论、“三个代表”重要思想、科学发展观等重大战略思想的简单叠加，它是由一系列有着内在逻辑性和内在层次的基本观点、基本理论或者主导理论构建成的科学体系；②社会主义本质理论、初级阶段理论、时代理论是它们共同的理论基石。以“一个中心，两个基本点”为标志的党的基本路线是社会主义本质的内在要求和鲜明体现，是以初级阶段为客观依据，也是现时代的内在要求。③马克思主义基本原理同中国具体实际的结合是它们共同的主题。④关于三个“没有变”的判断，是这两个理论体系对于整个国情、世情和经济社会发展方位的科

①［匈］卢卡奇：《历史与阶级意识》，杜章智等译，商务印书馆 1992 年版，第 76 页。

②《马克思恩格斯文集》第 8 卷，人民出版社，2009 年，第 34 页。

学判断，即我国仍处于并将长期处于社会主义初级阶段的基本国情没有变，人民日益增长的物质文化需要同落后的社会生产之间的矛盾这一社会主要矛盾没有变，我国是世界上最大的发展中国家的国际地位没有变。

两者的个性：虽然它们都可以从“围绕一个主题、探索和回答四个基本问题”的角度加以研究，但是侧重点有所不同，尤其是它们又有着自己独特的话语体系、主导理论、演变路径和发展规律。

中国特色社会主义理论体系强调“四位一体”的总体布局思想和社会主义初级阶段的基本纲领，以及这四大建设和生态文明建设、党的建设全面推进的战略思想，全面推进中国特色社会主义经济建设、政治建设、文化建设、社会建设和生态文明建设以及党的建设。其主导理论包括改革开放理论、经济建设和经济发展方式理论、政治建设理论、文化建设理论、生态文明建设理论、社会建设和社会管理理论、国际战略理论、和谐社会与和谐世界理论、党建理论等。而中国经济学理论体系的个性和特征是：

（1）中国经济学理论体系回答了在社会主义实践中提出的关于建设什么样的社会主义，确立什么样的经济制度、体制和机制，怎样搞好社会经济发展等重大问题，着重解读和科学地阐述“什么叫发展，怎样发展，为谁发展、依靠谁发展、由谁来享受发展成果”这一重大问题；逐步形成了以社会主义初级阶段经济关系为研究对象，以社会主义初级阶段经济制度研究为起点，以对社会主义市场经济体制建立和完善为主体，以对社会主义市场经济体制运行为展开内容的中国特色社会主义经济学理论体系。换而言之，中国特色的初级阶段是马克思主义经济学中国化的出发点，改革开放是马克思主义经济学中国化的强大动力。初级阶段的社会主义基本经济制度理论、社会主义经济体制改革理论、对外开放的基本国策和理论，以及中国特色的经济发展理论等是其主导理论，也是马克思主义经济学在制度领域中国化的重大成果。

（2）这一体系在表述形式上，已经出现了摆脱对西方经济学范式的全盘肯定和模仿的倾向，已初步建立了自己的大众化和时代化的，具有中国特色、中国风格、中国气派的学术话语体系，从而体现了它的科学品性和创新能力，因为“一门科学提出的每一种新见解，都包含着这门科学的术语的革命”①。“中国特色”“中国经验”“中国元素”“中国奇迹”“中国速度”“中国道路”“中国模式”已成为举世瞩目的话题。举凡农业承包制、经济特区、乡镇企业、财政包干制、价格双轨制、现代企业制度、中国社会主义初级阶段、基本经济制度、社会主义市场经济体制、自主创新战略、转变经济发展方式、新型工业化道路、中国特色城镇化道路等术语、概念和范畴，已经为世人所熟悉和运用。

（3）这一体系在结构层次上也有自己的特点：第一，位于抽象层面的基础性逻辑层次，即从抽象层次反映生产力与生产关系的辩证法运动，以及在继起的更高层次上涵盖基本经济制度、经济体制和经济发展方式、社会主义经济本质理论，以及关于基本经济制度和经济体制相互关系的理论等；第二，宏观层次，涉及经济的生产、分配、交换和消费等主要环节及其宏观经济运行和调控机制等；第三，微观层次，涉及微观经济组织经济运行和调控机制等；第四，侧重现象层次和具体层面，具有综合化、政策化和宽泛化特征的中国模式理论，涉及中国经济发展道路、发展目标、发展模式、发展战略、发展动力，等等。②

---

①马克思：《资本论》第1卷，英文版序言，人民出版社1975年版，第34页。

②学术界有的同志提出“九点”论。指出：中国特色经济学经济理论体系是对中国社会主义经济建设特别是改革开放以来社会主义经济发展的实践和经验的概括和总结，其基本范畴包括：生产、分配、交换和消费等主要环节，以及基本制度、经济体制、经济发展和全球化背景下的对外开放等主要方面。其逻辑主线是中国特色社会主义的实践。围绕中国特色经济学的逻辑起点、基本范畴和基本线索，中国特色经济学的理论体系主要包括以下内容：关于社会主义经济本质的理论，关于社会主义初级阶段基本经济制度的理论，关于社会主义初级阶段收入分配的理论，关于经济体制改革的理论，关于社会主义市场经济理论，关于中国特色的经济发展理论，关于积极参与经济全球化与对外开放的理论，关于自主创新和建立创新型国家的理论。它们涵盖了中国特色社会主义经济的生产、分配和交换等主要环节，以及基本制度、经济体制、经济发展和对外开放等主要方面，初步形成了一个比较完整的理论体系。中国特色社会主义经济理论体系的内容是十分丰富的，除了以上九个方面最基本的内容外，建设社会主义新农村的理论、建立创新型国家的理论、深化国有企业改革的理论、政府职能和政府调节的理论等也都很重要。

总的来看，第一层次决定中国经济学及其中国经济模式的本质和基本性质，而二、三、四层次的运行和发展都是生产力与生产关系的辩证法运动的具体反映，是与一定的经济制度、经济体制和经济发展方式紧密相关的，并且在第四层次的中国经济模式得到最为具体的综合反映。由此可见，中国经济发展模式仅仅是中国经济学体系在现象层次或者具体层次的折射或者反面映象。

（4）这一体系形成与发展大致划分为三大阶段：

一是中国经济学体系的酝酿和探索阶段（20 世纪 50 年代至 1978 年）。这一阶段的理论和实践基本上是按照苏联计划经济体制和“苏联范式”而建立起来的，形成了具有中国特色的计划经济理论。研究内容集中在马克思主义经济学、苏联社会主义经济理论等领域，目的性和宏观性很强。配合国家经济建设需要来注解和诠释政策的意图非常明显。

应该强调指出，毛泽东、刘少奇、陈云、邓子恢等人的经济思想，尤其毛泽东的《论十大关系》以及关于苏联政治经济学教科书的学习笔记等重要文献，对中国社会主义建设道路和经济理论做了有益的初步探索。

此外，中国经济思想界提出了一些有影响的经济理论，产生了一批有影响的经济学著作，其中包括马寅初的《新人口论》、王亚南的《中国经济原论》、卓炯的《论社会主义商品经济》、孙冶方的《社会主义经济论稿》及其“价值规律论”、薛暮桥的《中国社会主义经济问题研究》《顾准文集》以及李平心的“生产力理论”等。同时，召开了一些有影响的经济理论研讨会，对经济建设实践中提出的重大问题展开了卓有成效的大争论，其中包括关于商品市场、社会主义基本经济规律与特征、按劳分配、生产劳动与非生产劳动、速度与比例等问题的讨论（1956—1959 年），以及关于经济核算、经济效果、社会主义再生产的争论（20 世纪 60 年代）。

二是中国经济学体系的初步形成阶段（1978—2002 年）。理论是实践的反映。中共十一届三中全会实施以经济建设为中心的战略性转移，开始改革开放的伟大历程。这是中国经济学体系创立的起点。中共十二届三中全会（1984 年 10 月）通过的《中共中央关于经济体制改革的决定》，被邓小平称为“中国版的社会主义政治经济学”。中共十六届三中全会（2003 年 10 月）通过的《中共中央关于完善社会主义市场经济体制若干问题的决定》是中国特色的社会主义基本经济制度、体制和经济学理论体系初步形成的标志，中国经济体制改革在理论和实践上取得重大进展。

这一阶段经济理论界关于社会主义经济学理论体系的讨论和探索是空前活跃、异常繁荣的，尤其各个高校和研究机构也编写了各种版本的政治经济学教材。例如，吴树青为顾问，逄锦聚、洪银兴、林岗、刘伟等主编的《政治经济学》，16 所高校合作的《政治经济学》（社会主义部分，北方本 2003 年发行第八版），谷书堂教授、宋则行教授主编的《政治经济学（社会主义部分）》，卫兴华教授等编写的《政治经济学原理》，刘诗白教授主编的《马克思主义政治经济学原理》，魏埙教授等主编的《政治经济学（资本主义部分）》等。这些研究成果有助于确立中国经济学体制的框架，有助于中央关于构建和完善社会主义市场经济体制的战略决策和工作部署。

三是中国经济学体系的进一步完善阶段（2003 年至今）。党的十六大，特别是十七大以来，提出了关于一面旗帜、一条道路、一个理论体系的总体性理论概括和科学总结，系统地总结了中国特色社会主义建设的成功经验，丰富和完善了中国特色社会主义理论体系，在新的历史条件下进一步回答了发展中国特色社会主义的一系列重大问题，包括正确认识“什么是社会主义，如何建设社会主义，建设什么样的党、怎样建设党，怎样处理政党、政府、市场、企业和社会的关系”，“什么叫发展，怎样发展，为谁发展，依靠谁发展”，以及在推进的各个具体阶段上，不断解决“改革什么，怎么改；开放什么，怎么开放”等问题。① 因此，在社会主义经济的本质特征、分配原则、发展道路、发展模式、科学发展、和谐发展、发展战略、对外开放，以及不断提高驾驭社会主义市场经济能力的具体途径等方面提出了一系列新的思想和发展理念，深化了对中国特色社会主义本质和社会主义市场经济发展规律的认识。由此表明：在实现马克思主义中国化，把握中国特色社会主义发展基本规律和完善中国经济学体系上进入一个新的阶段。

应该强调指出，自2004年以来，中央直接部署和实施的马克思主义理论研究和建设工程是以胡锦涛同志为总书记的党中央做出的一项重大决策。其中包括编写《马克思主义政治经济学概论》在内的一系列高校哲学社会科学重点教材。

（5）处在大转折时代坐标之上的中国社会经济在相当长一段时间内，因其鲜明的阶段性或过程性、开拓性、不成熟性、双重过渡性和改革开放的渐进性，因而是一种特殊的经济形态。由此决定了中国经济学体系是具有典型的过渡和转换性质的转型经济学体系。“经济转型”是苏联政治家和理论家布哈林最早使用的概念。世界上迄今为止有30多个国家从计划经济向市场经济转型、转轨或过渡。而处在初级阶段的中国改革开放的实践所提供的经验材料和逻辑构件在目前只能构建中国转轨型经济学体系。该体系应保持一定的弹性，以免让不成熟的体系来束缚实践活动。

（6）中国经济学体系的发展和完善是一个长期的过程。

马克思穷其一生，创立了马克思主义经济学体系，但仅仅创立了一个始基性的狭义的资本主义经济学逻辑体系，相当于他所设想的政治经济学“六册结构”的第一册。这是因为“即使只是在一个单独的历史事例上发展

①邓小平还指出：“要发展生产力，就要实行改革和开放的政策。不改革不行，不开放不行。过去二十多年的封闭状况必须改变。我们实行改革开放政策，大家意见都是一致的，这一点要归‘功’于十年‘文化大革命’，这个灾难的教训太深刻了。当然，在改革中也有不同意见，但这里的问题不是要不要改革，而是改革到什么程度，如何改革，如何开放。”（《邓小平文选》第3卷，人民出版社1993年版，第265页。）

唯物主义的观点，也是一项要求多年冷静钻研的科学工作，因为何时能明显，在这里只说空话是无济于事的，只有靠大量的，批判地审查过的、充分地掌握了的历史资料，才能解决这样的任务”①。马克思主义中国化理论体系，其中包括广义的中国经济学体系（狭义的中国经济学体系是特指中国特色的社会主义经济学体系或者中国化的马克思主义经济学体系），上可以追溯到20世纪20年代陈独秀、李大钊时期，下可至世纪之交的中国特色的社会主义理论体系。

应该强调指出，尽管中国特色的社会主义经济学体系已经基本具备形态化、体系化、时代化的特征，但是，作为处于发展和转型中的最大的发展中大国，又面临着工业化、信息化、市场化、全球化等重大的历史变革，这就使得中国发展道路具有其他任何国家都不能与之相比的复杂性、丰富性和特殊性，无疑加大了理论与实践结合的难度、从必然王国走向自由王国的难度，以及丰富、完善和发展中国经济学体系的难度。“现在一切都在于实践，现在已经到了这样在一个历史关头：理论在变为实践，理论由实践赋予活力，由实践来修正，由实践来检验。”②“路漫漫其修远兮，吾将上下而求索”。这是因为理论来自于实践，理论指导实践，理论由实践赋予活力，又由实践来修正和完善并且归根结底由实践来检验。

四、中国化的马克思主义政治经济学体系是历史合力的产物

马克思主义中国化的成果，其中包括中国化的马克思主义经济学体系，是谁创造的？它们无疑是党的理论创新的成果，也是广大人民群众智慧的结晶，是“从群众中来，到群众中去”的产物。我们党的马克思主义中国

①恩格斯：《卡尔·马克思〈政治经济学批判·第一分册〉》，《马克思恩格斯文集》，人民出版社2009年版，第598页。

②《列宁全集》第33卷，人民出版社1985年版，第208页。

化理论创新的每一个重大成果，是全国人民革命和建设实践的产物和实践新鲜经验的科学总结。

这里不仅仅归功于众所公认的党的领导人物毛泽东、邓小平等的卓越的理论贡献，也包含着党的领导集体——刘少奇、周恩来、陈云、邓子恢、李先念等所做出的贡献，其中也包括一批早期的马克思主义者——陈独秀、李大钊、恽代英、瞿秋白、张闻天、李达等所做出的贡献。他们已经意识到“一个社会主义者，为使他的主义在世界上发生一些影响，必须要研究怎么可以把他的理想尽量应用于环绕着他的实境”，“社会主义是要富的，不是要穷的，是整理生产的不是破坏生产的”①。“我们的任务，在寻求一个适合国情，而又合于共产主义的方针来。”② 而刘少奇在 1941 年就明确指出“要使马克思主义中国化”的任务。③

马克思主义中国化不仅仅归功于党的领袖人物及其党的领导集体的贡献，而且也包含着全党理论工作者以及专业的或者职业的马克思主义理论工作者所做的创造性努力。其中，既包括出生于 20 世纪初期，大都历经清末、民国和新中国时期的第一代马克思主义经济学家的代表人物，主要有薛暮桥、许涤新、孙冶方、顾准和卓炯，以及马寅初、沈志远、王学文、狄超白、管大同等一大批著名经济学者。同时也包括第二代马克思主义经济学家的代表人物，刘国光、吴敬琏，以及厉以宁、董辅礽、苏星、林子力等一大批著名经济学者。尤其改革开放以来，理论工作者关于社会主义商品经济、关于生产力、关于社会主义市场经济的几次大讨论，都为中央领导集体的决策，为社会主义市场经济的建立，做出了积极的贡献。

时代孕育了中国特色的社会主义形态，同时也是这一形态所具有的新

---

①李大钊：《平民政治与工人政治》，转引自蔡尚思主编《中国现代史资料简编》第 2 卷，浙江人民出版社 1982 年版，第 194 页。

②恽代英：《民治运动》，《东方杂志》第 11 卷第 18 号。

③《刘少奇选集》上卷，人民出版社 1981 年版，第 222 页。

型生产力和生产关系矛盾运动的产物。而“新的生产力和生产关系不是从无中发展起来的，也不是从空中，更不是从自己产生自己的那种观念的母胎里发展起来的……这种有机体制本身作为一个总体有自己的各种前提，而它向总体的发展过程就在于：使社会的一切要素从属于自己，或者把自己还缺乏的器官从社会中创造出来，有机体制在历史上就是这样向总体发展的，它变成这种总体是它的过程即它的发展的一个要素”①。这是马克思的创造性发展观和从属性发展观。中国特色的社会主义即社会“有机体制”（列宁更多地使用“社会机体”亦即社会经济形态）及其社会主义经济学理论体系，其形成和发展的过程正是从低级向高级（“总体”）发展的过程，既体现历史继承性和开放性的“使社会的一切要素从属于自己的”的从属型发展过程，又体现历史更替性和创造性的“把自己还缺乏的器官从社会中创造出来的”创造型发展过程，从而是这两大过程相辅相成的辩证的历史发展的自然过程。这是广义的唯物主义的辩证的新发展观。

中国特色的社会主义经济学理论体系应运而生，还有三大来源，即国内外发展市场经济的实践探索的经验和思想材料，是中国特色社会主义经济学体系赖以产生的实践性来源；马克思主义经典作家的思想是这一理论产生的基础性来源，而毛泽东思想又是其直接性来源和实践起点；国外经济学中的有益成分和合理因素，成为中国特色社会主义场经济理论体系的补充性来源。如何把握这三大来源的相互关系？遵循创造型和从属型相结合的广义唯物主义发展观，基础性来源强调本源性、始基性，源远才能流长；补充性来源则是非本源性的，带有兼容性和从属性，“使社会的一切要素从属于自己”，借鉴和吸收人类社会创造出来的一切文明成果；而实践性来源，则是着眼于开拓性和创新性的实践之源，“把自己还缺乏的器官从社会中创造出来”。中国特色的社会主义经济学理论体系正是这样不断发展壮

①《马克思恩格斯全集》第46卷（上），人民出版社1979年版，第235~236页。

大的。

一言以蔽之，对于中国化马克思主义及其中国特色的社会主义经济学理论体系，应该树立坚如磐石般的理论信念，应该占据理论制高点，控制学术话语权，从而达到自信、自觉和自为的境界。

（原载于《马克思主义文摘》2009 年第 8 期。原标题：《马克思主义经济学说与中国改革发展研究丛书》序；有所增删）

中卷

《资本论》和当代资本主义研究

资本主义向何处去?

我们这个时代正处于历史大转折时期，呈现出经济全球化，两种制度的并存性、过渡性或转折期凸现以及和平、发展与合作成为时代潮流等特征。社会主义或者资本主义国家纷纷进入变革期、转折期或转型期，“苏东之冬”“阿拉伯之春”“欧洲之夏”“美国之秋”（“占领华尔街”运动）事件迭出。随着时代及其主题的变化，它们在生产方式、生产关系和思想理念等方面都进行了不同程度的调整和变革，以至于“资本主义形式有限改变”理论的倡导者保罗·肯尼迪（Paul Kennedy）提出了“资本主义将何去何从?”[①] 的问题。马克思、恩格斯关于“两个决不会”“两个必然”和“资本的文明面”或者“三个有利于”的论断，以其恢宏的历史辩证法对此做了科学的回答。[②] “两个必然”揭示了资本主义这一生产方式的本质和必然毁灭的历史发展结局，贯穿资本主义演变全过程的资本主义危机就是一个证明。“两个决不会”和“三个有利于”论证了资本主义产生和存在的历史合理性，在一定历史发展阶段上的历史进步性、制度发展的弹性和生命

---

①[美] 保罗·肯尼迪:《读四大家的书，得知资本命运》，英国《金融时报》2009 年 3 月 13 日。

②“两个必然”论断即“资产阶级的灭亡和无产阶级的胜利是同样不可避免的”;“两个决不会”论断即“无论哪一个社会形态，在它所能容纳的全部生产力发挥出来以前，是决不会灭亡的；而新的更高的生产关系，在它的物质存在条件在旧社会的胎胞里成熟以前，是决不会出现的”;“资本的文明面”或者“三个有利于”论断，即“资本的文明面之一就是，它榨取剩余劳动的方式和条件，同以前的奴隶制、农奴制等形式相比，都更有利于生产力的发展，有利于社会关系的发展，有利于更高级的新形态的各种要素的创造”。(马克思:《资本论》第 3 卷，人民出版社 1975 年版，第 925 页)

力，以及寄希望于在其内部滋生的资本主义变革因素和否定因素。

一、 资本主义世界经济周期波动与危机的新发展

资本主义发展史也就是一部经济危机周期波动史。自1825年第一次世界性的资本主义经济危机以来，形形色色的危机此起彼伏。仅仅“二战”以后就有8次著名的大危机，其中包括1948—1952年危机、1957—1958年危机、1969—1971年危机、1973—1975年危机、1979—1982年危机、1990—1993年危机、2001—2002年危机，以及2008年由美国次贷危机引发的全球性危机等。2008年的第一波金融危机起源于世界著名投资银行雷曼兄弟的倒闭。金融危机第二波的标志之一是全球前五大期货商之一的美国华尔街知名期货交易商雷氏MF Global公司向法院提交破产保护申请，造成很多客户无法交易，从而对全球期市和全球股市造成灾难性后果；另一个标志是已有100多年历史的世界权威金融评级机构标准普尔于2011年8月首次下调美国长期主权信用评级，加剧了20世纪80年代就爆发的国际性主权债务危机，从而加快了愈演愈烈的两大趋势。其一，目前债务危机有从边缘国家向核心国家迈进的趋势。2000年阿根廷和2011年希腊的债务危机，使这两个国家濒临“国家破产”的边缘，而意大利和法国也很难独善其身。其二，发达国家的危机总体上可分为三段：经济危机、债务危机和主权货币危机。目前正处于从债务危机走向货币危机的传导期。上述情况充分验证了“资本本身就是处于过程中的矛盾”，“资本的限制就是资本自身”亦即资本主义的基本矛盾①。

西方学者关于如何克服世界经济周期波动与危机这一顽症的文献汗牛充栋，流派林立，金融资本主义或者金融帝国已成为目前普遍关注的议题。

①《马克思恩格斯全集》第46卷（下），人民出版社1979年版，第219页；《马克思恩格斯全集》第46卷（上），人民出版社1979年版，第410页。

1. 国外马克思主义经济学者对危机问题表现出很大的热情。世纪之交的资本主义危机促成了第四次“马克思热”。究其时代背景，霍布斯鲍姆认为，对马克思的兴趣的回归很大程度上是“因为当前资本主义社会的危机”，“基于他对资本主义社会的分析，马克思150年前就预言了21世纪初期世界经济的本质”。国外马克思主义经济学者“回到马克思”，从中吸取理论资源。

迈克尔·赫德森在《从马克思到高盛：虚拟资本的幻想和产业的金融化》中回顾了马克思关于金融资本的基本观点，认为马克思已高度注意到虚拟资本膨胀的危害，他的危机理论最重视的危机原因既不是工人收入不足，也不是资本有机构成上升，而是虚拟资本强加于债务人（产业和个人）身上的金融收费日益加大，最终压垮了社会经济。马克思认为工业资本主义的最大成就就是使生息资本从属于产业资本，生息资本将像地租一样退出历史舞台。但是19世纪末以来金融却日益膨胀，并日益倒退成马克思所谓的高利贷性质的资本，而且其基础日益依靠房地产和其他具有垄断租金的垄断部门而不是制造业。因此，不是马克思所看好的产业资本而是金融资本成为主导性力量。萨米尔·阿明在《抓住危机》一文中也认为，当前的世界经济是富裕资本主义国家对发展中国家的帝国主义剥削，世界性经济危机给我们提供了一次重新沿着马克思主义和国际主义的路线走向世界范围内的社会解放的机会。而齐泽克则认为，2008年危机标志着福山式市场经济乌托邦的死亡，第一次是作为悲剧，第二次是作为喜剧。

与金融危机论、经济危机论思路不同的综合分析派的代表人物、日本中央大学教授高田太久吉认为，当前的危机是由当代资本主义的结构性矛盾和历史局限决定的。具体来说，它的产生有下面五个方面的原因：①货币资本过剩与经济金融化；②风险管理中空化和次贷膨胀；③实体经济恶化；④大型金融机构间合作机制坏死；⑤原油、商品市场投机化。他主张改变全球经济秩序和管理机制，建立取代华盛顿共识的新的国际秩序。

安瓦尔·谢赫（Anwar Shaikh）在《全球化和自由贸易的神话》（2003年）中用数据批判了新自由主义者推崇的古典比较优势理论。他指出，富国人均 GDP 与穷国人均 GDP 之间的比例，从 1820 年的 3:1 上升到 1992 年的72:1，全球化自由贸易扩大了富国和穷国的差距。这就印证了马克思在《资本论》第 4 卷提出的关于“比较富有的国家剥削比较贫穷的国家”的论断，尽管对外贸易交换是一种等价交换，但仍然不能掩盖国际贸易的剥削关系。西方学者把它归结为“贫困化增长”（Jagdish Bhagukati，1958）。

霍华德·皮梯斯（Howard Petith）的《马克思主义的资本主义崩溃理论的基本模型》提出了不变的工资模型（包括资本、劳动和土地等生产要素），揭示了资本有机构成的上升、利润率的下降以及资本主义崩溃的历史趋势，可以作为理解资本主义崩溃的不同理论的基础。持相同观点的还有《资本与阶级》（2010 年）一书中收录的澳大利亚学者比尔·卢卡雷利（Bill Lucarelli）题为《马克思关于货币、信用和危机的理论》的文章。

2. 西方有识之士对现存资本主义的批评重点是金融资本主义（使经济金融化或者虚拟化的资本主义），认为资本主义已经发展到“新资本主义”“新型帝国主义”“超级帝国主义”“货币帝国主义”“资源帝国主义”“粮食帝国主义”“金融资本主义”或“金融帝国”“灾难资本主义”“新帝国主义”阶段，西方经济至今仍然处于衰退期、“衰退时代”、“阴郁时代”、“滞胀时代”或“后泡沫经济时代”、“去全球化”（De－globalization）时期、“新的脆弱时代”（New Age of Fragility），甚至还热炒“世界进入意识形态新时代”。甚至有人高呼“资本主义的终结”[①]。英国《金融时报》2008 年 10 月 16 日刊登题为《重新开张》（克莱夫·克鲁克）的文章认为，自 20 世纪 30 年代以来最糟糕的金融危机促使美国出现意识形态转变的苗头，这场危机可能改变美国式资本主义，导致美国式资本主义的终结。

此外，日本早稻田大学的神原英资教授还对资本主义经济发展理论和

①《世界进入艰难的三月》，《环球时报》2009 年 3 月 3 日。

模式的改变进行了新的理论概括。他认为，20 世纪 30 年代的大萧条使得资本主义从亚当·斯密的古典自由主义转变为凯恩斯的“修正资本主义”；90 年代，美国创建了“以市场为中心和以金融为中心的经济发展模式”，资本主义回到近似古典自由主义的市场原教旨主义。历史是如此惊人地相似。今后，资本主义将摸索实行政府部门在不抹杀市场职能的前提下进行干预的“修正市场主义”。而当今社会主义也发生了变化，即“不可能再走社会主义的老路，充其量是实行修正市场主义”[①]。比利时学者马克·范德皮特在《全球资本主义深陷五大危机》（2011 年）中剖析了全球资本主义面临的积累模式难以为继的经济危机（即使新自由主义模式、全球化、债务、财政爆炸和军事扩张这五条“逃生之路”也无济于事）、财富分配极端不公的社会危机、政府合法性遭挑战的政治危机、环境成本侵蚀利润的生态危机，以及南方国家再度崛起的地缘政治危机。

危机意味着挑战和机遇。当今世界经济周期波动与危机成为资本主义生产方式进行调整和改革的一种推动力。法国总统萨科奇的竞选纲领主题就是“改变法国”。他之所以上台当选，正说明法国人心思变。计划委员会的专家们制定了多达 100 项的法国改革计划。奥巴马发表以“美国的变革”（The Change We Need）为主题的总统竞选获胜演说，多次呼吁和强调美国应该变化，改变已经降临美国。这次不亚于 1929—1933 年危机的综合性危机的未来走势是呈现 V 形还是 W 形或 L 形？我们将拭目以待。

二、 资本主义社会经济形态的新变化

马克思、恩格斯关于“两个决不会”“两个必然”和“三个有利于”的科学论断诠释了资本主义社会经济形态的本质。尤其“两个决不会”和

①［日］神原英资：《21 世纪式危机的冲击与世界变革》，日本《外交论坛》2009 年 2 月号，转引自《参考消息》2009 年 3 月 11 日。

“三个有利于”论证了资本主义存在的必然性，在一定历史发展阶段上的历史进步性、制度发展的弹性和生命力，并高度评价了在其内部滋生的资本主义变革因素和否定因素。由此可见，资本主义制度及其生产方式并非是一成不变的，它有一定的自我调节、改良和改善功能，随着时代及其主题的变化，在工人运动的压力下并为了自身的经济发展而力图维护社会正常秩序和社会制度运行的稳定性，力图跳出“李嘉图定律”① 的阴影和陷阱。它们在生产方式、生产关系和思想理念等方面都进行了不同程度的调整和变革，以至于明斯基（Hyman Minsky）列举了“57 种资本主义”，而保罗·肯尼迪则倡导“资本主义形式有限改变”论②。这些新变化、稀释和缓解社会矛盾和非和谐因素的举措以及其内部滋生的资本主义变革因素和否定因素主要有：

1. 通过全球化在全球范围不断地复制其生产力和生产关系，享受生产力红利、全球化红利和制度红利。因此，它尚有容纳生产力和生产关系发展的空间和制度弹性，在它所能容纳的全部生产力发挥出来以前，在它尚能提供人们赖以生存、享受和发展的各种必需品、公共品、资本品以及社会赖以支撑、维系和运转的各种硬件或软件之前，是决不会灭亡的。而全球化尤其是经济全球化、金融全球化又使其在时空两个维度上有所拓展，并赢得了转嫁非和谐如经济危机的历史契机。但是，建立在价值和剥削之上的狭隘的资本关系必然不能容纳它召唤而来的越来越发达的生产力，先进的生产力必然要摆脱束缚其身的资本关系的桎梏，并召唤先进的生产关

①“斯密—李嘉图—穆勒定律”（Smith - Rireardo - Mill Law），我们简称为“李嘉图定律”。斯密是这一定律的始作俑者；李嘉图是这一定律的完成者，他是生产力经济学家，并把分配问题作为政治经济学的主题。发展生产力的要求是李嘉图评价经济现象的基本原则，他公开承认资本主义是有利于生产力发展和社会发展的一种生产方式，尽管它和构成整个这一发展基础的工人群众的利益相矛盾并以牺牲后者的利益为代价。而作为西方经济学第一次大综合完成者的穆勒，把李嘉图的上述观点作为一种“生产规律”和“分配规律”纳入其折中主义政治经济学体系。总之，社会生产力发展和社会的进步是以牺牲某些阶级或阶层的利益为代价，被称为绝对合理的必然规律。这就是“李嘉图定律”的实质。

②Hyman Minsky，“*Memo on Securitization*”，*Minsky Arghives*，The Levy Economics Institute of Bard College［Z］，1987。

系与之相匹配。

2. 关注和扩充软实力和巧实力，在全球范围不遗余力地推行其普世价值，垄断话语权，大搞所谓颜色革命。美国大力宣扬盎格鲁—新教文化（如原罪、救赎、慈善文化）、杰斐逊的“人生而平等”、罗斯福的“四大自由”（言论自由、信仰自由、免于贫困的自由及免于恐惧的自由），以及林肯的民有、民治、民享主义。美国著名经济学家斯蒂格利茨讥讽这种洋三民主义为“1%的民有、民治、民享”①。

3. 扩充中产阶级（这种橄榄状社会结构在加强社会系统稳定性的同时，也给资本关系扩展设置了新的社会结构界限）。日本宣布已进入“均质社会”或“全民中产”社会，因为1.26亿日本人中有1亿中产阶级或中间阶级。美国中产阶级占总人口的77%，涵盖了年收入从1.6万美元到10万美元的庞大人群。

但是，这一次金融危机重创长达20年的“泡沫中产”，使中产阶级作为一个社会阶层的脆弱性被彻底暴露。根据美国劳工部的失业统计估算，目前已有大约100万中产阶级处于失业状态。其中大约1/3是在2008年11月后失业的，他们分布在政府、商业服务和白领工作等领域②。美国塔尖的1%控制40%的财富。中产阶级人均年收入4.9万美元，比10年前下降了7%，与1%富人的收入比为1∶650，而30年前是1∶80。美国官方公布的贫困率数字表明，从20世纪70年代末开始，美国贫困率呈上升趋势，1979年是11.7%，到1997年为19%。

4. 发展社会保障制度（这是给资本关系扩展设置了新的再分配界限）。许多西方国家以“福利国家”自居，瑞典和奥地利被称为“杂交型社会主义”。如果说凸现个人资本转化为社会资本的股份制度是资本主义生产方式内部滋生的否定因素和“新社会因素”，那么凸现个人收入转化为社会收入

①详见《名利场》2011年第5期。

②熊敏：《粥场新客》，http://finance.ifeng.com，2009年3月5日。

的社会福利和保障制度也是如此。无疑，这是给资本关系扩展设置了新的再分配界限、束缚和限制。西方社会福利保障制度是现代化大生产的必然产物以及各阶层人民的斗争成果，又是一种维护政权稳定和社会和谐、缓解社会矛盾和稀释生产过剩危机的安全网、保护阀和调节剂。

但是，西方国家普遍呈现“福利病”倾向。英国《经济学家》认为，欧洲21世纪不会被炮火摧毁，但可能会被一张张福利支票压得喘不过气来。

5. 重视民间非营利的非政府组织（NGO），其中包括慈善事业和智库。这是过去20年全球性“结社革命”运动的产物，旨在弥补市场或政府失灵的所谓“第三次分配”或“第三种力量”。民间性和独立性是NGO的重要特征。据统计，美国大大小小的NGO多达160万个，其中智库就有1777家，活动经费占全球的80%，仅仅美国慈善基金就占了其GDP的9%。其中一些非政府组织在推广民主以及各种“颜色革命”中扮演了推波助澜的活跃角色。

6. 强化对企业的微观规制和劳动立法，其中包括缓解劳资矛盾的企业社会责任标准（这是全球在20世纪末兴起“企业社会责任运动”的产物），并且许多西方国家以“工会国家”自居。全球一些行业、地区乃至全球性的行业组织和非政府组织也制定了各自的社会责任标准和守则。据国际劳工组织统计，这样的守则已经超过400个。此外，还出台了一些化解失业的政策，例如日本的劳务强制派遣制度和美国的“分享工作”制度。

7. 倡导绿色的新发展论（这表明资本关系已被设置了限制其扩展的人文界限和生态界限）。西方绿色新发展观发端于20世纪60年代的西方生态运动和绿党政治，“科学生态学”、“人文生态学”、生态社会主义、绿色后现代主义、生态政治理论、环境运动团体和绿色政党应运而生。佩鲁的《新发展论》《斯德哥尔摩宣言》（1972年，即《人类环境宣言》）、《里约热内卢宣言》（1992年）和《哥本哈根社会发展问题宣言》（1995年）、“以人为本”的新理念、新公共服务理论、新公共服务型政府角色理论，以及以“绿色 GDP”为代表的新国民收入核算方法，是这种绿色新发展论的标志。

8. 西方国家尤其是北欧的“民主社会主义”化（混合经济体制、“第三条道路”思潮和工党市场社会主义模式）倾向。这是在资本主义生产方式进程内对原教旨或古典资本主义私人所有制的局部调整和否定，尤其是混合经济体制和市场社会主义模式，对中国社会主义市场经济体制的构建有重要借鉴意义。

9. 新兴资本主义发展的经验。21 世纪将成为发展的世纪，新兴国家如“金砖五国”“VISTA 五国”“灵猫六国”“新钻十一国”展现出强劲的发展潜力。印度特色的经济发展模式的一个重要经验就是，国家经济发展的决定因素正在由资本资源转向知识资源，采取了中高收入国家的服务业优先增长模式。而这与工业革命开始后近 200 年来似乎一直适用的发展铁律——工业化是发展中国家实现经济快速增长的唯一途径——大相径庭。2010 年，印度信息产业的产值接近 1030 亿美元，大约占印度 GDP 比重的 20%。印度经济平均增长率超过 8%，被称为“外包服务业大国”“全球软件行业大国”和“世界办公室”。

民生与市场并重的巴西模式缔造了一个中产崛起的巴西。中产阶级的比例从 2004 年的 42% 升至目前的 52%。超过半数的巴西人属于所谓“中产阶级下层”。巴西的人均 GDP 逼近 1 万美元，10 年内至少 2000 万人脱贫，基尼系数已连续 11 年下降。巴西政府仅仅在医疗上的开支就占其 GDP 的 4.7%，在教育上的开支是 GDP 的 5.4%。

韩国在“二战”后用 30 年左右的时间完成了城市化和现代化转型。城市化率在 20 世纪后期即超过 80%，而且成功地避免了中等收入陷阱，基尼系数低于 0.3，没有留下城市贫民窟等后遗症。基于城市化过程中土地增值收益社会分享的基本理念，韩国实行全面向普通自住房和外来移居者倾斜的楼市需求调控制度，在住房的流转、保有和继承各环节建立了完整的税收调节体制，这样通过税收和金融的综合经济杠杆，使住宅及土地资源能较为均等地分布于城市全体就业者包括移居者之中。

应该指出，美国耗费了近一个世纪，日本用了半个多世纪，而韩国用了大约1/4个世纪，社会矛盾和非和谐情况才有所缓解。可是，上述做法在客观上又带来另外一种后果和发展趋势，即为资本关系即资本主义生产关系的进一步扩展设置了新的界限、障碍、限制和桎梏，从而进一步促进了对资本关系自身规定性及本质的自我背离、自我否定和自我扬弃的进程。资本主义社会的周期性危机就是一个证明。这次特大型金融危机和“占领华尔街”运动表明，受资本主义缺陷困扰，美国可能不得不走上艰难的“十年改良”之路，必须“再造和创新自己的体制”，尤其金融体系、教育体系和医疗体系①。这就是资本主义生产方式矛盾运动的辩证法。

〔原载于《国外理论动态》（创刊20周年专刊）2011年第12期〕

①〔美〕马特·米勒：《资本主义缺陷困扰美国未来》，《环球时报》2011年12月1日。

日本学者对资本主义生产方式的反思

《资本主义为什么会自我崩溃？新自由主义者的忏悔》（2008）是一本在日本引起强烈反响并引发广泛争议的书。① 作者中谷岩（1942—）是日本政界、商界、学界，以及从工薪阶层到企业经营者都颇具影响的公共人物，现为大型智囊机构三菱 UFJ 研究咨询株式会社理事长、多摩大学教授以及该校“40 岁 CEO 培养讲座”首席“私塾头领”。这本被称为“忏悔录”的书，是以第一人称的真实感受，真实地披露作者对于两大主题的反思和检讨，直指“全球化资本主义”即“美国式的金融资本主义”的本质，以及崇尚“自由 + 民主 + 市场”机制的当代西方经济学的局限性，以至于被冠以“转向了马克思经济学或凯恩斯经济学”的“非市场主义”派和“反美右翼”的代表（该书第 39 页）。中谷岩的心路历程大致分为三大阶段。

第一阶段，美国留学阶段。1969 年，中谷岩作为日产汽车公司职员进入哈佛大学研究生院，师从诺贝尔经济学奖获得者肯尼斯·阿罗（Kenneth Arrow）教授（因在一般均衡理论方面的突出贡献被认为是战后新古典经济学的开创者之一）；1973 年获哈佛大学经济学博士学位，成为“美国经济学的俘虏”，推崇“美国市场主义的世界观”的“美国迷”或铁杆“亲美派”（第 16、17、19 页）。这个时期，随着经济陷入停滞不前，美国经济政策和经济理论转入转型期，即以收入差距相对缩小为标志的“大压缩的时代”

①〔日〕中谷岩：《资本主义为什么会自我崩溃？新自由主义者的忏悔》，郑萍译，社会科学文献出版社 2010 年版。

（克鲁格曼语）终结，转向里根政府所推行的大刀阔斧的改革时期。里根在1981年就职仪式上的名言就是：政府不能解决我们的问题，政府本身就是问题。推行小政府、大规模减税、放松政府管制、抑制通货膨胀、减少社会福利等政策，基本解决了20世纪70年代以来尼克松、福特、卡特等数届美国政府都未能摆脱的“滞胀”难题。与此同时，以保罗·萨缪尔森（Paul. A. Samuelson）为代表的“新古典综合派”主流经济学，即把重视市场功能的“货币主义”与允许政府介入的“凯恩斯经济学”结合起来从而保持平衡的稳健的经济学，开始后退和缩向高校这一块最后的阵地。而与凯恩斯传统“需求”经济理论相反的，全面否定政府介入市场的“里根经济学”、供给经济学、现代货币主义和市场主义的激进学派（理性预期学派）的混合物，席卷美国经济学界，大大地改变了80年代以后美国政府的经济政策。

这一帖兴奋剂虽然“在某种程度上成功地搞活了停滞的经济，但在其后不足30年的时间里，却致使美国社会收入差距扩大，中产阶层随之消失，医疗和福利出现后退”（第21页）。这就是一些学者描述的“后里根时期”，以巨额财政赤字和巨额贸易赤字为重要特征的“里根综合征”。

第二阶段的主要表现是，作者1974年回国以后，一举成为大力宣传“市场主义经济学”“美国式市场万能论”和实施新自由主义结构改革的“激进改革派”。在他看来，日本是一个被以系列、终身雇用制为首，政、官、业的铁三角等既得权益五花大绑的封闭的社会，是一个美国经济学最重视的市场原理完全没有发挥机能的“前近代社会”。他回国后在学界曾任一桥大学教授、多摩大学校长等职，大力宣传“市场第一主义”“市场至上主义”“追求利润为第一命题”或新自由主义“大义”（第6、11页），其著作《宏观经济学入门》被日本很多大学当作经济学教材。90年代以来，他是将新自由主义结构改革引进日本社会的首要人物，先后担任索尼株式会社董事会议长，细川内阁和小渊内阁的首相咨询机构成员，并且积极推进以“缓和规制”“开放市场”为标志的“日本的美国化”，成为“美国式结构改革急先锋”“左膀右臂”和“帮凶”（第14页），为小泉内阁的结构改革在日本得以实现立下了汗马功劳。

第三阶段是反思阶段。新自由主义的“市场第一主义”和全球资本主义引发日本社会经济的各种矛盾和严重问题，是中谷岩忏悔和转向的根本原因。仅仅10年不到，年收入不足200万日元的贫困层就增加了200万人，达到1000万人。以凝聚力而自豪的日本特色的“中流社会”被新自由主义撕开了裂口。小泉在自民党总裁选举失利后不得不宣告引退。“有了这样的问题意识，我开始认为，有必要以全新的眼光，重新探讨现代经济学，以及全球化资本主义。换而言之，抛开欧美人的价值观，站在日本人的立场上，更透彻地了解新自由主义和全球化资本主义的本质”（第37页）。本书正是这一阶段反思的产物：“我作为一个学者，是想在本书中阐明市场机制，以及由它进化而来的全球化资本主义本质性的局限和缺陷。”（第39页）

一、 对全球化资本主义的评价

中谷岩眼中的“资本主义是以资本增值为目的追求贪婪利益的意识形态”，而美国式资本主义就是“一味地要求撤废规则、一切遵从市场”，美国式的金融资本主义就是全球化资本主义，这是“潘多拉的盒子”放出来的“怪兽”（第229、237页）。他认为，资本主义的原动力，原本是“价格差”、利息和利润，当资本主义被关押在狭隘的国境中时，它还不能彻底利用价格差，但是进入全球化资本主义时代之后，跨越了国境障碍的资本的全球化是它发展自身的最大的营养源，资本主义彻底改变了其形态。发达国家的资本家，能够雇用廉价劳动力，创造巨大的收益，并且把在低利率国家筹措到的资金投入到高利率国家中去。资本主义这个涡轮，开始以人类历史上未曾有过的高速全力运转，在世界范围内不断地高效率地寻找、制造、维持和扩大价格差，成为无法驾驭的“怪兽”。

他用大量篇幅阐述了世界资本主义的种种矛盾。诸如，第一章《我为什么“转向”》就设置“差距扩大、中产阶层消失、医疗福利后退”“民主与近代经济学皆为精英统治的‘工具’”“凯恩斯主义经济的衰退、新自由主义春天的到来”等小节。第二章《全球化资本主义为什么产生贫富差距》推出了“无暇顾及的全球化资本主义的副作用”“美国‘金融立国’战略的失败”“贫富差距扩大的社会”“‘生产与消费分离’造成的差距”“经济学假定的‘社会公正’之欺骗性”等小节。第三章《作为“撒旦的磨坊”的市场社会》就有“资本主义果真使人幸福吗”“资本主义破坏‘人与社会的联系’”“资本主义造成贫困的原因”“土地是谁的”“土地私有化破坏了传统社会和环境”等小节，值得一读。

在作者看来，全球化资本主义是给世界经济带来活力的王牌，同时也是给人类社会带来巨大副作用或负面效应的罪魁祸首。其“本质性缺陷”可概括为由此带来的四个“创伤”：一是世界经济的巨大不稳定，危机已经常态化；二是因生产和消费的断裂而造成不平等，扩大了贫富收入差距；三是因以追求利润为第一命题而破坏环境，以及由于人的商品化而导致的被利己主义纠缠的“社会冷漠”。他在最后一章提出了如何《给“怪兽”套上锁链》的对策建议。

此外，《资本主义为什么会自我毁灭?》还着重介绍了以“医疗立国”为目标的古巴，以及提倡“国民幸福总值”理念的不丹，[1] 作为批判全球化

---

①古巴把免费治疗作为国策，构建了草根水平的医疗体制，进而提高了人民的幸福感。它已经是中南美各国中具有突出医疗水平的国家。欧美国家却削减社会福利，朝着将市场机制引入医疗卫生领域的方向发展。美国人均 GDP 是古巴的几十倍，却没有全民保险制度。不丹是个 60 万人的小国家。但是，英国莱斯特大学的 2006 年全球幸福感调查研究报告，其位于世界第八位，是亚洲最幸福的国家，而日本处于第 90 位。不丹国王在 1972 年就认定，“国民的幸福，绝不是靠经济发展能够测量的”，在追求国内生产总值（GDP）的目标之上，更应该把提高国民幸福总值（Gross National Happiness）作为国家理念。

资本主义的正面例证。在作者看来，人类之所以成为万物之灵，推动文明发展，正是根源于亚里士多德所阐述的“人是社会性动物”这一品质；而以独立的原子形式存在的、崇尚“理性万能主义”利己的经济人，主张“全部责任自负”“只要自己好就好”的新自由主义，一切都根据利益和成本进行核实和交换的西方经济学原则，都是对亚里士多德论断的背叛和践踏，最后必将成为让个人孤立、让社会分裂的资本主义社会，即“作为‘撒旦的磨坊’的市场社会”（第74、75、76、80页）。

无独有偶，最近，欧洲央行（ECB）行长马里奥·德拉吉、国际货币基金组织（IMF）总裁克里斯蒂娜·拉加德以及欧洲理事会主席唐纳德·图斯克，这三位经济自由主义的杰出捍卫者和精英，都一致谴责资本主义制度，他们宣称资本主义忽视了最弱势的社会成员的安全。[①]《资本主义衰败：为何食利者兴旺，工作没有回报?》（2016年）的作者盖伊·斯坦丁也指出，全球化造就的“无保障无产阶级”（precariat），是在食利资本主义时代最没有安全保障的劳动者，是资本主义衰败的标志之一。

波兰犹太裔美国人，美国前国家安全事务助理和兰德公司顾问布热津斯基早在上个世纪之交，在《失去控制》（1993年）一书中预测，美国不可置疑地在衰落。他列举了当代美国的社会问题，即：①沉重的债务负担；②贸易赤字严重；③低储蓄和低投资；④缺乏工业竞争力；⑤生产率增长速度过低；⑥不合格的医疗保健制度；⑦低质量的中等教育；⑧日益恶化的社会基础设施和普遍的城市衰败现象；⑨贪婪的富有阶层；⑩爱打官司到了走火入魔的程度；⑪日益加深的种族和贫困问题；⑫广泛的犯罪和暴力行为；⑬大规模毒品文化的流行；⑭社会上绝望情绪蔓延；⑮过度的性自由；⑯通过视觉媒体大规模地传播道德败坏的世风；⑰公民意识下降；⑱潜在的制造分裂的多元文化主义的抬头；⑲政治制度方面上下脱节的现象；⑳日益弥漫的精神空虚感。

---

①〔英〕克莱尔·琼斯：《资本主义为何衰败》，英国《金融时报》2016年10月26日。

激进的美国经济思想史专家 E. K. 亨特，列举了对资本主义本质的 12 条看法，其中包括：资本主义是一个建立在矛盾和剥削基础上的社会体系；这是一个商品导向型的社会，把人类关系归结为商品关系系统地影响了更高层次的一般人类需求的实现，进一步为我们每个人的全面发展制造障碍；生产过程中追逐利润的动机驱使我们不再将物质资源和人力资源投入到诸如公园、游乐场、儿童医疗中心和公共交通系统等几乎无利可图的纯公共工程的建造和维护中去；由于出卖劳动力是资本主义条件下绝大多数人可以维持体面生活的唯一方式，所以我们的制度迫使那些不能出卖自己劳动力的人，比如未成年人、老人、残疾人和必须照顾年幼子女的单身父母，陷入到极度贫困中去；资本主义体系把教育和其他文化机构从人类用以培养美德和不受外界干扰的独立思想能力的圣地，转变为维持和延续资本主义经济、社会结构的工具；由于一味追求利润，我们的水、空气乃至整个生态环境遭受了污染。他指出："资本主义过去的进步性和合理性现在已被反动和荒谬所替代。这个制度现在彻底沦为了阻挠人类全面发展的障碍。正因为如此，这一制度只能是无效率的和不合理的。我相信，正如凡勃伦与马克思所指出的，资本主义决非人类发展的最高阶段。只要人类坚持用他们共有的人性去克服资本主义的非理性，他们将开创一个在资本主义时代不可想象的新世界。"①

此外，雅克·德里达、阿尔文·托夫勒、马克·范德皮特指出了美国社会难以自拔的 20 个大难题、当代资本主义 10 个无法愈合的伤口、资本主义三大病症（贫富两极分化、发展与环境的矛盾和人的行为与精神的危机），以及全球资本主义五大危机。大卫·哈维（David Harvey）则阐释了资本社会的 17 个矛盾，尤其是 7 对基本矛盾（使用价值与交换价值、劳动的社会价值与它的货币表现形式、私人财产与资本主义国家、私人占有与

---

①〔美〕E. K. 亨特：《经济思想史：一种批判性的视角》，颜鹏飞总译校，上海财经大学出版社 2007 年版，第 437 ~ 438 页。

公共财富、资本与劳动、资本是一种过程还是一种东西、生产与实现的矛盾统一等），以及五个“变化的矛盾”和三大“危险的矛盾”。盖茨提出21世纪创新型资本主义，其特征是“新的制度体系”，以及“让利润和知名度这样的市场激励发挥作用，使企业更加倾向于为穷人服务”。

综上所述，中谷岩与某些西方发达国家学者一样，处处揭示世界资本主义业已暴露的种种矛盾，深层次剖析和解构资本主义全球化的本质。他是一个长期处于西方资本主义体制的经济学家，能对新自由主义经济学反戈一击，是难能可贵的。他的观点对我们仍有颇多启示。

但是，归根结底，他并不是马克思主义者，而是资本主义社会改良主义者。他并不是用马克思主义的立场观点来分析问题，其立足点是完善资本主义而不是消灭资本主义。在他看来，在21世纪，全球化资本主义这头怪兽还将处于脱缰状态，这就是现在的金融危机。不过，它现在受的那些伤绝对算不上致命伤。他寄希望于给这只怪兽套上一个控制它行动的制度的笼子，并且制造出一些束缚怪兽行动的有效的锁链。因此，他寄希望于奥巴马，实现“理念国家美国”的复活。在他看来，奥巴马总统治理下的美国，能够“修复经济大萧条”的美国经济，能够“修复中产阶级”这个在新自由主义政策中消失的人群，能够“修复道德领袖的作用”，大力调整新自由主义路线，从而在反思美国式金融资本主义的基础上，提出“新型全球化资本主义模式”，数年以后必定会像“不死鸟”一样重新站立起来（第238页）。

他开出的“解毒药方”就是构建“世界中央政府”或一个有强制力的国家，有能力对一国或全球的货币、分配、环境等进行有节制的管理。同时，还寄希望进行精神革命和价值观的转变，控制日益膨胀的人的欲望。这无疑是一厢情愿的“镜花缘”。

二、对新自由主义经济哲学和“现代经济学”的反思

中谷岩在“大相径庭的日美学术风气”“市场经济不能创造和平与自由”“波兰尼的警告为什么被遗忘了”“新自由主义并非‘普适原理’”“美国式新自由主义已经走到了极限”“‘完全信息’这个假定”“福利经济学的两个定理”“经济学假定的‘社会公正’之欺骗性”“经济学无法保护自然和社会传统的原因”“为什么市场经济使人不幸”“‘劳动力商品化’是问题的开端”“美国人为什么成为市场原理的信徒”“美国经济控制世界的理由”等章节，揭示了鼓吹“市场第一主义”的新经济自由主义以及崇尚“自由+民主+市场”机制的“现代经济学”，即当代西方经济学的局限性。他指出：“一切都根据利益、成本进行换算，这是近代经济学的根本所在。”(第79页)

作者鲜明地提出，新自由主义并非“普适原理”，美国式新自由主义已经走到了极限，并且大胆质疑资本主义是“人类的普适性原理”这一论断(第130、131页)。在他看来，当代西方经济学的假设或理论基石就是“对精英阶层、富裕阶层有利的”市场原教旨主义和新自由主义（第69、229页)，或者说，所谓美国经济学、市场原教旨主义、以自由竞争为正义的新自由主义或者“个人自由”优先的新自由主义政策，不过是精英们的“统治工具”。因为占据信息优势的精英以及通过内幕交易对政治发挥影响的部分势力，可以凭借能够胜出的“差距扩大机制”将自我利益最大化，而且力图将差距的拉大正当化，即使为此会给他人带来不幸，也不能感觉负有任何道德上的责任，更谈不上试图纠正这种现象，反而把这种没有道德的经济活动，也在“自由竞争”的美名下正当化，不管手段如何，在自由竞争中巧妙地赚钱就是“资本主义的正义”；新自由主义者心知肚明，全球化

资本主义根本不可能带来平等。①

从最初对“精妙”的美国经济学理论体系的崇拜，转向怀疑该体系及其赖以构建的前提条件（诸如完全信息、社会公正、一般均衡、福利水平最大化、理性经济人），这是中谷岩这本书的又一个特点。他主要是借助他人之嘴——解读经济人类学创始人卡尔·波兰尼的大转型理论——开展对资本主义市场经济、自由+民主+市场机制和所谓自由竞争神话的批判。波兰尼认为，资本主义市场经济和“市场至上主义”价值观，忽视人，忽视社会，让那些不能指望交易对象的东西成为商品，即劳动力商品化，从而人被劳动异化、土地私有化和商品化、“货币”商品化或金融化，这就是使市场经济成为“撒旦的磨坊”，从而扭曲社会机制、破坏环境、投机盛行、精神荒芜、道德颓废，最终破坏人性的决定性原因。作者大声疾呼：“波兰尼的警告为什么被遗忘了?”

但是，中谷岩并非全面否定西方经济学。他对凯恩斯主义经济学、“新古典—凯恩斯主义综合”情有独钟，认为它是一流的理论体系和一门精确的学问、学术或理论，对于促成资本主义发展的“黄金时代”功不可没。作者也并没有全盘否定市场机制、民主和自由。他所忏悔的是自己过度相信“市场”和经济全球化。在他看来，市场是人类最大的发明之一，但又不能被它完全左右，不应把什么都交给市场那只“看不见的手”。因为对美国和欧洲的精英们而言，它是将扩大贫富差距正当化的绝好“工具”。所以，认识到市场并不是万能的，这一点至关重要。不应该把社会的去向委托给市场，必须适当管理市场。同时必须学会驾驭自由和民主的办法。中谷岩套用温斯顿·丘吉尔评论民主政治形式的名言：“‘任何人都不能把市

①美国国家经济研究局2012年的报告显示，美国最富有的20%的人拥有超过84%的财富，而最贫穷的40%的人一共才拥有0.3%的财富。另据美国人口普查局2016年9月公布的数据，2015年美国最富有的5%人群的收入是最底层的17倍。更能体现这一情况的是美国出现了中产阶级整体缩水的历史性变化。40多年来，美国一直是中产阶级发挥中流砥柱作用的“橄榄型社会”，但皮尤研究中心的一份研究报告显示，属于中产阶级的人数约为1.208亿，这颗“橄榄”已经变成为“水桶”甚至“小蛮腰”。

场机制伪装成完美、智慧的。实际上，市场机制可以说是最坏的经济制度，但除了以前尝试过的其他经济制度'，'我们被赋予的任务是，尽管民主、市场机制（或说全球化资本主义）都极其不完美，但既然人类没有更好的东西，就必须努力寻找方法，让它们能顺利地运作'。"（第68页）

恰恰相反，作者对马克思主义经济学并不那么热情，不以为然，指出："马克思主义经济学认为'资本主义的机制是压榨和剥削劳动者'，但针对全球化经济之前的资本主义，这种说法是错误的。"（第58页）这表明作者对马克思主义劳动价值—剩余价值理论的无知和曲解。资本主义生产方式的本质就是压榨和剥削雇佣工人的剩余价值，无论处于哪一个阶段、哪一个领域或者哪一个部门，这个本质是不会改变的。

三、 当代资本主义的新变化

作为旨在完善资本主义而不是消灭资本主义的改良主义者，中谷岩并没有做出资本主义全面地自我崩溃的结论——虽然本书的题目《资本主义为什么会自我崩溃》用的是"过去时"的表达方式。鉴于全球化资本使世界经济不稳定，使收入差距扩大并造成了大量不幸的人们，又使地球环境污染到几近不能修复的程度，从这个意义上讲，中谷岩承认资本主义已经开始自我崩溃了（第236页），并且强调，不同的国家有不同的历史和文化传统，应该"相互承认"，没有必要将全球化标准作为唯一的标准让各国普遍接受。尤其"日本完全没有必要必须接受历史和文化传统迥异的美国式资本主义"（第237页）。换而言之，承认资本主义形式的多样性和多变性。

这与耶鲁大学历史学教授保罗·肯尼迪（Paul Kennedy）的"资本主义形式有限改变"理论，有异曲同工之妙。肯尼迪认为，"资本主义将何去何从？我们现有的、受到破坏的体系不会被完全平等的社会主义社会所取代，尽管这是马克思所希望的。我们未来的政治经济学很可能不会让亚当·斯密或他现在的弟子感到满意：政府对‘市场’的干预程度将比人们欢迎的要高。有人猜测，对于我们的新型资本主义，熊彼得和凯恩斯会感觉较为熟悉。在这个体系中，市场的动物性将受到国内和国际动物园管理者的严密关注，但不会扼杀自由企业原则。资本主义的形式会有所改变，但不会消失。资本主义有严重的缺点，但资本主义的批评者会发现，其他制度更糟糕。这就是政治经济学告诉我们的。”①

海曼·明斯基（Hyman Minsky）列举了57种资本主义新形式，诸如“晚期资本主义”“新帝国主义”“慈善资本主义”“更具人道主义色彩的资本主义”“福利资本主义”“金融帝国”“后工业社会”“业主资本主义”“经营者资本主义”“华尔街资本主义”“投资商资本主义”“利益共享资本主义”“法人资本主义”“有计划有组织的资本主义”“调整的资本主义”“后资本主义社会”“后文明化社会”“电子技术社会”“信息资本主义”“数据资本主义”“反市场的资本主义”“赌场资本主义”“学术资本主义”，“创新型资本主义”，不一而足。这就引发一种思考：资本主义本质究竟是什么？资本主义向何处去？有什么新的变化？

马克思科学社会主义理论对此做了科学的解答。其核心思想就是“两个必然”（资本主义必然灭亡，社会主义必然胜利）和“两个决不会”（无论哪一个社会形态，在它所能容纳的全部生产力发挥出来以前，是决不会灭亡的；而新的更高的生产关系，在它的物质存在条件在旧社会的胎胞里成熟以前，是决不会出现的）的理论。马克思经典作家在论证了资本主义走向灭亡的历史必然性的同时，也阐述了一定历史发展阶段上资本主义存在的正当性、制度发展的弹性。但我们不可能制定资本主义崩溃的具体时间表，否则就会陷入乌托邦社会主义。

马克思政治经济学及其体系是科学社会主义赖以建立的基础。马克思毕其一生，对资本主义社会经济形态亦即“一个在价值上建立起自己的生

①[美] 保罗·肯尼迪：《读四大家的书，得知资本命运》，英国《金融时报》2009年3月13日。

产方式，进而按照资本主义方式组织起来的国家”[①]，进行了科学的剖析。《资本论》及其手稿，创建了科学的劳动价值论—剩余价值理论，从总体上逻辑地再现了资本主义的本质、内部联系、逻辑结构和运动规律。《资本论》第1卷阐述价值的生产过程存在着剥削，第2卷阐述价值的流通或者实现过程存在着剥削，第3卷阐述资本主义总过程存在着剥削。逻辑演变总路径就是资本（资本的人格化资本家是主体）—土地所有制（土地所有者是主体）—雇佣劳动（雇佣工人是主体）—国家—对外贸易—世界市场，以及商人资本—产业资本—金融资本的转型，从而揭示了自由竞争资本主义向国际金融垄断资本主义演变的内在机制，以及当代金融资本主义经济的新特征，即不创造价值的金融资产只是在穷人和富人之间进行着单向的财富转移，同时由于其资本对生产的排斥，严重阻碍了实体行业经济的健康发展，最终酝酿出来全面的深刻的全球性资本主义大危机。

如何看待世纪之交当代资本主义的新变化，这是我们必须做好的一篇大文章。我们是“两个决不会”“两个必然”和“三个有利于”（“资本的文明面之一就是，它榨取剩余劳动的方式和条件，同以前的奴隶制、农奴制等形式相比，都更有利于生产力的发展，有利于社会关系的发展，有利于更高级的新形态的各种要素的创造”[②]）理论的统一论者。一方面，“两个必然”揭示了资本主义这一生产方式的本质和历史发展结局，并且社会生产力发展和社会的进步是以牺牲某些阶级或阶层的利益为代价，被称为绝对合理的必然规律即“李嘉图定律”。另一方面，“两个决不会”和“三个有利于”论证了资本主义在一定历史发展阶段上的历史进步性和制度扩展弹性，即一定的自我调节、改良和改善功能，以及关注和重视在其内部滋生的资本主义否定因素或未来社会的变革因素。

应该看到，随着时代及其主题的变化，西方国家自“二战”以来，为

①马克思：《资本论》第3卷，人民出版社1975年版，第963页。

②马克思：《资本论》第3卷，人民出版社1975年版，第925～926页。

了维护社会正常秩序和社会制度运行的稳定性，力图跳出“李嘉图定律”怪圈，它们在生产方式、生产关系和思想理念等方面都进行了不同程度的调整和变革：①通过全球化运动，发展到国际金融垄断阶段的资本主义生产方式正在全球范围不断地复制其生产力和生产关系；②交替使用宏观调控、微观规制和社会协调政策，力图灵活调整国家干预主义和经济自由主义的内涵和外延；③扩充中产阶级（这种橄榄状社会结构在加强社会系统稳定性的同时，也给资本关系扩展设置了新的社会结构界限）；④发展社会保障制度（这是给资本关系扩展设置了新的再分配界限）；⑤股份制和现代公司制度（这是在资本主义生产方式行程内对古典资本主义私人所有制的局部调整和否定）；⑥倡导绿色的新发展观（这表明资本关系已被设置了限制其扩展的人文界限和生态界限）；⑦北欧的“民主社会主义”化倾向（混合经济体制、“第三条道路”思潮和工党市场社会主义模式）；⑧反映时代特点，竖立于世界民族之林的哲学社会科学经典，等等。此外，20 世纪下半期的改革开放，我们又引进了包括教科书在内的大量西方哲学社会科学论著。

我国思想理论界应该善于融通古今中外各种资源，科学地借鉴西方发达国家内部滋生的资本主义否定因素或变革因素，厘清西方哲学社会科学中的有益成分和无益成分、意识形态成分和实用价值成分；进而还要从有益成分和实用价值成分中找出适合中国国情的，可以移植、借鉴和吸收的合理因素。全盘否定、一味排斥是不可取的。盲目崇拜、全盘照收也是不可取的。必须以马克思主义理论为指导并从中国实际出发，谨防类似“橘生淮南为橘，生淮北为枳”的水土不服现象。

“奇文共欣赏，疑义相与析。”《资本主义为什么会自我崩溃?》一书，对于全球化资本主义、新自由主义、西方经济学、市场至上主义、自由+民主+市场机制的评论，不乏可借鉴的积极要素。全书融通俗性与学术性于一炉，“阳春白雪”与“下里巴人”于一体，适合各个层次的读者阅读。

但是，该书宣扬的一些东西是与马克思主义世界观、方法论、理论体系格格不入的。这并不奇怪，因为从哈佛大学浸淫而出的中谷岩是长期游走于资本主义体系之人。至于作者对中国隔靴抓痒的描述而对日本传统的溢美之词，中国读者应该是有鉴别能力的。

（本文系作者为《资本主义为什么会自我崩溃?》一书所写“导读”）

资本主义绝非人类发展的最高阶段

本书所暗含的伦理学观点是我关于人类或人类福利能更好地构成我们社会结构的信条。这样每个人都被其他人视为他或她自己的另一投影，而不是简单地视为一种手段或是一件商品。把每个人都视为终极目标仅仅意味着这是一种普遍的需求，即每个人都获得了最大化的自我满足，或者每个人都将她或他在生理上、情感上、智力上、创造力上和道德上的潜能发挥至最大可能的限度。这种发展只能通过在特殊社会环境中与其他社会成员的相互交流才能获得。事实上，它只能通过社会的一般性功能促进自我关注和社会关注，并使得自我关注和其他社会成员的关注在一个适当的社会环境中相互统一才能实现。对个人追求的任何有益促进，只有通过把个人追求的满足与参与社会的集体性重构相结合，才能使得社会与个人的所有人类需求满足最终可能实现。

当然，整本书都潜在地证明了价值中立的社会科学是不可能存在的——即使存在，也无多大意义。我们是人类，并且，我们当中没有人是完全客观的、疏离的、漠不关心的，仅仅是社会中其他人的观察者。我们不可能要求写出这些观点的作者也能够做到当一个公正的、无私的观众。所以说，已经占据了主流地位的任何一种类似的宣称要么是一种自欺欺人，要么是欺骗别人的一种有意识的努力。我们能够询问一个作者最多的也只能是他或她诚实不诚实。

就本书中我所引用并评述的诸位思想家的著作，我已经把我所认为最重要的部分同读者进行了诚实的交流。但我不可能试着去扮演一个在实际上是不可能的公正无私的观众角色。我是有偏好的，有成见的。为了让读者能够决定他或她自己可以对我的哪一个评论进行质疑，我想清楚地阐明我对资本主义本质的看法。它来自于我在美国这个资本主义社会生活期间的整个人生经历、经验观察、反省、阅读、讨论、思想，乃至情感。

第一，资本主义是一个建立在矛盾和剥削基础上的社会体系。

第二，资本家与劳动者之间的社会关系是资本主义中所有社会关系的基础。这就意味着大多数人只能满足于最基本的或是最低层次的一般人类需求，我们创造性的潜在生产力必然被归纳成在市场中出售的一种商品或劳动力。

第三，因为延续生命的活动一般需要出售劳动力使之成为一种商品，所以在我们把别人看成是一种商品的同时，我们也被别人看作一种商品，也就是说我们自身仅仅只是存在的方式而不是结果。在资本主义社会里，社会化的压力几乎完全指向了人类各方面关系中的商品关系的应用。从某种程度上来讲，人类的基本人性反抗着这种非人性（无论是有意识的还是无意识的）。像麦肯齐、图洛克这样的功利主义经济学家的著作也被归结到庸俗一类。在某种程度上，商品导向型的社会化盛行，他们的一些观点不幸正确地描述着我们行为的某些方面。

第四，市场的混乱和成千上万的失业人员持续制造着我们大多数人的不安全感，并因此系统地影响了我们中很多人更高层次的一般人类需求的实现。

第五，把人类关系归结为商品关系将长期阻碍我们对天分、人类热情、友爱和爱情的需求。事实上，这些品质在资本主义社会依旧存在就证明了存在于我们每个人当中人类火花的力量，并阻止我们最终沦为仅仅是一件商品。

第六，把创造性生产的过程简化成一系列严格约束的、不自由的、单调的、重复的努力剥夺了我们大多数人在此过程中对创造性能力和控制能力，以及自尊和社会尊重需求的满足。

第七，这种交杂着社会破裂和情感破碎的疏远在我们中间产生了焦急、恐惧和不信任的情绪，同时也产生了种族歧视和性别歧视。这些歧视被用在对少数民族和妇女进行系统的剥削上。它还产生了为经济帝国主义辩护或推进经济帝国主义的爱国主义、民族主义、大国沙文主义等观点。这些“主义”沉重地压迫着成千上万的第三世界的人民。所有这些心理上的态度，都在进一步为我们每个人的全面发展制造障碍。

第八，人们相互疏远和看问题片面的弱点也为企业的广告部门经理们所利用，去制造凡勃伦所谓的“攀比性消费”。我们为了消费更多的商品以赶超自己的邻居而使自己陷于孤独、恐惧、焦虑和空虚之中。这导致我们不是将自己的不幸归咎于纯粹以消费为目的的无休止的单调工作，而是归咎于我们不能够运转得更快，更加专注地对待工作以增加收入并去消费足够多的商品。

第九，生产过程中追逐利润的动机驱使我们不再将物质资源和人力资源投入到诸如公园、游乐场、儿童医疗中心和公共交通系统等几乎无利可图的纯公共工程的建造和维护中去。

第十，由于出卖劳动力是资本主义条件下绝大多数人可以维持体面生活的唯一方式，所以我们的制度迫使那些不能出卖自己劳动力的人，比如未成年人、老人、残疾人和必须照顾年幼子女的单身父母，陷入极度贫困中去。

第十一，资本主义体系要求我们把教育和其他文化机构从人类用以培养美德和不受外界干扰的独立思想能力的圣地转变为传播理念、技艺和所谓主流思想以维持和延续资本主义经济、社会结构的工具。

第十二，由于一味追求利润，众多企业污染了我们的水、空气乃至整个生态环境，从而使我们的家园不再可爱以至于不再适宜居住，甚至损害我们的健康。

功利主义经济学教导我们：不论我们的实际感受如何，资本主义永远是理性的、有效率的、公平的制度。它还告诉我们所有人，它将永远是最符合每个人利益的制度。它迫使我们所有人在利己心的驱动下尽量充分利用自己的各种资源、能力和社会关系去追求个人财富积累，如果这些财富没有被少数永不满足的富人们所控制的话。

在这本书的写作中，我尝试如实地去描述我所理解的不同经济学家的各种重要思想。但我并非持着一种中立或无偏见的态度。我不认为资本主义制度是人类理性的极致。我相信它曾为人类征服自然提供过最重要和最先进的武器。但资本主义过去的进步性和合理性现在已被反动和荒谬所替代。这个制度现在彻底沦为了阻挠人类全面发展的障碍。正因为如此，这一制度只能是无效率的和不合理的。

我相信，正如凡勃伦与马克思所指出的，资本主义绝非人类发展的最高阶段。只要人类坚持用他们共有的人性去克服资本主义的非理性，他们将开创一个在资本主义时代不可想象的新世界。

（原载于《红旗文稿》2007 年第 23 期。副标题：亨特《经济思想史》结束语；译著见 E. K. 亨特《经济思想史：一种批判性的视角》，颜鹏飞总译校，上海财经大学出版社 2007 年版）

大转折时代：兼论资本主义的新变化

我们这个时代处于一个具有过渡和转型特征的历史大转折时期，即从帝国主义和无产阶级革命时代转向两大社会经济形态长期并存共处、全球化、和平与发展新时代。资本主义和社会主义这两大社会经济形态都不是一成不变的，随着时代及其主题的变化，它们在生产方式、生产关系和思想理念等方面都进行了不同程度的调整和变革。与全球社会经济发展正处于结构性转型过程相契合，世纪之交的资本主义社会经济形态凸现出显著的新变化。笔者着重阐述马克思主义经典作家的时代观，以及资本主义社会经济形态的七大新变化，并从中找出可供借鉴的合理要素和“新社会的因素”。

一、 马克思主义经典作家的时代观

问题就是时代的主题、时代的呼唤。认真总结和反思改革开放 30 年的经验和问题，我们正确认识和基本解决了五大基本问题，亦即“什么是时代，我们处于什么样的时代，怎样解决当今时代赋予我们的时代问题”，“什么是社会主义、怎样建设社会主义”，“建设什么样的党、怎样建设党”，“什么叫发展、怎样发展，为谁发展、依靠谁发展并由谁来享受发展成果”，“什么是市场、建设一个什么样的市场”，“什么是政府、建设一个什么样的政府”，以及“改革什么、怎么改，开放什么、怎么开放”等一系列问题，其目的在于以最小的社会经济转轨成本，又好又快地促成中国转轨型社会经济形态的重大转折和科学发展。

一个国家的社会经济形态及其走向是与所处时代密切相关的。因此，一个迫切的、刻不容缓的重大问题是，应该正确回答“什么是时代，我们处于什么样的时代，怎样解决当今时代赋予我们的时代问题”，才能制定正确的国家的、社会的、政治的、经济的和文化的发展战略。

时代的交替、更替和过渡是时代发展过程中最为重要的、复杂多变和扑朔迷离的阶段。马克思说：“社会史上的各个时代，正如地球史上的各个时代一样，是不能划出抽象的严格的界限的。”① 因为时代这一概念过于宽泛，并且与社会发展阶段、社会形态有重叠或交叉关系；时代的转折并非简单地是以一个时代完全替代另一个时代的形式完成的，在两个时代的交替过程中，往往会存在一个具有不确定性的过渡时期或者转型阶段；时代的更替并非直线进行的，其中也会出现各种曲折，包括暂时性的停滞与倒退，其发展轨迹既不是线性的也不是断裂式的。因此尤应重视时代更替中的转折时期或过渡阶段及其转折、过渡的复杂多变性。

列宁区分了决定人类社会前进的历史大方向的“大的历史时代”即大时代，以及赖以决定具体战略、策略和政策的“当今时代”即小时代。在列宁看来，一个大时代会产生不同的发展阶段或称之为“小时代”，每个时代都有而且总会有个别的、局部的，有时前进、有时后退的运动，都有而且总会有各种偏离运动的一般形式和一般速度的情形。也就是说，时代发展的路径不是平坦的、线性的。因此，应该把大时代的总体主题与小时代的阶段性主题区分开来。研究大时代的总体主题与小时代各发展阶段特有主题之间的区别和联系具有重要的理论和现实意义。只研究前者以及时代的一般的本质特征，这种研究失之空洞；只研究后者难免会迷失方向。

“时”与“空”是紧密相关的。同一个时代的不同的地区或国家或不同

①《马克思恩格斯全集》第44卷，人民出版社2001年版，第427～428页。

阶级也面临着不同的时代问题，以及旨在解决这一问题的时代任务或历史使命。基于不同的国情、历史环境和历史条件，由于面临的问题、发展基础和自身的结构等诸多因素的差别，任何一个国家和主导阶级在同一时代也会面临不同的具体的任务和发展战略。因此，“在分析任何一个社会问题时，马克思主义理论的绝对要求，就是要把问题提到一定的历史范围之内；此外，如果谈到某一国家（例如，谈到这个国家的民族纲领），那就要估计到在同一历史时代这个国家不同于其他各国的具体特点”[①]。各个国家的有识之士必须具备“本土情结”。

这就是列宁关于区分大时代和小时代，区分大时代的总体主题与小时代的阶段性主题，区分同一时代主题与不同国家面临不同时代问题的辩证法。应该强调指出，马克思主义时代观是马克思主义本土化的一个重要的思想基础，因此，必须具备“时代嗅觉”“世界眼光”和“本土情结”，把握时代脉搏，顺应时代规律，充当时代“弄潮儿”，才能正确地认识和把握时代的性质和发展方向。例如，邓小平在时代问题的重大贡献是提出和平与发展是当今时代的两大阶段性主题，世界大战是可以避免的，由此决定了“一个中心、两个基本点”以及“发展是硬道理”的治国方略。

那么，我们处于什么样的时代？世界正处在前所未有的时代转折坐标之上。诚如法国前总理维尔潘所言：“世界文明进入转换期。”[②] 社会主义是如此，资本主义也是如此。我们这个时代正处于历史大转折时期，其时代特征是经济全球化、两种制度的并存性和多元化、过渡性或转折期的凸现，以及和平与发展成为时代的潮流等。这就造就了世界各国社会经济形态的特殊性。其特殊性主要在于各个资本主义或者社会主义纷纷进入转轨、转型、转折、过渡、改革、变革或调整阶段，无一例外。

---

① 《列宁选集》第2卷，人民出版社1995年版，第375页。

②《参考信息》2009年2月5日，第3版。

二、 资本主义社会经济形态新变化的三大根源

第一是时代根源。我们这个时代正处于历史大转折时期，各个资本主义国家程度不一地进入变革或调整阶段。第二是生产力与生产关系这一基本矛盾的推动力。由此，资本主义社会经济形态并非是一成不变的，它有一定的自我调节、改良和改善功能，以及交替使用“看得见的手”（从古典经济自由主义到保守的新自由主义）和“看不见的手”（从重商主义中经穆勒的适度干预主义到凯恩斯主义），并且，随着时代及其主题的变化，它们在生产方式、生产关系和思想理念等方面都进行了不同程度的调整和变革。例如，随着生产力的日益社会化，生产关系从萌芽资本主义、私人资本主义（私人资本）、一般垄断资本主义（股份资本）、国家垄断资本主义（国家垄断），已发展到以跨国公司为标志的国际垄断资本主义。私人资本与社会资本并存，资本的国家所有制、资本的个人所有制与资本的股份所有制并存。米歇尔·阿尔贝尔（M. Albert）把资本主义的发展划分为三个不同的阶段：1791 年以后的资本主义是“反对国家的资本主义阶段”；1891 年以后的资本主义是“国家规范的资本主义阶段”；1991 年后的资本主义是“取代了国家的资本主义阶段”。这一格局归根结底是资本主义生产力的高度社会化，迫使资本关系采取社会化形式的结果。由此，关于资本主义的新名词也随之而层出不穷，诸如“晚期资本主义”“新帝国主义”“慈善资本主义”“更具人道主义色彩的资本主义”“福利资本主义”“金融帝国”“后工业社会”“业主资本主义”“经营者资本主义”“华尔街资本主义”“投资商资本主义”“利益共享资本主义”“法人资本主义”“有计划有组织的资本主义”“调整的资本主义”“后资本主义社会”“后文明化社会”“电子技术社会”“反市场的资本主义”“赌场资本主义”“学术资本主义”，不一而足。耶鲁大学历史学教授保罗·肯尼迪（Paul Kennedy）的“资本主义形式

有限改变”理论值得关注。他认为：“资本主义将何去何从？我们现有的、受到破坏的体系不会被完全平等的社会主义社会所取代，尽管这是马克思所希望的。我们未来的政治经济学很可能不会让斯密或他现在的弟子感到满意：政府对‘市场’的干预程度将比人们欢迎的要高。有人猜测，对于我们的新型资本主义，熊彼得和凯恩斯会感觉较为熟悉。在这个体系中，市场的动物性将受到国内和国际动物园管理者的严密关注，但不会扼杀自由企业原则。资本主义的形式会有所改变，但不会消失。资本主义有严重的缺点，但资本主义的批评者会发现，其他制度更糟糕。这就是政治经济学告诉我们的。”①

第二个根源是经济危机亦即经济根源或物质根源。一次又一次的经济危机，尤其当今全球性金融危机也是其迫于本身生存进行调整和改革的推动力。2008 年开始于美国次贷危机的全球性金融风暴表明，西方世界已经进入一个新的转折、变革和调整时期。奥巴马（Barack Obama）发表以美国的变革（The Change We Need）为主题的总统竞选获胜演说，多次呼吁和强调美国应该变化，改变已经降临美国。这为关于以美国为首的西方资本主义世界已经进入又一个新的转折时代的论断，提供了强有力的佐证。

日本《中央公论》月刊撰文指出，全球转向“衰退时代”和“阴郁时代”。号称美国“股神”的沃伦·巴菲特公开承认，美国面临严重“阵痛”。美国金融大亨绍罗兴宣称，这场危机宣告了盎格鲁—撒克逊模式的破产。联合国专家顾问马千里认为，这次全球性金融危机对美国、欧洲和日本等西方国家的冲击最大，西方可能面临着发展模式的巨大转型和反思，甚至有人在高呼“资本主义的终结”。西方媒体认为全球已经进入“新的脆弱时代”（New Age of Fragility），甚至还热炒“世界进入意识形态新时代”。《全球亦将失去十年？》的作者认为，世界进入了“滞胀时代”或“后泡沫经济时代”。在作者看来，全球政策制定者们似乎并没有理解当前经济危机的实

①［美］保罗·肯尼迪：《读四大家的书，得知资本命运》，英国《金融时报》2009 年 3 月 13 日。

质。现在已经到了20年泡沫期的终结时刻，以资产为基础的经济形态的终结时刻，也是IT革命和全球化产生的生产力红利（Productivity Dividends）的终结时刻。

金融危机当作资本主义的新变化已被大多数西方学者所接受。日本早稻田大学的神原英资教授还对资本主义经济发展理论和模式的改变，做了新的理论概括。他认为，20世纪30年代大萧条使得资本主义从亚当·斯密的古典自由主义转变为凯恩斯的“修正资本主义”；90年代，美国创建了“以市场为中心和以金融为中心的经济发展模式”，资本主义回到近乎古典自由主义的市场原教旨主义。历史是如此惊人的相似。今后将摸索实行政府部门在不抹杀市场职能的前提下进行干预的“修正市场主义”。

第三个根源是各国工人阶级运动和世界范围的非资本主义力量的压力。

总而言之，资本主义社会经济形态的新变化的内在推动力是时代主题、经济危机和政治危机。因此，世界各国自“二战”以后，尤其20世纪五六十年代以降，凸显出合作、和平、发展以及变革、调整和转型的时代特征。西方发达资本主义社会随着时代及其主题的变化，在世界范围的非资本主义力量和本国工人运动的压力下，并为了自身的经济发展而力图维护社会正常秩序和社会制度运行的稳定性，力图跳出“李嘉图定律”的阴影和陷阱，因而生产方式、生产关系和思想理念等方面都进行了不同程度的调整和变革。这就从一个侧面印证了马克思关于资本主义变革性的论断：“资产阶级除非对生产工具，从而对生产关系，从而对全部社会关系不断地进行革命，否则就不能生存下去……生产的不断变革，一切社会状况不停地动荡，永远的不安定和变动，这就是资产阶级时代不同于过去一切时代的地方”，以及“两个决不会”的新发展观：“无论哪一个社会形态，在它所能容纳的全部生产力发挥出来以前，是决不会灭亡的；而新的更高的生产关系，在它的物质存在条件在旧社会的胎胞里成熟以前，是决不会出现的。”① 这就是说，尽管这一社会经济形态的本性（“一个在价值上建立起自己的生产方式，进而按照资本主义方式组织起来的国家”②）没有因此而改变，但是，调整和变革也是资本主义社会发展的重要动力。不能无视资本主义的新变化，应该充分估计资本主义在一定限度内，即在资本主义生产方式的行程内，自我调整、自我变革的能力，以及在这一历史行程中“自行扬弃”“消极扬弃”“积极扬弃”，从而逐渐孕育而出的否定因素和“新社会的因素”“新的经济制度的要素”（即“辩证发展过程在资本主义范围内确实就包含着新社会的因素，包含着它的物质因素和精神因素”），而较之前资本主义生产方式“更有利于生产力的发展，有利于社会关系的发展，有利于更高级的新形态的各种要素的创造”，正是“资本的文明面之一”③。

三、 资本主义社会经济形态的新变化

西方发达国家自“二战”以来，为了稳定其统治秩序，力图化解和缓和“李嘉图定律”所造成的恶果，因而在某些观念上往往向和谐思潮倾斜，并在生产关系具体形式和政策上做局部调整和变革。这对处在社会经济战略转型期的中国有借鉴意义，对构建和谐中国和和谐世界有所裨益。这里讲的“李嘉图定律”，其实质是生产力的进步和社会经济的发展必然要以牺牲某些阶级或阶层的利益为代价。这一命题被西方主流经济学家称为永恒的绝对的必然规律。英国古典经济学的完成者、注重生产力和分配问题的经济学家大卫·李嘉图，是这一“铁律”的始作俑者，故亦称“李嘉图定

①《马克思恩格斯选集》第1卷，人民出版社1995年版，第275页；《马克思恩格斯选集》第2卷，人民出版社1995年版，第32~33页。

②马克思：《资本论》第3卷，人民出版社1973年版，第963页。

③《马克思恩格斯选集》，人民出版社1995年版，第2卷第518页、第1卷第292页、第3卷第341页；《列宁全集》第11卷，人民出版社1987年版，第925~926页。

律”，其现代版是使其模型化的“库兹涅茨假说”或“倒 U 型曲线”。

1. 稀释和缓解社会矛盾和非和谐的主要办法是发展生产力和全球化扩展（现代资本主义生产方式正在全球范围不断地复制其生产力和生产关系）。

始于 20 世纪末期的经济全球化运动表明：现代资本主义生产方式正在不断地复制其生产力和生产关系。因此，它尚有容纳生产力和生产关系发展的空间和制度弹性，在它所能容纳的全部生产力发挥出来以前，在它尚能提供人们赖以生存、享受和发展的各种必需品、公共品、资本品以及社会赖以支撑、维系和运转的各种硬件或软件之前，是决不会灭亡的。而全球化尤其经济全球化又为其在时空两个维度上有所拓展，并赢得了转嫁非和谐如经济危机的历史契机。

但是，建立在价值和剥削之上的狭隘的资本关系必然不能容纳它召唤而来的越来越发达的生产力，先进的生产力必然要摆脱束缚其身的资本关系的桎梏，并召唤先进的生产关系与之相匹配。

2. 扩充中产阶级（这种橄榄状社会结构在加强社会系统稳定性的同时，也给资本关系扩展设置了新的社会结构界限）。日本宣布已进入“均质社会”或“全民中产”社会，因为 1.26 亿日本人中有 1 亿中产阶级或中流阶级。美国中产阶级占总人口的 77%，涵盖了年收入从 1.6 万美元到 10 万美元的庞大人群。但是，这一次金融危机重创长达 20 年的“泡沫中产”，使中产阶级作为一个社会阶层的脆弱性被彻底暴露。同时，应该看到，这种橄榄状社会结构在加强社会系统稳定性的同时，也给资本关系扩展设置了新的社会结构界限。

3. 发展社会保障制度（这是给资本关系扩展设置了新的再分配界限）。西方国家视其为“安全网”“平衡器”，并且许多西方国家以“福利国家”自居，甚至把北欧国家例如瑞典和奥地利称为“杂交型社会主义”。如果说，凸显个人资本转化为社会资本的股份制度是资本主义生产方式内部滋生的否定因素和“新社会因素”，那么，凸显个人收入转化为社会收入的社会福利和保障制度也是如此。无疑，这是给资本关系扩展设置了新的再分配界限、束缚和限制。

4. 重视民间非政府组织（NGO）（这是过去20年全球性“结社革命”运动的产物）和慈善事业。这是旨在弥补市场或政府失灵的所谓“第三次分配”的主导力量。据统计，仅仅美国慈善基金就占了其GDP的9%。一位西方政治学家提出，过去20年里世界上发生了一场全球性的“结社革命”。其主要标志是在世界各国涌现出一大批民间非营利、非政府组织。这些组织深刻改变了发达的资本主义世界，促进了社会的多元化、民主化发展。法国参加社团的人数占总人口的84%。美国具有悠久的公民社会传统，大大小小的NGO多达160万个，活动经费占全球的80%。其中一些非政府组织在推广民主以及各种“颜色革命”中扮演了推波助澜的活跃角色。

5. 强化对企业的微观规制和劳动立法，其中包括缓解劳资矛盾的企业社会责任标准（这是全球在20世纪末兴起的“企业社会责任运动”的产物），并且许多西方国家以“工会国家”自居。这一标准大多是针对蓝领工人的生存状态而采取的保护性措施和限制，也是为资本关系扩展所设置的“蓝色壁垒”。全球一些行业、地区，乃至全球性的行业组织和非政府组织也制定了各自的社会责任标准和守则。例如沃尔玛也制定和执行这样的社会责任标准和守则。此外，还出台了一些化解失业的政策，例如日本的劳务强制派遣制度（日本的制造业目前雇佣了50万被称为“派遣劳动者”的非正式员工亦即临时工）和美国的“分享工作”制度。

6. 倡导绿色的新发展观（这表明资本关系已被设置了限制其扩展的人文界限和生态界限）。绿色的新发展观的标志是《斯德哥尔摩宣言》（1972年）即《人类环境宣言》、佩鲁的《新发展论》、巴西《里约热内卢宣言》（1992年）和《哥本哈根社会发展问题宣言》（1995年）、“以人为本”的新理念、新公共服务理论、新公共服务型政府角色理论，以及以“绿色

GDP”为代表的新国民收入核算方法。

7. 西方国家尤其北欧的“民主社会主义”化（混合经济体制、“第三条道路”思潮和工党市场社会主义模式）倾向。这是在资本主义生产方式行程内对原教旨或古典资本主义私人所有制的局部调整和否定。尤其混合经济体制和市场社会主义模式，对中国社会主义市场经济体制的构建有重要借鉴意义，等等。

美国为此耗费了近一个世纪，而日本用了半个多世纪，韩国大约1/4世纪，社会矛盾和非和谐情况才有所缓解。可是，上述做法在客观上又带来另外一种后果和发展趋势，即为资本关系即资本主义生产关系的进一步扩展设置了新的界限、障碍、限制和桎梏（马克思在《资本论》第1稿阐述了资本的8大界限），从而进一步促进对资本关系自身规定性及本质的自我背离、自我否定和自我扬弃的进程。这就是资本主义生产方式矛盾运动的辩证法。

应该指出，尽管西方发达国家已经出现倡导和谐的思想取向、政治取向和政策取向，并已取得某些成效，但是，资本主义社会经济形态的新变化及其自我调节能力只是表明：社会生产力的发展迫使资本关系违背其初衷而被迫采取社会化形式。资本主义社会经济形态发展的辩证法告诉我们：“资本本身是处于过程中的矛盾”，“资本的限制正是资本自身”①，建立在剥削基础之上的资本主义私人占有制度，决定了其永久徘徊于“李嘉图定律”怪圈和“库兹涅茨假说”阴影之中而最终趋于灭亡的历史结局。

（原载于《经济学家》2009年第6期，第二作者为谢德春）

①《马克思恩格斯全集》第46卷（下），人民出版社1979年版，第219页；《马克思恩格斯全集》第46卷（上），人民出版社1980年版，第34页。

当代资本主义再认识：当代资本主义基本矛盾的新解读

关于资本主义新变化及其前途的探讨从未停止过。20世纪40年代熊彼特在其《资本主义、社会主义与民主》一书中提出了这样的问题："资本主义能生存下去吗?"保罗·肯尼迪倡导"资本主义形式有限改变"论，又一次提出"资本主义将何去何从"的问题[①]。亨特（E. K. Hunt）进而挑起了关于"资本主义究竟是导致和谐还是导致冲突的一种社会制度"和"资本主义是内在稳定还是内在不稳定"的大讨论[②]。世纪之交的全球性金融危机，引发了关于"新资本主义"和"创造性资本主义"的讨论。2008年至今，西方主流媒体和达沃斯论坛多次发起关于西方资本主义危机和未来走向，以及以"重塑资本主义""国家资本主义""占领华尔街运动""诊断资本主义"等为专题的大讨论，以至于资本主义这一词汇在各种媒体上的出现频率屡屡荣登榜首。对上述问题，西方学者各持己见，褒贬不一，众说纷纭。关于资本主义新变化的认识可归结为资本主义制度"有限改良"论、资本主义"自我扬弃"论、资本主义与社会主义从"共和"走向"融合"论三种代表性结论。[③] 关于资本主义的前途，则有诸如"历史终结说""制度趋同论""自我扬弃自我转型"和"崩溃论"等观点。与此同时，资

①〔美〕保罗·肯尼迪:《读四大家的书，得知资本命运》，英国《金融时报》2009年3月13日。

②〔美〕E. K. 亨特:《经济思想史：一种批判性的视角》，颜鹏飞总译校，上海财经大学出版社2007年版。

③刘厚俊、袁志田:《全球公共债务危机与世界资本主义新变化》，《马克思主义研究》2011年第10期。

本主义也被戴上了形形色色的新帽子——“晚期资本主义”“新帝国主义”“后资本主义社会”“福利资本主义”“调整的资本主义”“赌场资本主义”“金融资本主义”等，不一而足。

这些关于资本主义现状和前景的大讨论，促成了现代世界性思潮的一种新动向，即“回到马克思”“走近马克思”“追寻马克思”“保卫马克思”“重读《资本论》”，凸显了当代思潮的理论召唤、思想取向和理性回归。如今，西方世界很多人又重新捧起了《资本论》，试图从中寻找当前危机产生的根源。德国的一名出版社经理说：“马克思再一次成了时髦。我们又有了对这场金融危机感到恼火的新一代读者，他们认识到新自由主义最终证明是一个虚假的梦。”马克思故居展览馆馆长比特里克斯则说：“我记不清听到人们这样讲了多少次‘这个人是对的’。”[①] 美国学者约翰·卡西迪（John Cassidy）在谈到马克思时也不得不承认，不管他有什么错误，他确实是一个通晓资本主义经济制度的人。只要资本主义继续存在，他的作品就值得拜读。一种理论的正确与否，不在于其产生的时间长短，而在于其能否正确解释现实、指导实践，归根到底在于其能否对人类历史发展趋势做出科学把握。正是由于其对现实变化规律和历史发展逻辑的客观把握，马克思主义才在人类社会的历史长河中始终保持着巨大的生命力、感召力和创造力。马克思毕其一生撰写的《资本论》及其手稿是研究资本主义的传世经典和绝响。经典的魅力在于引导人们一次又一次穿越历史时空，从经典中寻找时代对接点、理论闪光点和增长点。《资本论》的当代价值和理论张力在于：一个半世纪以来，已经出现四次“马克思热”，世人力求从中寻求解决资本主义危机的答案，并在解读和反思中不断得到启迪。本文主要探讨当代资本主义的新变化，并从马克思的理论视角对其进行分析和阐释，从而彰显马克思资本主义理论的当代价值和理论张力。

---

①《欧洲争论资本主义的出路，马克思〈资本论〉再度畅销》，《环球时报》2008年11月21日。

二、 当代资本主义两重性再认识

如何看待资本主义的本质及其两重性？马克思从两个方面做了辩证的解读：在科学地诠释了资本主义社会经济形态本质的基础上，一方面论证了资本主义走向灭亡的历史必然性，即“资产阶级的灭亡和无产阶级的胜利是同样不可避免的”①，揭示了资本主义这一生产方式的本质和必然毁灭的历史发展结局；另一方面，“两个决不会”论断即“无论哪一个社会形态，在它所能容纳的全部生产力发挥出来以前，是决不会灭亡的；而新的更高的生产关系，在它的物质存在条件在旧社会的胎胞里成熟以前，是决不会出现的”，以及“资本的文明面”或者“三个有利于”论断，即“资本的文明面之一就是，它榨取剩余劳动的方式和条件，同以前的奴隶制、农奴制等形式相比，都更有利于生产力的发展，有利于社会关系的发展，有利于更高级的新形态的各种要素的创造”②，实际上阐述了一定历史发展阶段上资本主义存在的必然性和正当性、制度发展的弹性和生命力，以及寄希望于在其内部滋生的资本主义变革因素和否定因素。这就是当代资本主义的两重性。

（一）当代资本主义基本矛盾在生产领域和分配领域新的表现形式

“二战”后，特别是20世纪70年代以来，资本主义基本矛盾在生产领域和分配领域呈现出了新的特点和表现形式。

1. 生产领域

其一，经济全球化的进程大为加快。为了摆脱“滞胀”危机并维持高额垄断利润，资本主义通过经济全球化来化解基本矛盾。因此，可以认为，经济全球化实际上是资本主义的基本矛盾向全球扩张的过程。经济全球化

①《马克思恩格斯文集》第2卷，人民出版社2009年版，第43页。

②《马克思恩格斯文集》第3卷，人民出版社2009年版，第592页。

以跨国公司为主要载体，它带来了资本主义生产方式的全球化，扩大了剩余价值的源泉，不仅本国的工人阶级，而且世界工人阶级都在为世界垄断资本提供着剩余价值，垄断资本得以无时空限制地攫取剩余价值。这就必然加强中心对边缘、资本对劳工的剥削，使资本主义的基本矛盾在全球范围内不断积累和加深。

其二，经济的金融化。随着科技的不断进步，资本有机构成不断提高，利润率下降的规律对资本增值的作用愈加显著。不断要求增值的资本开始了经济金融化的进程，纷纷从创造剩余价值的生产领域退出并投身于金融市场以获取更高的利润，形成了以金融为核心并支配实体经济的积累和增长体制。金融垄断资本肆意投机和掠夺，并缺乏有效的金融监管，资本主义经济的赌博、投机性质日益明显和强化，这是当代世界经济发展中资本主义矛盾运动的一个重要方面。

其三，产业的空心化或者说是经济的去工业化。与经济金融化相对的是经济的去工业化。这也是资本主义基本矛盾运动的必然结果。当从事实体生产难以获取利润时，逐利的本性使资本绕过产业资本的形式而采取金融资本的形式来获取高额利润。在去工业化进程中，资本主义国家纷纷将生产转移到其他具有较低成本的国家和地区，在全球范围内配置资源。经济的去工业化，使得作为剩余价值载体的物质产品生产总量下降，而逐利的金融资本却要求分割越来越多的剩余价值，从而产生了社会剩余价值总量的有限性与资本增值需求无限性之间的矛盾。随之而来的实体经济发展的长期停滞，也进一步削弱了西方国家应对危机、实现增长的能力。

2. 分配领域

其一，在所有制关系上推行企业股权分散化，鼓励职工购买本公司的股票或把股票直接以奖金的形式发给职工，使雇员也可以参与股息分享。这在一定程度上缓解了资本私人占有对生产力发展的制约，但工人持有企业股票并没有使他们在企业中赢得任何实质性的经济权力，也不能改变被资本家雇佣和剥削的社会地位。连美国著名经济学家萨缪尔森都承认："工人们持有几张股票所带来的变化，对于他们自己生活的影响是微不足道的。"① 因此股权分散化并没有削弱垄断资本的统治权，反而加强了资本对劳动的剥削手段与统治力量，使工人对资本的依附性更强了。

其二，不断完善社会福利政策。建立比较完善的社会保障制度，包括失业救济、老年退休金、医疗补助、劳动保护、残废津贴、儿童福利等多项内容，加大了国民收入再分配的比例，分配形式出现兼顾平等的特点。

其三，在分配结果上，不平等加剧，贫富分化加重，中产阶级萎缩，社会流动性降低。在金融垄断资本的强取豪夺下，不仅以前的工人阶级和底层群众处于被剥夺的地位，现在中产阶级同样也处于弱势地位。目前在美国，中产阶级衰落已是一个不争的事实。美国著名经济学家斯蒂格利茨如此写道："这塔尖的1%控制了40%的财富，25年前，这个数字分别是12%和33%。"② 另一位著名经济学家克鲁格曼则高度评价了"占领华尔街"运动提出的口号——"我们是99%"，③ 认为这个口号了不起，它正确地将问题界定为中产阶级与精英而非穷人的对立面。

一方面，资本主义通过经济全球化、经济金融化在全世界范围内攫取剩余价值，金融资本过度膨胀，虚拟经济与实体经济已严重脱离；另一方面，金融部门并不能进行真正的价值创造，而只能进行价值的分配。面对日益严重的贫富分化，为缓和阶级矛盾，缓解有效需求不足，资本主义国家推行了一系列福利措施，并大力发展消费信贷，鼓励民众超前消费，利用各种金融衍生工具多方面分散和转移风险。这种建立在虚假购买力基础上的经济体系，必然会导致把生产和消费的矛盾成倍放大，从而导致经济危机的爆发。而在新自由主义体制下，不合理的并缺乏监管的国际经济和

---

①〔美〕萨缪尔森：《经济学》，麦格劳-希尔图有限公司，1980年，第66页。

②〔美〕斯蒂格利茨：《美国1%的"民有、民治、民享"》，《环球时报》2011年10月18日。

③于海青：《美国社会平等吗?》，《红旗文稿》2013年第5期。

金融秩序则将危机迅速传导到了全世界。

此外，资本主义危机多样化的表现形式也显示出资本主义基本矛盾新特征和新的表现形式，其中包括传统的实体经济的相对过剩危机、虚拟经济领域的泡沫危机、公共信用或者公共债务危机、国际货币战争和军事战争，以及政治、经济和社会的综合性危机，等等。资本主义发展史也就是一部经济危机周期波动史。从 1825 年第一次世界性的资本主义经济危机以来，形形色色的危机此起彼伏。而自 2007 年以来，由次贷危机到金融危机、经济危机再到主权债务危机，进而再到主权货币危机，愈演愈烈，这一系列的危机都呈现出与以往不同的特点，资本主义国家越来越难以招架和应对了。

上述情况都充分验证了“资本的发展程度越高，它就越是成为生产的界限，从而也越是成为消费的界限，至于使资本成为生产和交往的棘手的界限的其他矛盾就不用谈了”①，“资本不可遏止地追求的普遍性，在资本本身的性质上遇到了限制，这些限制在资本发展到一定阶段时，会使人们认识到资本本身就是这种趋势的最大限制，因而驱使人们利用资本本身来消灭资本”②，亦即“资本本身就是处于过程中的矛盾”③，“资本的限制就是资本自身”④。这是资本主义自身无法解决的基本矛盾。

马克思不仅从生产领域阐述了资本主义的基本矛盾，而且还从资本主义分配形式（这是生产关系的反面）与生产力的根本性矛盾的视角，对资本主义基本矛盾做了新的解读。这就是“斯密—李嘉图—穆勒定律”（简称“李嘉图定律”），是和谐抑或冲突这两条理论路线分歧的一个起点或分水岭。斯密是这一定律的始作俑者，一方面强调劳动价值论和阶级冲突，另一方面则强调效用价值论、社会和谐和“看不见的手”。李嘉图是这一定律

①《马克思恩格斯全集》，第 30 卷，人民出版社 1995 年版，第 397 页。

②《马克思恩格斯全集》，第 30 卷，人民出版社 1995 年版，第 390 ~ 391 页。

③《马克思恩格斯全集》，第 46 卷（下），人民出版社 1979 年版，第 219 页。

④《马克思恩格斯全集》，第 46 卷（上），人民出版社 1979 年版，第 410 页。

的完成者，他是生产力经济学家，并把分配问题作为政治经济学的主题。发展生产力的要求是李嘉图评价经济现象的基本原则。他公开承认资本主义是有利于生产力发展和社会发展的一种生产方式，尽管它是和构成整个这一发展基础的工人群众的利益相矛盾并以牺牲后者的利益为代价。而作为西方经济学第一次大综合完成者的穆勒，把李嘉图的上述观点作为一种“生产规律”和“分配规律”纳入其折中主义政治经济学体系。总之，社会生产力发展和社会的进步是以牺牲某些阶级或阶层的利益为代价，被称为绝对合理的必然规律。这就是“李嘉图定律”的实质。“李嘉图定律”也是当代资本主义基本矛盾的表现形式，资本主义终其一生始终无法跳出这一定律的阴影，如同资本主义终其一生始终无法跳出经济危机的阴影一样。这就是关于当代资本主义基本矛盾新的解读。

（二）当代资本主义具有有限度的自我调整和变革的制度弹性

资本主义制度及其生产方式并非是一成不变的，随着时代及其主题的变化，西方世界自20世纪50年代以来已经进入一个新的转折、变革和调整时期。例如，法国萨科奇竞选纲领主题就是“改变法国”，美国奥巴马发表以“美国的变革”为主题的总统竞选演说。尽管当代资本主义社会经济形态的本性（“一个在价值上建立起自己的生产方式，进而按照资本主义方式组织起来的国家”①）没有因此而改变，但是，为了维护社会正常秩序和社会制度运行的稳定性，迫于工人运动和经济危机的压力，力图跳出“李嘉图定律”的阴影和陷阱，其自我调节、改良和改善功能得以开启。应该充分估计资本主义在一定限度内即在资本主义生产方式行程内自我调整、自我变革的能力，其中包括在生产方式、生产关系和思想理念等方面进行的不同程度的调整和变革，以及在这一历史行程中的“自行扬弃”“消极扬弃”“积极扬弃”，从而逐渐孕育出否定性的因素和“新社会的因素”“新

---

①马克思：《资本论》第3卷，人民出版社1975年版，第963页。

的经济制度的要素”（即“辩证发展过程在资本主义范围内确实就包含着新社会的因素，包含着它的物质因素和精神因素”）①。对于当代资本主义的这种新变化，这种稀释和缓解社会矛盾与非和谐的举措，以及其内部滋生的资本主义变革因素和否定因素的一些有益成分，我们可以完全为我所用，吸收借鉴。具体从以下九个方面加以解读。

1. 通过全球化在全球范围不断地复制其生产力和生产关系，享受生产力红利、全球化红利和制度红利。全球化尤其经济全球化、信息全球化、金融全球化使资本主义在时空两个维度上有所拓展，并赢得了转嫁其非和谐因素如经济危机的历史契机。并且，技术创新、制造业再造、大规模投资、金融性重组和强化企业治理结构以及市场经济国家化，构成其发展战略的大趋势。但是，建立在价值和剥削之上的狭隘的资本关系必然不能容纳它召唤而来的越来越发达的生产力，先进的生产力必然要摆脱束缚其身的资本关系的桎梏，并召唤先进的生产关系与之相匹配。

2. 关注和扩充软实力与巧实力，在全球范围不遗余力地推行其普世价值，垄断话语权，大搞所谓颜色革命。美国大力宣扬盎格鲁—新教文化（如原罪、救赎、慈善文化）、杰斐逊的“人人生而平等”、罗斯福的“四大自由”（言论、信仰、免于贫困及免于恐惧），以及林肯的民有、民治、民享主义。美国著名经济学家约瑟夫·斯蒂格利茨（Joseph Stiglitz）讥讽这种洋三民主义为“1%的民有、民治、民享”②。

3. 扩充中产阶级（这种橄榄状社会结构在加强社会系统稳定性的同时，也给资本关系扩展设置了新的社会结构界限）。日本宣布已进入“均质社会”“全民中产社会”或“1亿中流社会”。美国中产阶级占总人口的77%，入选标准是“白宫中产阶级特别小组”颁布的五大条：“拥有住房、一台车、子女上大学、健康和退休保障以及偶尔的家庭度假。”联合国开发计划

①《列宁全集》第11卷，人民出版社1987年版，第371页。

②〔美〕斯蒂格利茨：《美国1%的“民有、民治、民享”》，《环球时报》2011年10月18日。

署颁布2013年《人类发展报告》指出：世界中产阶级人口中，发展中国家国民比例从1990年的26%上升到2010年的58%。但是，这一次金融危机重创长达20年的“泡沫中产”，使中产阶级作为一个社会阶层的脆弱性被彻底暴露。

4. 发展社会保障制度（这是给资本关系扩展设置了新的再分配界限）。西方社会福利保障制度是现代化大生产的必然产物以及各阶层人民的斗争成果，又是一种维护政权稳定与社会和谐、缓解社会矛盾和稀释生产过剩危机的安全网、保护阀和调节剂。许多西方国家以“福利国家”自居，瑞典和奥地利被称为“杂交型社会主义”。如果说，凸显个人资本转化为社会资本的股份制度是资本主义生产方式内部滋生出来的否定因素和“新社会因素”，那么，凸显个人收入转化为社会收入的社会福利和保障制度也是如此。无疑，这是给资本关系扩展设置了新的再分配界限、束缚和限制。但是，西方国家普遍呈现出“福利病”倾向。英国《经济学家》认为欧洲21世纪不会被炮火摧毁，但可能会被一张张福利支票压得喘不过气来。

5. 重视民间非政府组织（NGO），其中包括慈善事业和智库。这是过去20年全球性“结社革命”运动的广物，旨在弥补市场或政府失灵的所谓“第二次分配”或“第三种力量”。民间性和独立性是NGO的重要特征。据统计，美国大大小小的NGO多达160万个，其中智库就有1777家，活动经费占全球的80%，仅仅美国慈善基金就占了其GDP的9%。其中一些非政府组织在推广民主以及各种“颜色革命”中扮演了推波助澜的活跃角色。

6. 强化对企业的微观规制和劳动立法。这其中包括缓解劳资矛盾的企业社会责任标准（这是全球在20世纪末兴起“企业社会责任运动”的产物），并且许多西方国家以“工会国家”自居。全球一些行业、地区，乃至全球性的行业组织和非政府组织也制定了各自的社会责任标准和守则。据国际劳工组织统计，这样的守则已经超过400个。此外，还出台了一些化解失业的政策，例如日本的劳务强制派遣制度和美国的“分享工作”制度。

7. 倡导绿色的新发展观（这表明资本关系已被设置了限制其扩展的人文界限和生态界限）。西方绿色新发展观发端于20世纪60年代的西方生态运动和绿党政治，“科学生态学”、“人文生态学”、生态社会主义、绿色后现代主义、生态政治理论、环境运动团体和绿色政党应运而生。如法国著名经济学家弗朗索瓦·佩鲁（F. Perroux）的新发展观，《斯德哥尔摩宣言》（1972年）即《人类环境宣言》、巴西《里约热内卢宣言》（1992年）和《哥本哈根社会发展问题宣言》（1995年）、“以人为本”的新理念、新公共服务理论、新公共服务型政府角色理论，以及以“绿色GDP”为代表的新国民收入核算方法，是这种绿色新发展观的标志。

8. 西方国家尤以北欧为代表的“民主社会主义”化（混合经济体制、“第三条道路”思潮和工党市场社会主义模式）倾向。这是在资本主义生产方式行程内对原教旨或古典资本主义私人所有制的局部调整和否定。尤其混合经济体制和市场社会主义模式，对中国社会主义市场经济体制的构建有重要借鉴意义。

9. 新兴资本主义发展的经验。21世纪将成为发展的世纪，新兴国家如“金砖五国”“VISTA五国”“灵猫六国”“新钻十一国”展现出强劲的发展潜力。印度特色的经济发展模式的一个重要经验，就是国家经济发展的决定因素正在由资本资源转向知识资源。印度采取了服务业优先增长模式，被称为“外包服务业大国”“全球软件行业大国”和“世界办公室”。民生与市场并重的巴西模式缔造了一个中产崛起的巴西，中产阶级的比例从2004年的42%升至目前的52%。

三、结语

当代资本主义的新发展和新变化，表明了它已经具有一定的自我调节、自我更新和自我发展的能力，具有了在资本主义根本经济制度的框架内容纳入“新社会因素”的能力。然而它却无法靠自身力量来解决日益加深的社会矛盾。近年来，尤其是金融危机后西方资本主义国家经济持续低迷、公共债务膨胀、贫富分化加剧、大规模骚乱此起彼伏，美国的“占领华尔街”运动和欧洲的主权债务危机，更是牵动了众多发达资本主义国家的神经。这都凸显了当前资本主义国家所面临的经济、政治、文化等方面的全面的危机，并让西方专家和媒体人士对资本主义的反思进入制度层面。他们认为，当前西方资本主义面临的不仅是一场经济危机，更是一场深层次的社会危机乃至制度危机。

对于当前资本主义面临的困境和新变化，我们应该从两个方面来辩证地分析：一方面，它表明了西方资本主义国家在世界体系中的绝对主导地位发生了动摇。自苏联解体和东欧剧变以来，西方极度膨胀的实力自信、模式自信、霸权自信受到了沉重一击。其一，资本主义存在的合理性受到了更大的挑战和质疑。这首先体现在生产方式上，2008 年爆发的金融危机，表明资本主义为了追求更大的利润，金融资本过度膨胀，虚拟经济严重脱离实体经济，甚至不惜用投机赌博来代替组织生产。美国寅吃卯粮的消费方式以及向其他国家转嫁危机的做法，备受诟病。在应对危机中，美国政府更是慷慨补贴金融资本，而后者恰恰是危机的始作俑者。这些都突出地表现了金融资本主义的寄生性和腐朽性。随着贫富差距的进一步拉大，失业问题的日益恶化以及对教育、医疗等社会福利支出的进一步削减，底层民众的抗议日益频繁和激烈，资本主义整个体制的合理性也日益受到质疑。其二，资本主义自我调整与创新的能力和空间也在逐步丧失。资本通过金融化狂热逐利，金融寡头大搞“金融创新”的法术，从传统的债权、股票、商品和外汇中炮制出一大批复杂的金融衍生品，这样的“金融创新”突破了任何限制，把虚拟经济的泡沫越吹越大。虚拟经济严重脱离实体经济而变成难以驾驭的魔鬼，资本主义对此难以支配和驾驭了。“占领华尔街”运动就是金融—经济危机向社会领域传导而引发的抗议活动。欧洲债务危机更令欧洲各国忧心忡忡，迟迟拿不出一个有效的解决方案。正如法国学者哈罗德·詹姆斯所指出的："美式市场资本主义已被拉下神坛，欧洲福利资本主义也因债务危机难以为继，人们或多或少承认，当前形式的资本主义模式正遭遇前所未有的挑战。与以往不同的是，今天欧美知识界已无人敢像以往那样拿出一个崭新方案，并信誓旦旦地告诉人们这个方案是最佳的。"①

另一方面，应当认识到，西方资本主义当前的困境还远不足以导致资本主义"危机总爆发"。现在敲响的恐怕只是资本主义的"警钟"，还远不是丧钟。正如上文所说的，马克思在《政治经济学批判》"序言"中早就做出了"两个决不会"的深刻剖析。客观地看，当代西方资本主义仍有强大实力的基础：主要资本主义国家仍有很强的科技创新优势，仍具有容纳生产力不断发展的能力和空间，仍然能够通过调整生产关系、分配关系和社会关系来缓解社会矛盾和冲突。它还会通过不断扬弃自身的私有性质，在发展中融入反映社会化发展要求的公有因素和社会主义成分，来进一步拓展自己的生存空间。我们仍处在资本主义占主导地位的时代。

世纪之交以来，尤其是后金融危机时代，西方掀起的这股"回到马克思""重读《资本论》"的世界性思潮，进一步证明了马克思主义理论的科学性和生命力，马克思所揭示的规律再一次被当前资本主义的发展现实和趋势所验证。德国政治学家、著名评论家托马斯·迈尔如此说道："尽管我们并不认识马克思本人，但根据其理论和他对资本主义的批判来看，可以认为马克思直到今天还是我们时代的'诊断家'。"② 马克思正确地揭示了资本主义社会的基本矛盾，这个矛盾不可调和，无法回避：一方面，资本主义会在一次次的危机中调整各种关系，缓和社会矛盾，改变自己的存在形式，并继续肆意扩张；另一方面，资本主义无论如何改头换面，怎样狂飙

①《西方资本主义亟须自我调整》，《环球时报》2012 年 3 月 13 日。

②[德] 托马斯·迈尔：《我们需要复兴马克思吗?》，《当代世界与社会主义》2012 年第 6 期。

猛进，却一次次落入危机的魔网。资本主义无法跳出危机的魔网，无法跳出“李嘉图定律”的阴影，这是由资本主义的基本矛盾决定的。解决危机、缓和矛盾的调整与尝试，可以恢复生产，复苏经济，甚至使生产力取得更大的发展。但由于基本矛盾的决定和制约，这又使矛盾在更深层次和更大范围上发展，资本主义总是以更加严重的病症爆发形式展示其必然灭亡的历史命运。

当代资本主义的这些新变化以及稀释和缓解社会矛盾与非和谐的举措，在客观上又为资本主义带来了另外一种后果和发展趋势：为资本关系即资本主义生产关系的进一步扩展设置了新的界限、障碍、限制和桎梏，从而进一步促进对资本关系自身规定性及本质的自我背离、自我否定和自我扬弃的进程。资本主义社会的周期性危机，尤其这次特大型金融危机和美国“占领华尔街”运动，就是一个证明。正如英国学者克里斯·哈曼在《僵尸资本主义》中所指出的：“这个制度（资本主义）注定要死亡，并被一种更高级的社会秩序所代替。”① 这就是资本主义生产方式矛盾运动的辩证法。

（原载于《理论学刊》2013 年第 9 期）

①时家贤：《从资本主义制度层面探究世界金融危机的根源——介绍克里斯·哈曼新著〈僵尸资本主义〉》，《国外理论动态》2010 年第 2 期。

对生产力—生产关系辩证法的新解读

探讨社会经济形态的“经济运动规律”即“生产力（生产资料）的概念和生产关系的概念的辩证法”，这是马克思政治经济学革命的一个重要内容。马克思在《资本论》“初篇”《〈政治经济学批判〉序言》（1859年）中提出了以生产力—生产关系运动为主线的新发展观，提出社会经济形态、生产力与生产关系、经济基础与上层建筑、社会存在与社会意识等原创性的学术话语，阐释了它们之间的矛盾运动以及“两个决不会”的经典论断。马克思指出：“（生产）关系便由生产力的发展形式变成生产力的桎梏。那时社会革命的时代就到来了。随着经济基础的变更，全部庞大的上层建筑也或慢或快地发生变革……无论哪一个社会形态，在它们所能容纳的全部生产力发挥出来以前，是决不会灭亡的；而新的更高的生产关系，在它存在的物质条件在旧社会的胎胞里成熟以前，是决不会出现的……大体说来，亚细亚的、古代的、封建的和现代资产阶级的生产方式可以看作是社会经济形态演进的几个时代。”① 而恩格斯在晚年提出社会发展“合力”理论，则是对人类历史和社会经济形态发展规律的重要补充。学术界大多把马克思这段论述视为社会经济形态发展规律的核心内容乃至唯一的经典表述。但从马克思主义经济思想史、《资本论》及其手稿文本学和马克思“总体”发展观的视域来看，尤有再研究再认识的必要。

---

①《马克思恩格斯选集》第2卷，人民出版社1995年版，第32~33页。

第一，不能忽视马克思在《资本论》第一稿《1857—1858 年经济学手稿》所阐述的总体发展观。马克思指出："新的生产力和生产关系不是从无中发展起来的，也不是从空中，也不是从自己产生自己的那种观念的母胎中发展起来的……而它向总体的发展过程就在于：使社会的一切要素从属于自己，或者把自己还缺乏的器官从社会中创造出来。有机体制在历史上就是这样向总体发展的。"① 这一表述揭示了作为"总体"的社会经济形态演进的一般进程和特征，既阐明了社会经济形态有一个从低级向高级（"总体"）发展的过程，又推出了创新性（历史更替性、创造性）和从属性（历史继承性、开放性）相结合的发展规律。

思想界一度出现扬此抑彼、把总体发展观束之高阁的现象，在马克思话语体系中占据了"硬核"地位的"总体"范畴遭到了冷落。这一范畴可以区分为客体的"具体总体""生产总体"亦即客观存在的社会经济形态或者"有机体制"，以及作为主体并且再现于人的思维之中的"思想总体"。后者是一个具有诸多规定和关系并最终赋予政治经济学逻辑体系形式的总体，从而凸显了"真理只有作为体系才是现实的"这一经典名言（黑格尔，1807 年）。为什么大力彰显和构建社会主义经济理论体系？从这里可以找到答案和理论渊源。

我们要全面把握马克思的社会经济形态发展规律，应把上述两段经典表述以及散见于多处的相关论述综合理解。马克思在《〈政治经济学批判〉序言》的经典表述侧重考察社会经济形态的更替性和创造性，这与既定时代以及无产阶级政党赋予马克思的历史使命——为工人阶级锻造批判和推翻资产阶级剥削制度的理论利器——是分不开的；而关于总体发展观的经典表述着眼于社会经济形态演进的特征，揭示了从属型发展与创新性发展的统一，历史继承性、开放性与历史更替性、创造性的统一。以改革与开放为标志的社会主义经济理论体系是马克思新发展观在中国的现代版话语

①《马克思恩格斯选集》第 46 卷（上），人民出版社 1979 年版，第 235 ~ 236 页。

体系，因为改革的灵魂就是通过千百万人的革命实践和创造，“把自己还缺乏的器官从社会中创造出来”；开放的精髓就是融入经济全球化，吸收资本主义文明成果，“使社会的一切要素从属于自己”。

第二，揭示社会经济形态的演进路径、发展道路和模式的多元化，是社会经济形态运动规律题中应有之义。其中包括社会经济形态的“自然发生形态”即五形态说、三形态说（其中包括商品经济形态不可逾越性的论断），以英国为典型的西欧各国社会经济形态，以及东方社会经济形态（其中包括“卡夫丁峡谷”跨越论、全球化唯物史观、世界市场联系论）。五形态说和资本主义经济发展理论在相当长一段时期内，被后人视为正统的社会经济形态主流理论。三形态说以及非资本主义经济发展理论曾一度遭到冷遇和误解。必须破除对马克思关于社会经济形态运动规律的教条式理解，承认发展的多样性、跨越性与统一性。这对于中国这样的国家探索适合自己国情的社会主义市场经济发展道路具有重要指导意义。

第三，对当代资本主义的基本矛盾有了新的认识。资本主义的基本矛盾在生产领域一般体现为经济危机形式及其各种变种；在分配领域则被“李嘉图定律”所支配。英国古典经济学家大卫·李嘉图是生产力经济学家，他把分配问题作为政治经济学的主题，公开承认资本主义是有利于生产力发展和社会发展的一种生产方式，但以牺牲某些阶级或阶层的利益为代价。马克思在《资本论》第 4 卷中对“李嘉图定律”做了深度剖析，从资本主义生产关系的“反面”即其分配形式与生产力的根本性矛盾的视角，对资本主义基本矛盾的表现形式做了新的诠释。这一点在学术界没有得到足够的重视。

马克思“两个决不会”的经典论断，科学地预测了资本主义形态在一定限度内自我调整、自我变革与“自行扬弃”“消极扬弃”和“积极扬弃”的能力。当代资本主义由此而产生的新变化，以及稀释和缓解经济危机和“李嘉图定律”的举措，主要包括：①通过全球化，享受生产力红利或全球化红利；②关注和扩充软实力和巧实力；③扩充中产阶级（这种橄榄状社会结构给资本关系扩展设置了新的社会结构界限）；④发展社会保障制度（这是给资本关系扩展设置了新的再分配界限）；⑤重视民间非营利的 NGO（非政府组织），这是过去 20 年全球性“结社革命”运动的产物，旨在弥补市场或政府失灵的所谓“第三次分配”或“第三种力量”；⑥倡导绿色的新发展观（这表明资本关系已被设置了限制其扩展的生态界限）；⑦西方国家尤其北欧的混合经济体制、“第三条道路”思潮、公营企业或国有化浪潮，以及英国工党市场社会主义模式，都是在资本主义生产方式内对原教旨或古典资本主义私人所有制的局部调整、扬弃和否定；⑧新兴资本主义发展的经验。

这些举措表明，当代资本主义具有一定限度的自我调整和变革的制度弹性，而在客观上又为资本主义生产方式的进一步扩展设置了新的界限、障碍、限制和桎梏。这就是资本主义生产力—生产关系运动的辩证法。

（原载于《光明日报》2013 年 7 月 5 日。副标题：《资本论》及其手稿再研究；第二作者为刘会闯）

《资本论》第三卷第七篇导读

《资本论》第三卷是恩格斯根据《资本论》三大手稿之一的《1863—1865年手稿》(写作日期是1864年上半年至1865下半年)整理编辑的，历时10年左右，1894年在汉堡出版。

一、 第七篇的结构和内容

就“具有许多规定和关系的丰富的总体”这一视域而言①，整个《资本论》第三卷是《资本论》逻辑体系的“总体”。恩格斯称赞《资本论》第三卷“是光彩夺目的，它将给人以雷鸣电闪般的印象”②。如果说，它是当之无愧的马克思政治经济学体系的王冠，而第七篇则是王冠上的宝石。恩格斯称赞“第七篇很精彩”③，是“结论性的总结”④。

马克思试图从分析各种收入及其源泉和批判三位一体公式入手，说明资本运动过程作为整体考察时所产生的各种具体形式，其中重点揭示剩余价值都来自同一个源泉——工人的剩余劳动，从而表明在资本主义制度下，工人不仅受直接雇佣他的资本家的剥削，而且受整个资产阶级的剥削，并

①《马克思恩格斯全集》第30卷，人民出版社1995年版，第41页。
②《马克思恩格斯全集》第14卷，人民出版社2013年版，第314页。
③《马克思恩格斯〈资本论〉书信集》，人民出版社1976年版，第582页。
④马克思：《资本论》第3卷，人民出版社2004年版，第11页。

且科学地预测资本主义生产方式发展的历史趋势。

第七篇大致可以分三大理论板块以及两个补充。

(一) 第48—50章是其第一理论板块，重点是批判以效用价值理论、生产要素理论和“斯密教条”为理论基础的“三位一体的公式”

三位一体公式可以追溯到“法国的亚当·斯密”——让·巴蒂斯特·萨伊（1767—1832年）。他是亚当·斯密学说的崇拜者、普及者、传播者，较之巴师夏，他还算是一个批评家，还算“无所偏袒”，但又是亚当·斯密学说的庸俗化者。

萨伊首创萨伊定律、“企业家作用”和“经济均衡”概念，以及政治经济学体系三分法，即生产—消费—分配。这是在形式上对政治经济学体系的条理化，而在实质上则是对政治经济学的庸俗化，以一种肤浅的表面联系来掩盖资本主义生产的内在联系。

萨伊还开创了生产要素价值论的先河。他吸取和利用了亚当·斯密三个阶级三种收入理论中的错误和庸俗成分，从效用价值论出发，认为商品的效用从而商品的价值，是由一般劳动过程的三个要素即劳动、资本、土地协同创造的，是由这三个要素在创造效用中各自提供的“生产性服务”所决定的，强调生产三要素共同协力才能生产价值，从而三个阶级间的利益也是互相依存的。这种理论为后来法国巴师夏的经济和谐论奠定了基础。

萨伊进而推出原生态的三位一体公式：资本—利润，土地—地租，劳动—工资，或者资本的利润（资本家获得）—土地的利润（地主获得）—劳动的利润（技匠或工人获得）。“三位一体公式”是生产三要素在分配领域的贯彻和实现，后者是前者的基础。英国的纳骚·西尼耳进一步把产业利润变成监督工资，这是把利润归结为支付监督劳动报酬的工资的辩护论，“在这里，剥削的劳动和被剥削的劳动被等同起来了。”① 他以一种露骨的庸

①《马克思恩格斯全集》第26卷，人民出版社2013年版，第354～355页。

俗化言论，大言不惭地宣布：这种与剥削相结合的劳动，正如在奴隶制下奴隶监工的劳动，也必须和劳动者本人的劳动一样给予报酬。

第48章《三位一体公式》，着重批判萨伊“三位一体公式”的变种或者完成形式：资本—利息，土地—地租，劳动—工资，或者资本—利息，土地所有权（即对土地的私有权，而且是现代的、与资本主义生产方式相适应的土地所有权）—地租，雇佣劳动—工资。马克思借用基督教义中关于同一上帝区分为“圣父、圣子、圣灵”这个三位一体的说法，把它们称为“三位一体公式”。

马克思开门见山地指出：“在这个公式[①]中，利润，这个体现资本主义生产方式的独特特征的剩余价值形式，就幸运地被排除了。”[②] 资本作为“特殊的商品”[③]，已经变成了一种非常神秘的东西，因为劳动的一切社会生产力，都好像不为劳动本身所有，而为资本所有，都好像是从资本自身生长出来的力量。换而言之，劳动生产力只是一个幽灵，变成了资本的生产力。资本及其与劳动的社会关系最终成为物（货币、商品）同它自身的关系，即变成了一种当作物来理解的社会关系并赋予这个物以极为神秘的社会形式或者拜物教性质。这种物化、硬化、异化、神秘化和独立化，掩盖了剩余价值的源泉，割断了资本主义的一切内部联系。并且由于利润转化为平均利润，价值转化为生产价格，转化为起调节作用的平均市场价格，情况就更是如此了，因此，马克思一语中的：“这个公式也是符合统治阶级的利益的，因为它宣布统治阶级的收入源泉具有自然的必然性和永恒的合理性，并把这个观点推崇为教条。”[④]

1861—1863年，马克思在手稿《剩余价值理论》中的《收入及其源泉。庸俗政治经济学》的开头，把“三位一体公式”斥为“庸人的宗教”：“收

---

①《马克思恩格斯全集》历史考证版翻译为“形式”。

②马克思：《资本论》第3卷，人民出版社2004年版，第919~920页

③《马克思恩格斯全集》第3卷，人民出版社1972年版，第389页。

④《马克思恩格斯全集》第3卷，人民出版社1972年版，第939页。

入的形式和收入的源泉以最富有拜物教性质的形式表现了资本主义生产关系。这是资本主义生产关系从外表上表现出来的存在，它同潜在的联系以及中介环节是分离的。于是，土地成了地租的源泉，资本成了利润的源泉，劳动成了工资的源泉。现实的颠倒借以表现的歪曲形式，自然会在这种生产方式的当事人的观念中再现出来。这是一种没有想象力的虚构方式，是庸人的宗教。”①

第49章《关于生产过程的分析》和第50章《竞争的假象》则着重批判与三位一体公式有直接联系的“斯密教条”。这两章更具有学理性和历史感。

众所周知，维持社会资本再生产的重要条件之一，是资本的各个部分要在价值上得到补偿。而要在理论上说明这点，首先要正确分析社会产品的价值构成，即社会生产的总产品价值或总收益（C+V+M）=不变资本C+可变资本V+剩余价值M；其二，总收入，即从全社会考察的国民收入（V+M）=工资+利润（利息+企业主收入）+地租，应该从总产品中扣除单纯进行补偿的所费的不变资本C部分；其三，纯收入是剩余价值（M），即超过资本家预付价值的等价物而形成的余额，即资本家事先和事后都没有为之预付任何等价物的价值。

“斯密教条”是什么？这是斯密社会资本再生产理论的重要组成部分。在斯密看来，总收益C+V+M=总收入V+M，C最终分解为V+M。他从三种收入构成价值的见解出发，认为个别商品从而社会总产品的价值只由工资、利润、地租这三个部分构成，并分解为这三个部分。也就是说，构成一国全部劳动年产物的一切商品价格，必然由那三个部分构成，而且作为劳动—工资、土地—地租或资本—利润，在国内不同居民间分配。由此可见，除了效用价值理论、生产要素理论之外，斯密教条也是“三位一体公式”的理论基础。

①《马克思恩格斯全集》第3卷，人民出版社1972年版，第302页。

应该承认，推崇二元论哲学的斯密也曾看到，就个别产品或个别资本来说，并没有也不可能全部分解为收入，而会留下一个部分用来补偿已经耗费的生产资料的价值。但他认为，从社会资本的角度来看，一个生产部门所耗费的生产资料就是另一生产部门的劳动产品。依此类推，生产资料的价值最终也分解为三种收入。① 并且，在斯密的著作中也包含着关于两个部类划分的思想。

斯密的矛盾和混乱反映出他遇到了一个他无法解决的难题：整个资本（作为价值）都归结为劳动，它无非是一定量的物化劳动。但是，工人的劳动只能分为两部分：一部分是作为工资的有酬劳动，另一部分是作为利润和地租的无酬劳动。如果说除此之外，还有一个价值额，用来补偿已耗费的生产资料，那么，这个价值额是谁的劳动创造的呢？靠什么劳动来购买它呢？关键在于说明不变资本即已耗费的生产资料的补偿或者实现问题。

这个难题，包括李嘉图在内的斯密的后继者们都无法解决，他们也都接受了斯密关于商品价值分解为三种收入的论断。马克思由此把斯密这个论断称为“斯密教条”。这个教条也就堵塞了对资本主义再生产进行理论上的分析的可能性。

马克思详细剖析了将“商品价值最终可以全部分解为收入即工资、利润和地租这样一个根本错误的教条”② 的原因。究其根源，主要是不能区分劳动过程和价值增值过程，不理解不变资本和可变资本的关系，关键在于：既不能理解“劳动二重性”（抽象劳动创造价值，具体劳动创造使用价值，是同一劳动过程形成的相互联系又对立的两个方面），也不能够理解“劳动

①但是，斯密在分析现实的社会资本再生产问题时，又意识到固定资本和流动资本的维持费用，即已消耗的生产资料的补偿费用是进行社会再生产的必要条件。他为了解决现实经济活动和他上述理论命题的矛盾，又提出了总收入和纯收入的概念。所谓纯收入，乃是以不侵蚀资本为条件，留供居民享用的资金。这里讲的总收入实际上是包括工资、利润、地租，以及资本的维持费即已消耗的生产资料的价值，而纯收入才只分解为工资、利润和地租。这样，斯密通过区别总收入和纯收入的手法，迂回曲折地把他所说“第四个要素”即“不变的要素”偷偷地塞了进来。（马克思：《资本论》第2卷，人民出版社2004年版，第427页）

②马克思：《资本论》第3卷，人民出版社2004年版，第953页。

本身的二重性”（在同一时间内，劳动就一种属性来说）。但是，斯密在分析现实的社会资本再生产问题时，又意识到固定资本和流动资本的维持费用，即已消耗的生产资料的补偿费用是进行社会再生产的必要条件。他为了解决现实经济活动和他上述理论命题的矛盾，又提出了总收入和纯收入的概念。所谓纯收入，乃是以不侵蚀资本为条件，留供居民享用的资财。这里讲的总收入实际上是包括资本、利润、地租，以及资本的维持费即已消耗的生产资料的价值，而纯收入才只分解为工资、利润和地租。这样，斯密通过区别总收入和纯收入的手法，迂回曲折地把他所说“第四个要素”即“不变的要素”偷偷地塞了进来。与此同时，不了解两大部类的划分，也就无法理解价值补偿和实物补偿的区分，以及再生产过程及再生产的各个组成部分之间的关系。

“斯密教条”及其赖以建立的“三位一体公式”在经济学说史上贻害无穷。它混淆了价值决定和价值分配，并且是一种可笑的循环论证：“现在人们可以设想，这些价值组成部分不是由商品的价值分解而成，相反，由于这些组成部分结合在一起才形成商品的价值，于是形成了这样一个美妙的恶性循环：商品的价值来自工资、利润和地租的价值总和，而工资价值、利润和地租，反过来又由商品的价值决定，等等。”① 它不仅造成了理论上的混乱，无法科学地阐释收入的源泉，而且在实际上，依照各种生产要素都创造价值的原则，亦即按照生产要素贡献进行收入分配，成为市场经济通行的不二法门，使剥削披上了合法的外衣。

一言以蔽之，“这种幻想不过是亚当·斯密以来贯穿整个政治经济学的荒谬教条的必然的和最后的表现，即认为商品价值最终全部分解为收入，即工资、利润和地租”，“还因为正是在工资、利润和地租形式的分析上，包含着一个从亚当·斯密以来贯穿整个政治经济学的令人难以置信的错

---

①马克思：《资本论》第3卷，人民出版社2004年版，第958～959页。

误”,① 结果是,“斯密的混乱思想一直延续到今天,他的教条成了政治经济学的正统信条”。②

(二)第二理论板块即第51章《分配关系和生产关系》,着重阐述了资本主义生产方式的特征,其中包括分配关系和生产关系的特征及其相互关系

马克思开门见山地阐释了该章的主题:“对资本主义生产方式的科学分析却证明:资本主义生产方式是一种特殊的、具有独特历史规定性的生产方式;它和任何其他一定的生产方式一样,把社会生产力及其发展形式的一个既定的阶段作为自己的历史条件,而这个条件又是一个先行过程的历史结果和产物,并且是新的生产方式由以产生的既定基础;同这种独特的、历史地规定的生产方式相适应的生产关系,——即人们在他们的社会生活过程中、在他们的社会生活的生产中所处的各种关系,——具有一种独特的、历史的和暂时的性质;最后,分配关系本质上和这些生产关系是同一的,是生产关系的反面,所以二者具有同样的历史的暂时的性质。”③

详而言之:

生产力是生产方式赖以产生的既定基础。资本主义再生产不仅再生产出资本主义生产方式,而且再生产出资本主义分配方式。

与生产方式相适应的生产关系,与分配关系是同一的,是生产关系的反面;并且资本主义生产关系先于分配关系而存在,分配关系取决于生产关系,一定的分配关系只是历史的规定的生产关系的表现。

生产要素的分配关系决定生产方式的性质。“这种分配关系赋予生产条件本身及其代表以特殊的社会的质。它们决定着生产的全部性质和全部

---

①马克思:《资本论》第3卷,人民出版社2004年版,第951~952、947~948页。

②马克思:《资本论》第3卷,人民出版社2004年版,第434页。

③马克思:《资本论》第3卷,人民出版社2004年版,第993页。

运动。”①

资本主义生产方式的两个基本特征：它生产的产品是特殊的商品，以及剩余价值的生产是生产的直接目的和决定动机——必将对其分配关系产生深刻的影响。

第一个特征表明，与其他生产方式相区别的是，资本主义生产方式不在于生产商品，而在于商品生产占统治地位，商品作为资本的产品以及劳动力成为商品，劳动表现为雇佣劳动。这决定了资本主义生产方式的全部性质，资本家与雇佣工人的对立关系是资本主义生产关系的产物，生产的社会化与生产资料私人占有之间的矛盾成为资本主义商品生产的基本矛盾。这就表明，“这是一个在价值上建立起自己的生产方式，进而按照资本主义方式组织起来的国家”②。

此外，“作为整个资本主义生产方式的特征的社会生产规定的物化和生产的物质基础的主体化”③，也是一种表现形式。所谓“物化”即异化，即人与人的关系只有通过物与物的关系才能表现出来。所谓“主体化”即劳动不仅从形式上而且在实际上隶属于资本。因此，为了调节这个矛盾，“价值规律不过作为内在规律，对单个当事人作为盲目的自然规律起作用，并且是在生产的偶然波动中，实现着生产的社会平衡”④。经济危机和社会危机恰恰是这种资本主义生产方式的产物。

第二个特征表明，剩余价值的生产是生产的直接目的和决定动机。马克思做了三个层次的剖析：其一，它驱使资本家通过不断提高劳动生产力，生产最大限度的剩余价值。其二，资本家作为资本的人格化、作为生产的领导者和统治者，在直接生产过程中，是有组织、有计划地进行生产。但是，资本家之间的盲目竞争，造成整个社会生产的极端无政府状态。各个

①马克思：《资本论》第3卷，人民出版社2004年版，第994页。

②马克思：《资本论》第3卷，人民出版社2004年版，第963页。

③《马克思恩格斯文集》第7卷，人民出版社2009年版，第996页。

④马克思：《资本论》第3卷，人民出版社2004年版，第996页。

企业生产的有组织性和整个社会生产的无政府状态之间的矛盾，来源于资本主义生产的直接目的和决定动机，只有通过经济危机这种方式求得缓解。其三，与采取雇佣劳动这一社会形式的劳动与采取资本形式的生产资料相联系的资本主义积累，是资本主义生产方式所特有的特征。

分配关系和生产关系，具有同样的历史的暂时的性质。分配关系的历史性质就是生产关系的历史性质。每一种分配形式都会随着它由以产生并且与之相适应的一定的生产形式的消失而消失。

马克思在该章结尾指出："劳动过程的每个一定的历史形式，都会进一步发展这个过程的物质基础和社会形式。这个一定的历史形式达到一定的成熟阶段就会被抛弃，并让位给较高级的形式。分配关系，从而与之相适应的生产关系的一定的历史形式，同生产力，即生产能力及其要素的发展这两个方面之间的矛盾和对立一旦有了广度和深度，就表明这样的危机时刻已经到来。这时，在生产的物质发展和它的社会形式之间就发生冲突。"①

这是《资本论》第三卷也是《资本论》整个四卷的压轴性理论总结。其中包括资本运动过程所产生的各种具体形式。涉及资本具体的各种形式（如商业资本、生息资本等）和剩余价值的各种具体形式（如商业利润、利息、地租等），以及资本的生产过程、流通过程和分配过程的统一，而重点在于剩余价值如何在剥削阶级内部进行分割。

（三）第三理论板块

即第52章《阶级》。仅仅开了一个头。这一章的主题是阐述与地租、利润、工资这三大收入形式相适应的发达资本主义社会的三大阶级，即土地所有者、资本家、雇佣工人，以及由他们的存在所必然产生的阶级斗争。但是，在马克思政治经济学体系逻辑结构史上，却具有极其重要的地位。

在马克思看来，这三大阶级的阶级结构也还没有以纯粹的形式表现出

---

①马克思：《资本论》第3卷，人民出版社2004年版，第1000页。

来。原因在于一些“中间的和过渡的阶层”或“中间等级”游离于三大阶级之外[①]。而政治经济学研究的是一定历史阶段上的人与人之间的物质利益关系，以及隐蔽其后的内在联系，而最后的结论要由阶级与阶级之间的关系来说明。

第七篇在最后提出了“是什么形成阶级”的问题，并且反对用收入源泉标准或者收入分配形式划分阶级。但是，马克思没有进一步分析，手稿到此中断。

（四）关于第七篇的两个补充

《增补》是补充之一，由《价值规律和利润率》和《交易所》两篇文章组成。

第七篇的主题就是，资本主义总收入根源于劳动阶级的劳动所创造的剩余价值。其重要的理论武器就是科学的劳动价值理论。恩格斯撰写《价值规律和利润率》的目的是回击资产阶级学者——意大利的A·洛里亚（1857—1943年）、德国的维尔纳·桑巴特（1863—1941年）和卡尔·施米特（1863—1932年）——对《资本论》第三卷尤其劳动价值论的正面评论或者反面责难，其中包括有关价值规律转化为生产价格规律的负面评论。恩格斯用很大的篇幅回顾了价值规律发挥作用的时间先于生产价格规律的价值规律史，分析了商业利润率向产业利润率的转化，剩余价值转化为利润和利润转化为平均利润，以及价值规律向生产价格规律的转化，实际上是关于价值转化问题的历史论证，从而有力地捍卫了剩余价值理论的基石，即马克思的劳动价值理论。

《交易所》则是对资本具体形式新发展的有力补充，并且做了七点评论。恩格斯注意到，自1865年到1895年的三十年中，交易所在资本主义生产中所起作用的变化，股份公司大量涌现、食利者人数增加、银行成为抵

①马克思：《资本论》第3卷，人民出版社2004年版，第1002页。

押土地的所有者，几乎全部生产和流通都集中在交易所经纪人手中，交易所成为资本主义生产本身的最突出的代表。

《剩余价值理论》（1861—1863年手稿的主体部分）的末篇《收入及其源泉。庸俗政治经济学》，实际上是第七篇的又一个补充。可以视为第七篇的初稿。有些构成第七篇可以直接利用的思想材料，并且影响着《资本论》第三卷的结构定型。此外，有些论述也为终篇的研究提供思想史的证明，凸显了马克思对同一问题研究的深刻化、科学化的过程。

例如，关于资本理论，提出了关于资本作为“特殊的商品”“资本好像一个摩洛赫，他要求整个世界成为献给他的祭品”，以及“真正意义上的资本”的论述，还有关于生息资本是“最完善的物神”“自动的物神”的论述，[①] 以及关于庸俗经济学与古典经济学的评价。此外，还有关于劳动的异化的理论，利润与利息的量的分割转化为质的分割，以及收入形式神秘性的论述，等等。

二、 第七篇的学术地位

第一，第七篇是对《资本论》第三卷的总结。

第三卷分为四个理论板块：第1—4篇，讲剩余价值如何转化为平均利润，和职能资本如何通过平均利润瓜分剩余价值；第5篇，讲生息资本如何在平均利润以内瓜分剩余价值（平均利润分割为纯利润和利息）；第6篇，分析土地所有权如何在平均利润以上取得剩余利润。在前六篇中，马克思阐明了资本的各种形式以及剩余价值的各种具体形式，但在第6篇地租（剩余价值的最后一种形式）的研究结束以前，资产阶级财富总体中所包含的剩余价值还没有完全具体化，而是在最后第7篇中予以再现和处理。

作为《资本论》第三卷的总结，第七篇彻底揭露资本的本质及其各种

---

①《马克思恩格斯全集》第35卷，人民出版社2013年版，第306、306、302、304页。

形式，并予以分类和具体化，还论证了剩余价值形式的展开及其表象具体化，指出：被剥削阶级无偿占用的劳动阶级的剩余劳动（年价值产品 V + M）是剩余价值的唯一源泉，而利润、利息和地租不过是剩余价值的转化形式。最后把这些问题集中到阶级关系上来说明，揭示了阶级斗争的利益根源。

第二，第七篇是对《资本论》理论部分即全三卷的总结。

《资本论》第一卷《资本的生产过程》是以流通过程为前提的资本的直接生产过程，重点在于隐蔽其后的剩余价值的生产；但这个直接的生产过程并没有结束资本的运动过程。在现实世界里，它还要由流通过程来补充。

因此，《资本论》第二卷《资本的流通过程》，以流通过程作为研究的对象。这是在资本的直接生产过程基础上的流通过程，是资本的生产过程和流通过程的统一。作者特别是把流通过程作为社会再生产过程的媒介来考察的，重点在于考察隐蔽其后的剩余价值的实现问题。

《资本论》第三卷《资本主义生产的总过程》，就整体来看，是生产过程和流通过程和分配过程的统一，揭示和说明资本运动过程作为整体考察时所产生的各种具体形式，涉及“作为整体被考察的资本生产过程”所产生的新的更具体的形式（如商业资本、生息资本等）和剩余价值的各种具体形式（如商业利润、利息、地租等），及其如何在剥削阶级内部进行分割。

而第七篇《各种收入及其源泉》则对剩余价值如何在剥削阶级内部进行分割和分配，以“三位一体公式”的形式做了概括性总结：资本—利息，土地—地租，劳动—工资。资产阶级财富的生产过程，“不仅生产出物质的产品，而且不断地再生产出产品在其中生产出来的那种生产关系，因而也不断地再生产出相应的分配关系”，① 并进而指出，分配关系和生产关系是一个硬币的两面。并且进而从属于其反面生产关系的三大分配关系，最后

①马克思：《资本论》第 3 卷，人民出版社 2004 年版，第 994 页。

是以三大阶级“雇佣工人、资本家和土地所有者，形成建立在资本主义生产方式基础上的现代社会的三大阶级”①。在揭示了分配关系、生产关系及其主体阶级关系的历史性质之后，马克思又指出，生产资产阶级财富的特殊社会形式“达到一定的成熟阶段就会被抛弃，并让位给较高级的形式”②。

毋庸置疑，第七篇是《资本论》三大卷的总结。

第三，第七篇是《资本论》四卷逻辑体系的终点，同时也是政治经济学六册逻辑体系的起点。

综观《资本论》逻辑体系全过程，特别是其起点和终点，是首尾一致的。第一卷是以单一的商品即资产阶级财富为起点的，在其各个部分的各个阶段的资产阶级财富的运动的研究过程中丰富这些规定，直到在终点全面地具体地再现这一庞大的资产阶级财富总体。到第三卷第七篇第 51 章《分配关系和生产关系》，马克思的计划已经完成了——“第 H 卷所阐述的就是剩余价值的分配规律。而讲完了剩余价值的生产、流通和分配，也就结束了剩余价值的整个生涯。此外，对它也就没有更多的东西好谈了”③ ——从而建立了科学的政治经济学原理体系，即《资本论》四卷逻辑体系。

但是，这一终点同时也是《政治经济学批判》六册逻辑体系的起点。马克思在经济分析的基础上顺理成章地引出阶级问题。第 52 章“阶级”仅开了个头。这是一个结构转化的信号。这个问题，自然不属于《资本论》四卷所构成的“科学圆圈”，而是顺着这一圆圈继续上升的另一个层次六册结构计划圆圈，即“国家、对外贸易、世界市场”的起点。所以，“阶级”这一章，其方法论意义是，第七篇是由《资本论》逻辑体系的起点和终点所构成的“黑格尔圆圈”，这个终点既高于起点又蕴含起点，同时又是另一

①《马克思恩格斯文集》第 7 卷，人民出版社 2009 年版，第 1001 页。

②马克思：《资本论》第 3 卷，人民出版社 2004 年版，第 999 页。

③《马克思恩格斯全集》第 22 卷，人民出版社 1965 年版，第 511 页。

层圆圈的起点。

19 世纪 60 年代中期，由此开始了从四卷《资本论》结构向六册结构计划的复归。尤其 1875 年之后，集中表露在马克思 1879 年 4 月 10 日致丹尼尔逊、1880 年 6 月 27 日致纽文胡斯信中，马克思以见微知著的敏锐洞察力，看到当代资本主义“进入新的发展阶段”，“在很多方面都和以往的现象不同”，“因而需要重新加以研究”。

由此在研究对象、研究范围、理论空间、问题框架尤其在体系结构上做出了重大调整。

马克思的工作重心，从尽快加工出版《资本论》第二卷、第三卷，转向对当代资本主义发展新阶段、新现象，重新做更深、更广、更新的研究。从一个国家、市民社会内部的“资本”范畴，回归与上升到按照“六册构想”的总体思路，对“资本一般—国家—对外贸易—世界市场”的综合总体研究。这一过程虽然没有完成，但是留下了可供后人借鉴的《人类学笔记》《世界历史笔记》《村社制度与社会发展道路笔记》，以及《西方历史发展与社会主义道路笔记》。

三、 第七篇的现实价值

恩格斯称赞《资本论》第三卷“第七篇很精彩”，是“结论性的总结”。毋庸置疑，世纪之交，第七篇具有无与伦比的理论张力和鲜活的现实价值。

这就需要我们读经典原著。恩格斯强调指出：“对于那些不会读或不愿意读的人来说，对于那些在读第一册①时就已经不是花费必要的力气去正确理解它，而是花费更多的力气去解释它的人来说，无论你下多少功夫都是徒劳无益的。而对于那些希望真正理解它的人来说，最重要的却正好是原

①指马克思《资本论》第 1 卷——作者注。

著本身；对于这些人来说，我的改写顶多只有解说的价值，而且是对某种没有出版的和没有机会见到的东西进行的解说。但是，在初次争论时，就必然要查对原著；在一而再、再而三进行争论时，全部出版原著就是不可避免的了。”① 唯有如此，才能做到四个必须，即必须长期坚持的马克思主义基本原理，需要结合新的实际加以丰富发展的理论判断，必须破除的对马克思主义的教条式理解，必须澄清的附加在马克思主义名下的错误观点。

第一，劳动价值论—剩余价值论是《资本论》的红线和硬核。这是必须长期坚持的马克思主义基本原理，不能动摇。劳动价值论丧失生命力从而被送进价值学说史陈列馆的物质条件和理论条件远远尚未成熟。联想到国内流行的新生产要素理论，否定马克思关于1830年以后的经济学是庸俗经济学的判断，以及津津乐道市场供求均衡多元要素价值论，倍感劳动价值论—剩余价值论是必须长期坚持的马克思主义基本原理，并且应结合新的实际加以丰富发展。

第二，批判西方发展观，弘扬马克思发展观。这是需要结合新的实际加以丰富发展的理论判断。

第七篇阐述了资本主义生产方式的二重性：一方面“社会上的一部分人靠牺牲另一部分人来强制和垄断社会发展（包括这种发展的物质方面和精神方面的利益）”；另一方面，“资本的文明面之一”是“三个有利于”：“它榨取剩余劳动的方式和条件，同以前的奴隶制、农奴制等形式相比，都更有利于生产力的发展，有利于社会关系的发展，有利于更高级的新形态的各种要素的创造。”②

马克思指出：“李嘉图把资本主义生产方式看作最有利于生产、最有利于创造财富的生产方式……‘人’类的才能的这种发展，虽然在开始时要靠牺牲多数的个人，甚至靠牺牲整个阶级，但最终会克服这种对抗……因

①马克思：《资本论》第3卷，人民出版社2004年版，第1005页。

②马克思：《资本论》第3卷，人民出版社2004年版，第925~926页。

此对李嘉图来说，生产力的进一步发展究竟是毁灭土地所有权还是毁灭工人，这是无关紧要的……穆勒并不掩盖资本同劳动的对立。他说……工人阶级必须代表不发展，好让其他阶级能够代表人类的发展。这实际上就是资产阶级社会以及过去的一切社会所赖以发展的对立，是被宣扬为必然规律的对立，也就是被宣扬为绝对合理的现状。”①

这就是论证资本剥削劳动合法性的“李嘉图—穆勒定律”②，也是西方发展观的本质特征——以牺牲劳动阶级或阶层的利益为代价，“社会上的一部分人靠牺牲另一部分人来强制和垄断社会发展”，“工人阶级必须代表不发展，好让其他阶级能够代表人类的发展”，推崇和宣扬资本剥削劳动逻辑及其正当性——旨在证明资本主义是有利于社会生产力发展和社会进步的一种生产方式，并且被称为资本主义“绝对合理的必然规律”。

马克思最早在《共产党宣言》中强调“过去的一切运动都是少数人的，或者为少数人谋利益的运动。无产阶级的运动是绝大多数人的，是为绝大多数人谋利益的独立的运动”，这正是“马克思主义者整个世界观的基础”，③ 体现了马克思主义发展观的科学性和人民性。“以人民为中心”的习近平新发展理念，继承与发展了马克思发展观，任重道远。我们要聚集在习近平新发展理念的旗帜下，批判以“李嘉图—穆勒定律”为标志的西方发展观，坚决杜绝资本逻辑和资本所得凌驾于劳动逻辑和劳动所得之上的丑恶现象，把改革开放事业进行到底。

（原载于《政治经济学评论》2017 年第 5 期）

①《马克思恩格斯全集》第 3 卷，人民出版社 2013 年版，第 103 页。

②详见颜鹏飞：《构建社会主义和谐社会与西方和谐冲突理论》，《红旗文稿》2007 年第 2 期。

③《列宁专题文集·论马克思主义》，人民出版社 2009 年版，第 5 页；《马克思恩格斯文集》第 2 卷，人民出版社 2009 年版，第 42 页；《列宁全集》第 34 卷，人民出版社 1985 年版，第 306 页。

《资本论》及其手稿再研究的新进展

世纪之交的世界性危机所催生的第四次“马克思热”或“回到马克思”运动，以及《马克思恩格斯全集》历史考证版和出齐的《资本论》及其手稿，即新 MegaⅡ的出版，在国外形成了依据考证版“重新解读”“重新评论”的新 MegaⅡ手稿热。

记　者：世纪之交的世界性危机所催生的第四次“马克思热”或“回到马克思”运动，以及《马克思恩格斯全集》历史考证版和出齐的《资本论》及其手稿，即新 MegaⅡ的出版，在国外形成了依据考证版“重新解读”“重新评论”的新 MegaⅡ手稿热。经典的魅力在于促使人们“亲自到原著那肃穆的圣地去寻找永垂不朽的大师”，从中寻找时代对接点、理论闪光点和生长点。在此背景下，《资本论》及其手稿的再研究进入一个新阶段。您主持的教育部社科基金重大攻关项目《〈资本论〉及其手稿再研究》（2011 年）有哪些新进展？

颜鹏飞：顾名思义，这里讲的“再研究”，就比较视角而言是对《资本论》及其手稿以往研究的超越和深化；就文本学视角而言，是拓宽和夯实赖以研究的文献或者文本基础；就研究领域视角而言，不能局限于经济学研究而应该延伸到其他学科领域；就研究方法视角而言，我们主张传统经典著作与历史考证版相结合的研究方法，主张“四个分清”的研究方法；就实践与理论相结合这一视角而言，应该结合世情、国情、党情，结合实践，使马克思主义经济学中国化。

《资本论》及其手稿博大精深，我们主要关注马克思方法论的再研究。其中蕴藏的方法论瑰宝，首推马克思“新世界观”“新历史观”或“自然观”，其中包括总体方法论及其政治经济学方法论，实际上是与唯物史观、剩余价值学说并列的马克思的第三大伟大“发现”：“这个方法的制定，在我们看来是一个其意义不亚于唯物主义基本观点的成果。”（恩格斯，1859 年）

总体方法论也被称为“总体性”原则、“整体性”研究方法或者经济学逻辑体系构建方法。马克思首次科学地区分了作为客体的“具体总体”或者“生产总体”，亦即客观存在的社会经济形态，以及作为主体并且再现于人的思维之中的“思想总体”。后者对前者的再现是通过一系列概念、范畴、规律、理论的建构，并最终赋予经济学逻辑结构体系的形式，是一个具有诸多规定和关系的丰富的总体。这是“思想总体”再现“生产总体”和“具体总体”，主观辩证法或“概念辩证法”能动地反映客观辩证法，正确处理主体和客体、具体总体和思想总体、历史和逻辑之相互关系，并从总的联系和内在矛盾中阐述概念辩证法或主观辩证法的运动的“关于思维过程本身的规律的学说即逻辑和辩证法”的一门学问。它是超越了黑格尔逻辑学的“正、反、合”命题以及方法论整体主义的一场方法论革命。其主要的规定性还有以下几点：①结构的规定性和层次性。它包括政治经济学研究对象本身的结构，思想总体层次上的结构以及外在化的结构。②经济学范畴转化或移植的三大规律。一是范畴转化的动力来自范畴自身内在的矛盾而不能借助于后继范畴；二是转化路径是范畴中介管道；三是具备“物质内容”和“社会形式”二重性的范畴，在不同社会经济形态之间的移植规律。③矛盾分析贯穿于逻辑运动的全过程。马克思批判了形而上学的“排斥‘矛盾’的逻辑”观。④经济学元范畴（逻辑起点）、中心范畴、中介范畴的选择原则和方法。⑤抽象法、“内在观察法”以及从抽象呈螺旋式上升到具体的方法。⑥主体和客体、历史和逻辑、客观辩证法和主观辩证法，以及具体总体和思想总体相一致的方法。⑦政治经济学的主要任务，就是构建关于反映生产力和生产关系的概念辩证法运动的经济学逻辑体系。

这一方法论大致经历了三个发展阶段。1851—1857 年是马克思总体方法论的形成阶段。被马克思评价为“为重要的社会关系观做了第一次科学表述”的《资本论》第 1 稿即《政治经济学批判大纲》（以下简称为《大纲》）是这一阶段理论研究的产物。其中的《导论》篇及其“经济学提纲”（8 条）、“五篇结构”逻辑体系、“六册结构计划”和《资本论》四卷结构及其凸显的“大写的逻辑”，是马克思政治经济学方法论尤其是逻辑体系构筑方法的结晶。而作为马克思总体方法论的基石，就是集“从属”型与“创造”型或者继承性与更替性于一体的“总体”发展观。马克思还强调指出：政治经济学的主要任务，就是构建反映“生产力的概念和生产关系的概念的辩证法”运动的政治经济学逻辑体系。

马克思在《资本论》“初篇”（《政治经济学批判》第 1 分册，1859 年）的“导言”中，从创造型发展观亦即社会经济形态的更替性这一视角，粗线条地勾勒了以“表述自己的”学术话语为标志的政治经济学体系的逻辑框架，全景式阐释了生产力—生产关系、经济基础—上层建筑的矛盾运动，并且提出两个“决不会”的经典论断。马克思还批判了建构政治经济学逻辑体系中的唯心主义和教条主义两种趋向。这是马克思的总体方法论的确立阶段。

19 世纪下半期是马克思、恩格斯总体方法论的进一步完善阶段。促使总体走向成熟期的原动力来自于社会历史发展的合力，经济因素仅仅是其中的主导因素而不是唯一的因素，从而把总体发展观和方法论推向一个新的阶段。一些学者对马克思政治经济学方法论的解读存在着两方面问题：

一是将其仅仅局限于传统的卢森贝模式，即分门别类地归结为科学抽象方法、从抽象上升到具体的方法、逻辑与历史相一致的三大方法，而忽视作为一个整体的总体方法论及其政治经济学逻辑体系构筑方法；二是把倡导总体发展观的《资本论》第1稿与推出创新型生产力—生产关系发展观的《资本论》“初篇”人为地对立起来，抑此而扬彼，形而上学地割裂了集“从属”型和“创造”型于一体的辩证的“总体”发展观，把生产力—生产关系的辩证运动仅仅局限于“创造”型发展观，从而忽视了“使社会的一切要素从属于自己”的“从属”型发展观。

记　者：您以前曾撰文指出，马克思在《政治经济学批判大纲》中的《导言》结尾，提出“经济学提纲”（8条），其理论内涵、学术地位和实际价值不亚于马克思1845年的《关于费尔巴哈的提纲》（11条）。请具体说明。

颜鹏飞：这两个天才的提纲，其差别仅仅在于以“实践”为标志的1845年哲学提纲彰显了马克思哲学革命的原创性成果，而以“总体”为标志的1858年“经济学提纲”及其《导言》篇揭示了马克思政治经济学方法论和逻辑体系构筑学说的精髓。这也是马克思政治经济学的当代价值之所在，可能成为新的理论生长点。

其一，马克思政治经济学方法论的本质特征就是凸显生产力—生产关系这一经济学体系的核心结构和一以贯之的逻辑主线，凸显“生产力（生产资料）的概念和生产关系的概念的辩证”逻辑运动，由此规定了政治经济学考察对象、宗旨以及构建政治经济学体系的任务。

其二，区分了原生的生产关系和“非原生的生产关系”。前者是位于抽象层次的第一级的原生的生产关系，而后者正是上升到具体层次的“第二级的和第三级的东西”“派生的、转移来的、非原生的生产关系”，亦即生产关系的表现形式、实现形式或发展形式。人们所熟知的经济制度和经济体制实际上是生产关系的具体形式或发展形式。马克思在这里绽露了关于经济制度和经济体制理论的思想萌芽，实际上是第一个以社会的经济制度、经济体制为研究对象的经济学家。把经济体制视为生产关系的实现形式，并将其作为改革开放的突破口的理论和实践，在这里初显端倪。

其三，马克思在提纲中还提出了进一步研究“国家形式和意识形态同生产关系和交往关系的关系”“国际关系在这里的影响”和“生产关系作为法的关系怎样进入了不平衡的发展”等任务。生产关系的发展形式其中包括产权形式，以及生产关系如何与生产力、生产的国际关系（涉及国际分工、国际交换、国际贸易和世界市场）乃至与国家形式、意识形态的协调发展，是一个远远没有穷尽的宏大的大课题和大文章。

西方学者虽然对《大纲》及其《导言》做了很高的评价，例如，戴维·麦克莱伦（David Mclellan）注意到了《大纲》的完整性，它的很多内容在《资本论》中或者没有展开或者没有提及，从而为《资本论》研究提供了一个更为广阔的框架。但是，他们没有深刻地探讨“经济学提纲”（8条）的精髓。

如何构建以生产力—生产关系矛盾运动为主线的政治经济学体系亦即概念辩证法或主观辩证法的逻辑运动，这是重中之重。生产关系不可能直接与现实生产力发生作用，横亘在生产关系与生产力之间的中介范畴理论是总体方法论不可或缺的基础性理论。把散见于《资本论》手稿各处的中介范畴理论综而观之，政治经济学逻辑体系总体的生成和演绎是依赖生产力和生产关系的诸种概念、范畴和要素的自我运动，实质上是一系列中介范畴、中间环节之间的中介运动。我把它归结为生产关系—中介范畴—生产力理论，它无疑具有重要的方法论意义和现实价值。

基于中介范畴和中介环节的亦此亦彼性质，即具有既有生产力属性又有生产关系属性的亲和力，由此而成为生产力与生产关系相互作用、相互结合的沟通管道，扮演了旨在推进生产力发展、诱致生产关系革命、变革或完善从而使生产力和生产关系达到最佳结合的突破口这一重要角色。选择何种能够使生产力和生产关系平衡发展的中介范畴和突破口？必须审时度势，依据所处时代条件、具体环境和经济发展状况而定。马克思所说的“派生的、转移来的、非原生的生产关系”，“第二级的和第三级的东西”即经济制度、经济体制、经济机制以及生产方式、交换方式、发展方式、管理方式、分工、产权、股份制等在不同的历史发展阶段，不同程度上扮演过中介范畴和中介环节的角色。至于生产力有哪些特定的表现形式、实现形式或发展形式，以及以哪一种形式与生产关系的特定的形式对接，则是另一篇大文章的内容。

选择何种能够使生产力和生产关系平衡发展的中介范畴和突破口？这是一种战略性思考和顶层设计。中国的实践表明：新中国基本经济制度（1949—1977 年）、市场经济体制（1978—2008 年）扮演了这一类性质的中介范畴，极大地推动了中国的经济发展。如果说，实施新民主主义经济纲领的突破口是推翻已成为生产力发展桎梏的半殖民地的经济制度，邓小平发动改革开放的突破口是束缚生产力发展的计划经济体制而代之以市场经济体制，那么，现阶段终于选定的经济发展方式涉及发展理念的变革、发展模式的转型、发展路径的创新，引起生产方式、生活方式和思维方式的深刻变化。因此，从一定意义上说，转变发展方式像改革开放一样，是关系我国发展命运的战略抉择，是新的历史条件下一次新的革命性转型，是今后数十年贯穿于中国经济社会发展全过程和各领域使生产力和生产关系平衡发展的突破口。

记　者：中国特色的政治经济学体系也就是“表述自己的”本土化的学术话语体系，如何理解？

颜鹏飞：自己的文化传承和民族特色的，并且从属型发展观与创造型发展观相统一、兼容并蓄与推陈出新并举、本土化与国际化以及大众化话语与学理型术语并行不悖的政治经济学话语体系。

话语权和学术话语权是软实力的要素之一，就是控制舆论从而影响社会行为和社会发展的能力。西方经济学话语体系的大本营在美国，新自由主义经济学、新凯恩斯主义、新古典综合派一版又一版的《经济学》教材，主导了经济学的国际话语权。

我们可以说，创新文化匮乏的民族是没有希望的民族。同样，拥有本土化的学术话语体系的民族才是能赢得世界尊敬的民族。马克思强调，他的政治经济学六册结构和《资本论》四卷结构体系是德国民族的骄傲。重温马克思、恩格斯的“术语革命”理论和实践，具有重要意义。恩格斯在《资本论》第1卷1886年英文版“序言”中指出：“一门科学提出的每一种新见解，都包含着这门科学的术语的革命”，“不言而喻，把现代资本主义生产只看作是人类经济史上一个暂时阶段的理论所使用的术语，和把这种生产形式看作是永恒的最终阶段的那些作者所惯用的术语，必然是不同的。”

政治经济学术语或者学术话语包括经济概念、经济范畴以及经济规律，一般都具有两重性。换言之，它们可以归结为由生产力的一定水平决定的物质内容（马克思称之为“为一切社会生产方式所共有的基础”）和反映一定经济关系的社会形式（马克思称之为“经济范畴的历史痕迹”）的统一体。所以，《资本论》在三种意义上使用政治经济学概念、范畴、规律和学术话语：一是原封不动地沿袭和继承；二是基于从属型发展观视角，剔除其“独特的资本主义性质”，着重于翻新改造、推陈出新和在新的语境下的“嫁接”；三是基于创造型发展观视角，推出新概念、新范畴、新表述和新规律，但是这一部分屈指可数，所占比重非常少。

这里讲的创造型发展观视角就是“把自己还缺乏的器官从社会中创造

出来”。创建具有中国元素以及以本土化的“表述自己的”学术话语为标志的中国特色的经济学体系，是题中应有之义。

这里讲的从属型发展观视角就是“使社会的一切要素从属于自己”，着重于对人类文明成果的兼容并蓄，通过对他种事物的吸纳、兼容、继承、扬弃或移植，为我所用。

构建中国经济学体系和学术话语体系必须正确借鉴西方经济学，正确处理马克思主义经济学与西方经济学的关系。我们并不排斥在马克思主义经济学理论外围（保护层）融合西方经济学理论的适用成分和合理因素，有批判地借鉴或者有条件地吸收西方经济学的有益成分。一是谨防把从属型发展绝对化而把创造型发展边缘化的取向。例如，全盘接受西方经济学体系和政策主张而不断重复演绎“橘生淮北则为枳”的故事，这无疑是现代版的教条主义和蒙昧主义。二是中国特色经济学体系与当代西方主流经济学体系（以新古典主义和凯恩斯主义为代表）之间，不能搞折中主义的“综合”，应该是从属与被从属的关系，亦即使后者从属于前者，纳入中国经济学体系之中。

综上所述，政治经济学领域的术语革命或者话语革命包含着两层含义：一是从属型含义，即对老话语的改造或者推陈出新；一是创造型含义，即提出新的话语。但是，中国经济学界在某种程度上患上了“失语病症”即“学术失语”和“集体失语症”，以至于在经济学许多领域甚至在实业界和部分主流媒体言必称西方经济学，“影子主义”和“影子模式”（例如新自由主义、新凯恩斯主义、新重商主义）很有市场，出现了马克思主义经济学弱化和西方经济学强势化现象。而中国本土仍具文化活力与生命力的学术话语、语言、资源、概念、范畴、表述、思维方式、思想文化等则被有意、无意地遗忘与抛弃，民族学术正逐渐被西方学术或者普世价值所侵蚀甚至取代，最终很有可能引致软实力匮乏、文化安全和颜色革命。因此，谨防和批判“中国式新经济自由主义”“中国式新凯恩斯主义”和“中国式新重商主义”，开展中国经济学的“术语革命”，构建凸显中国特色、中国气派、中国风格的，具有鲜明的时代性、科学性、民族性、开放性和大众性的话语语汇、知识概念和话语规则及其学术话语体系，这就需要我们在“三千年未有之大变局”中以重构学术话语体系的方式再建民族主体性。这已经成为经济学界义不容辞的历史性任务。

记 者：对马克思主义经济学的话语体系保持理论自信、理论自觉和理论自为的信念从哪里来？

颜鹏飞：我们应该对马克思主义政治经济学树立“三自”信念。其一，较之其他经济学理论体系，《资本论》及其手稿提供了科学的新发展观和方法论，即怎样认识和改造社会经济形态，如何建构反映其现实运动的逻辑体系。被封为经济学“圣经”的《资本论》，在世界金融危机的爆发后再次成为西方国家的畅销书。马克思经济学及其方法论受到人们的青睐，华里西·里昂惕夫（Wassily Leontief）极力强调马克思经济思想对于现代经济学的方法论意义。国外许多著名学者甚至包括马克思主义的反对者——其中不乏诺贝尔经济学奖获得者以及哲学、社会学思想史等各种领域、流派和思潮的领军人物，不得不承认马克思这位思想巨人的历史地位、贡献和重大影响：把马克思列入与亚当·斯密、梅纳德·凯恩斯齐名的世界最伟大的三个经济学家行列；如同柏拉图改变哲学思想的景观、弗洛伊德改变心理学的走向而改变了社会思想方式；像伽利略、牛顿、爱因斯坦和普朗克变革了物理学一样，他是改造了经济学的经济学家，如同约翰·穆勒（John Mill）、马克斯·韦伯（Max Weber）一样的经济学方法论大师。

另一方面，这一场全球性危机也使西方经济学整个体系陷入了极其尴尬的窘境和危机之中。英国“伊丽莎白二世之问”发人深省。她在2008年11月视察伦敦经济学院的质问——为什么当初就没有一个人注意到经济危机？英国经济学界对女王的公开致歉信承认：英国及其他国家有影响力的前沿经济学家将经济学变成了与现实世界脱节的学科。

其二，中共中央马克思主义理论研究和建设工程有助于占据理论制高点，控制学术话语权，从而达到自信、自觉和自为的学术境界。作为马克思主义理论研究和建设工程《西方经济学》重点教材课题组的首席专家之一，我对此深有体会。一般而言，教科书是某一学科趋于成熟和体系化的标志。我们不仅对西方经济学进行客观的全面而系统的介绍，而且每章有专节予以科学的辩证的评析。这是我们编纂的《西方经济学》重点教材的一个重要特色。尽管西方经济学在理论上存在不少缺陷，但仍然具有一定的科学性，在一定程度上揭示了关于现代化大生产、市场经济运行和资源配置机制、政府宏观调控和企业管理的规律；同时，它也反映了发达资本主义国家特殊的阶级利益、制度属性和意识形态。我们需要厘清西方经济学中的有益成分和无益成分，意识形态成分和实用价值成分；进而还要从有益成分和实用价值成分中找出适合中国国情的，可以移植、借鉴和吸收的合理因素。全盘否定、一味排斥西方经济学是不可取的，盲目崇拜、全盘照收也是不可取的。

从世界文明史这一大视域来看，“西学东渐”与“东学西渐”是东西方文明互相交流的带规律性的现象。经济学的发展也是各国在思想和理论上相互交流、补充、碰撞和融合的结果。东学西渐曾经有一千多年的历史进程，首次创立关于资本主义生产的完整而独特的理论体系的重农学派以及18世纪法国启蒙运动，都深受中国这个“理性王国”的影响。自19世纪以来，西学东渐蔚然成风。中国思想启蒙运动，不仅引进了“德先生”和“赛先生”，还有“富先生”。严复以《原富》为名，在1902年翻译出版西方经济学的奠基之作即亚当·斯密的《国富论》，梁启超在翌年翻译出版了《生计学学说沿革小史》。20世纪下半期的改革开放，又引进包括教科书在内的大量西方经济学论著。我们有这个理论自信、理论自觉和理论自为，在不久的将来，一定能重铸以本土化的学术话语为标志的中国特色的政治经济学，迎接第二次“东学西渐”热。

记　者：中国特色的马克思主义经济学的话语体系有什么特征？

颜鹏飞：中华民族是一个倡导“一言兴邦、一言丧邦”“尊新必威、守旧必亡”和“经世济民”的民族。进入转型阶段的中国政治经济学体系应该是民生本位的经济学话语体系。秦汉以来一直把经济学视为经邦济世、强国富民之学，充分体现其厚生、惠民的人文主义、人本本位和主体本位思想。我们应该与所谓与西方经济学“接轨”“被别人表述”渐行渐远，不断地总结中国改革开放实践过程中创造出来的新鲜经验和鲜活话语，敢于面对和解答中国经济社会发展的新情况和新问题，对内统一思想、凝聚力量，对外不断提高中国的国际话语权，占据理论前沿和学术话语制高点，从而达到自信、自觉和自为的学术境界，笑傲于世界学术之林。

中国化的马克思主义经济学话语体系的特征，明显区别于丧失道德制高点的西方“经济人本位”的话语体系，区别于以物本本位和利润取向为标志的西方市场本位的话语体系。

西方经济学的有识之士也在进行深刻反思，出现了经济学向伦理学的回归。经济学原本就是道德哲学的分支之一，亚当·斯密的《道德哲学》和《国富论》是不可分离的姐妹篇，利己和利他、经济人和道德人是可以统一的。他们还进一步回归到开创经济伦理思想的亚里士多德和柏拉图，要把经济学再度关进伦理道德的笼子里，让伦理话语权重新回归政治经济学。

一个比较完善的中国特色的具有自己话语的政治经济学体系主要包括以下内容：第一，基础性逻辑层次，从抽象层次反映生产力与生产关系的辩证运动，以及在继起的更高层次上涵盖基本经济制度、经济体制和经济发展方式；第二，宏观层次，涉及经济的生产、分配、交换和消费等主要环节及其宏观经济运行和调控机制等；第三，微观层次，涉及微观经济组织经济运行和调控机制等；第四，侧重现象层次和具体层面，具有综合化、政策化和宽泛化特征的中国模式理论，涉及中国经济发展道路、发展目标、发展模式、发展战略、发展动力，等等。第一层次决定中国经济学及其中国经济模式的本质和基本性质，而二、三、四层次的运行和发展都是生产力与生产关系的辩证运动的具体反映，是与一定的经济制度、经济体制和经济发展方式紧密相关的，并且在第四层次的中国经济模式得到最为具体的综合反映。

（原载于《马克思主义研究》2013 年第 7 期。副标题：访武汉大学教授颜鹏飞）

《资本论》方法论研究的现实价值

《资本论》中蕴藏的方法论瑰宝，把辩证方法创造性地应用于政治经济学领域，并且把辩证法、认识论和逻辑学融于一体，实际上是马克思的第三大理论贡献和伟大“发现”。但在较长一段时间内，理论界很少有人对此做深度挖掘和文本解读。

马克思的总体方法论的基础是“总体”发展观：“新的生产力和生产关系不是从无中发展起来的，也不是从空中，又不是从自己产生自己的那种观念的母胎中发展起来的……而它向总体的发展过程就在于：使社会的一切要素从属于自己，或者把自己还缺乏的器官从社会中创造出来。有机体制在历史上就是这样向总体发展的。”[①] 简而言之，“有机体制”即经济的社会形态趋向于总体的发展过程，是一个既体现历史继承性或开放性的“使社会的一切要素从属于自己的”从属型发展过程，又体现历史更替性或创造性的“把自己还缺乏的器官从社会中创造出来的”创造型发展过程；也是“更有利于生产力的发展，有利于社会关系的发展，有利于更高级的新形态的各种要素的创造”[②] 的历史进程。

总体方法论也被称为“总体性”原则、“整体性”研究方法或者经济学逻辑体系构建方法。这是“思想总体”再现“生产总体”和“具体总体”，主观辩证法或“概念辩证法”能动地反映客观辩证法，并从总的联系和内

①《马克思恩格斯全集》第46卷（上），人民出版社1979年版，第235～236页。

②马克思：《资本论》第3卷，人民出版社1975年版，第926页。

在矛盾中阐述概念辩证法或主观辩证法的运动的一门学问。“总体范畴，整体对各个部分的全面的、决定性的统治地位，是马克思取自黑格尔并独创性地改造成为一门全新科学的基础的方法的本质”①，是超越了黑格尔逻辑学的“正、反、合”命题以及方法论整体主义的一场方法论革命，凸显了“真理只有作为体系才是现实的”这一经典名言。

《资本论》“大写的逻辑”正是马克思逻辑体系总体构筑方法演绎的产物。马克思首次科学地区分了作为客体的“具体总体”或者“生产总体”，亦即客观存在的社会经济形态，以及作为主体并且再现于人的思维之中的“思想总体”。后者对前者的再现是通过一系列概念、范畴、规律、理论的建构，并最终赋予经济学逻辑结构体系的形式，是一个具有诸多规定和关系的丰富的总体。其主要的规定性还有以下几点：①结构的规定性和层次性。它包括政治经济学研究对象本身的结构，思想总体层次上的结构以及外在化的结构。②经济学范畴转化或移植的三大规律。一是范畴转化的动力来自范畴自身内在的矛盾而不能借助于后继范畴；二是转化路径是范畴中介管道；三是具备“物质内容”和“社会形式”二重性的范畴，在不同社会经济形态之间的移植规律。③矛盾分析贯穿于逻辑运动的全过程。马克思批判了形而上学的“排斥‘矛盾’的逻辑”观。④经济学元范畴（逻辑起点）、中心范畴、中介范畴的选择原则和方法。⑤抽象法、“内在观察法”，以及从抽象呈螺旋式上升到具体的方法。⑥主体和客体、历史和逻辑、客观辩证法和主观辩证法，以及具体总体和思想总体相一致的方法。⑦政治经济学的研究对象和任务之一，就是构建关于反映“生产力的概念和生产关系的概念的辩证法”② 运动的经济学逻辑体系。

如何重铸以本土化的学术话语权为标志的中国经济学体系，无疑可以从中得到深刻的启迪。马克思“总体”方法论的精髓就是从属型发展与创造型发展的辩证统一观，以及经济学逻辑体系构建方法。创造型发展观的

---

①［匈］卢卡奇：《历史与阶级意识》，杜章智等译，商务印书馆1992年版，第76页。

②《马克思恩格斯全集》第46卷（上），人民出版社1979年版，第47页。

第一要义就是创新。着力创建具有中国元素以及“表述自己的”学术话语权的经济学体系，从而与“接轨”“拿来”“被别人表述”渐行渐远，这是题中应有之义。

“从属”型发展观的第一要义就是着重于对人类文明成果的兼容并蓄，通过对其他种文化的吸纳、兼容、继承、扬弃或移植，为我所用。构建中国经济学体系和学术话语体系必须正确借鉴西方经济学，处理好马克思主义经济学与西方经济学的关系，有批判地借鉴或者有条件地吸收西方经济学的有益成分。因此，一是谨防把从属型发展绝对化而把创造型发展边缘化的取向。例如，全盘接受西方经济学体系和政策主张而不断重复“橘生淮北则为枳”的故事，这无疑是现代版的教条主义和蒙昧主义。二是中国特色经济学体系与当代西方主流经济学体系（以新古典主义和凯恩斯主义为代表）之间，不能搞折中主义的“综合”，应该是从属与被从属的关系，亦即使后者从属于前者，纳入中国经济学体系之中。

较之其他经济学理论体系，《资本论》提供了科学的新发展观和方法论，即怎样阐释经济的社会形态，如何建构反映其运动的逻辑体系。被封为经济学“圣经”的《资本论》，在世界金融危机的爆发后再次成为西方国家的畅销书。马克思经济学及其方法论受到人们的青睐，国外许多著名学者甚至包括马克思主义的反对者——其中不乏诺贝尔经济学奖获得者以及哲学、社会学思想史等各种领域、流派和思潮的领军人物，不得不承认马克思这位思想巨人在思想界的历史地位、贡献和重大影响。经典的魅力在于促使人们“亲自到原著那肃穆的圣地去寻找永垂不朽的大师”（叔本华语），从中寻找时代对接点、理论闪光点和增长点。而在全球化语境和当今时代条件下，重读《资本论》，无疑有助于彰显和发扬其在场的现实可能性、跨越历史时空而与当今时代对话的当代价值，以及在新的历史语境下回应现实和指引实践的理论张力。

（原载于《光明日报》2013 年 8 月 27 日）

下卷

中国特色社会主义经济理论

中国经济学研究究竟向何处去

中国经济学向何处去？这是中国经济学人研讨过多次的老话题。中国经济学界的现状与19世纪上半叶的德国经济学界的状况——其特点是作为舶来品的、并取得话语霸权的英法“世界主义经济学”与德国“国家经济学”即历史学派并存——惊人地相似，已进入各种“体系”或“范式”的相互碰撞。中国市场化导向的“转轨经济”“过渡经济”催生了一种双重多元化趋向或倾向，即经济学体系多元化和指导思想多元化并存。这就提出一系列的问题：马克思主义经济学应不应该或者能不能够处于指导思想和主流经济学地位？西方经济学应不应该或者能不能够取而代之？马克思主义经济学与西方经济学是两张皮、两种体系、两大炉灶，两者能不能综合或融合？国际经济学（西方经济学的另一个称谓）的本土化或中国化的目的是借鉴，还是“西化”或“边缘化”中国经济学？换而言之，我们必须讨论如下问题：

一、 如何评价马克思主义及其经济学说

马克思主义及其经济学说如果在中国学界不处于指导思想和主流经济学地位，岂非咄咄怪事？这里当然是指与时俱进的而不是教条主义的马克思主义经济学说。问题在于：能否处于指导思想和主流地位，关键在于有没有形成能解读和指导现实经济活动并取得话语指导权的马克思主义经济

学体系。

马克思的政治经济学体系“六册计划”，提供了建立这一科学体系的方法论基础和体系框架，集中代表了马克思经济学逻辑体系构建的最高成就。最先完成的四卷结构《资本论》是该体系的基础或“精髓”部分；它的逻辑定位是“小圆圈”，即抽象层次上经济学范畴的辩证运动，它没有涉及本质关系在现实生活中呈现的种种具体形式，没有上升到以世界市场为最高具体的“总体”，没有穷尽关于经济关系研究或叙述的全部内容。而尚未完成的“续篇”（“六册计划”第2—6册，至少是后3册）则涉及本质关系在现实生活中呈现的种种具体形式和“总体”，其逻辑定位是“大圆圈”，即经济学范畴上升到具体现象层次上的辩证运动。《资本论》和“续篇”，“小圆圈”与“大圆圈”构成了不可分割的逻辑体系整体，呈大圆圈套小圆圈的螺旋式上升的“总体”形态。

长期以来，我们没有完整地准确地把握被马克思引为“德国民族骄傲”的关于经济学逻辑体系构建的学说，而把《资本论》“大写的逻辑”结构等同于马克思经济学逻辑体系构筑学说的全部内容，淡化或取消“六册计划”体系。这是对马克思体系构建学说的片面性或肢解性的“解构主义”解读趋向。这种非整体性解读就是不承认理论体系的整体性，它会抑制和窒息马克思理论的原创性和生命力，使许多理论闪光点和生长点、有价值的分析框架和思想线索被遮蔽，从而出现逻辑体系构建方法“半截子化”、研究对象狭窄化、研究内容空洞化以及政治经济学本身趋于僵化和边缘化趋向，并因此逐渐丧失对经济现实的解释力而导致指导思想多元化倾向。解决问题的基本思路是既要“回到马克思”，又要在实践、创新并吸取当代经济学家（包括西方经济学家）研究成果的基础上来“发展马克思”。这也是马克思的理论遗嘱。因为《资本论》是一个自成始基性体系但又尚未完成的“半拉子”构筑物，其“续篇”只能留待后人“在已经打好的基础上去探讨”。

总而言之，极有必要用完整的关于马克思经济学逻辑体系构建的学说——而不是寄希望于非马克思主义经济学体系——来指导和建立科学的现代政治经济学理论体系，使之成为社会实践的科学反映并用来指导现实经济运动。这是一项“去标签化”“去空洞化”，凸显其指导思想地位和话语指导权的马克思主义基础工程。

二、 如何评价西方经济学说

西方经济学是否像马克思学说那样，真正是一门值得本土化或中国化的“硬科学”？以至于有一些同志不赞成“建立有别于西方经济学的、在概念上和体系上完全不同的中国经济学”，而主张引进反映“资源配置全过程”的现代经济学范式（董辅礽，1997 年；魏杰，1997 年）；或者着眼于世界三大理论体系互补性的“马克思主义新综合”，但前提是必须“对马克思主义理论本身进行发展和改造”，并且也不主张构筑新体系，因为“斯密的理论体系在当初已经完成了这一任务”（樊纲，1988 年）。

但发人深省的是，西方经济学界有许多知名学者也不承认这一点。因为它缺乏科学所应有的内部一致性，即在理论体系之中，不能同时存在两种以上的相互抵触的说法。科学研究的进展所取得的成果往往是积累性的。新旧之间的关系不是相互补充而是相互排斥。“经济学系从争论中演变出来。经济学家们从来都很难具有相同的见解或者完全同意某一个见解。对经济学家的一个有把握的预测是：在他们之间永远不会有相同的意见。”①并且，许多西方经济学的论点不是由实践而是由学者的“权威”所论证。他们有许多观点不一、模式和范式不同的经济学派别，只被它们各自领域的成员所认可，并被认为是判别正确与错误的标准。许多西方经济学家承认，西方经济学不完全是科学，往往使人无所适从。西方知名学者威廉·鲍莫尔和肯尼斯·布兰查德说：“经济学具有某种精神分裂症，虽然在社会

①格林沃尔德：《西方经济学百科全书》，纽约麦格鲁－希尔公司 1982 年版，第 323 页。

科学领域中，它是最为严谨的学科，但是，和譬如说物理学相比，它看来肯定具有更多的‘社会的’而不是‘科学的’成分。”① 萨缪尔森·诺德豪斯对此有同感：“经济学含有的科学成分永远和它含有的艺术成分一样多。”②

我们是多级本质的统一论者。为资本主义生产方式辩护、维护国际垄断资本主义利益是现代西方经济学的一级本质或核心本质。马克思在1830年就给它的庸俗性做了定性。在一定程度上揭示了现代化大生产和市场经济的运行规律与管理经验，则是它的二级本质，从而反映了其一定的实用性和科学性。现代西方经济学的一级本质表明：马克思主义经济学与西方经济学是两张皮、两种体系、两种炉灶，在意识形态、基本假设、基本原理、价值观或哲学导向等重大问题上（例如自私经济人假设抑或劳动人假设、资本本位抑或劳动本位、劳动价值论抑或非劳动价值论）都是对立的，两者在核心或硬核层次上不可能相互综合、融合或借鉴。但是在马克思主义经济学外围或保护层层次上可以借鉴、移植和应用西方经济学和市场制度的合理成果。这是基于现代西方经济学的非核心的二级本质。西方经济学或国际经济学的本土化或中国化，如果是出于借鉴而不是把中国本土经济学边缘化和“西方化”的目的，应该加以肯定。因为马克思主义经济学是一个开放的理论体系。总之，对现代西方经济学两大本质褒此贬彼的后果，或者导致思想“西化”或者导致思想“僵化”，两者必居其一。

三、如何借鉴、移植和应用西方经济学说及其制度设计的合理成果

要尊重理论移植和制度移植的原则和规律。第一，这种在保护层面上

①威廉·鲍莫尔、肯尼斯·布兰查德：《经济学》（第7版），纽约德里顿出版社1997年版，第10页。

②萨缪尔森·诺德豪斯：《经济学》（第16版），纽约麦格鲁－希尔公司1998年版，第23页。

的移植、兼容和融合，应该以是否符合中国国情为前提。不能凡是合理的就能移植。“制度神话”“市场神话”“私有产权神话”“产权导向改革论”“西方文明普适论”“制度接轨论”“国退私进论”“一股就灵论”和“一卖就灵论”，这些是不符合中国国情的。例如，美国的主要“水土”是私有经济，中国的主要“水土”是公有经济。由于我国是最大的发展中国家，所以我国目前不具备足够的市场机制赖以顺利运行的硬件；由于我国在过去长时期实施集中的计划经济，所以我国目前也不具备足够的市场机制赖以顺利运行的软件，这些软件包括商务法律、企业管制条例、行业的成规、群众的市场意识、诚信等与上层建筑有关的事项；作为我国独特情况的人口压力也使我国的市场经济发生作用的程度和范围受到限制；等等。忽视这些中国独特的国情和历史环境就会犯“橘生淮北则为枳”“播龙种而获跳蚤”，甚至出现“颜色革命”而亡党亡国的错误。20 世纪中期以及末期，根据当代西方主流经济学理论和政策来制定本国改革和转型政策的拉丁美洲国家以及苏联、东欧社会主义国家，都遭遇了灾难性的后果，就是一个证明。

我们在批判“土”教条主义的同时不要走进“洋”教条主义的死胡同。作为最大的转型中国家，中国的国情和发达的市场经济国家大相径庭，如果简单地把那些主要针对西方发达国家的经济现象而定做的主流理论运用到中国来，无疑是削足适履，是一种“洋”教条主义。以其昏昏，难以使人昭昭。即使致力于发展中国家问题研究的西方发展经济学家，由于对发展中国家的国情和主要约束条件不甚了解，因而开出来的药方大失水准，以至于有人贴出“发展经济学已经死亡”的讣告。

第二，不能忽视制度的系统性，不能忽视隐性制度或非正式的制度安排，谨防跨国移植诱发的非兼容症。

什么是制度?[①] 它是一个系统，正式规则和非正式规则、显性制度和隐性制度，亦即制度规则及其支持系统和“配套”要素这两部分组成。后者包括国情、传统、习俗与其他文化因素和社会支持条件，例如市场经济、市民社会、中产阶级、国民教育水平，制度化行为所需的文化背景、人文素质、环境和价值观，如制度观念、守法意识、法治意识、契约观念等。因此，能否进行有效的制度移植，在于这两者整体的协调配合。我们往往忽视制度的系统性，忽视隐性制度和非正式的制度安排，往往出现跨国移植所诱发的非兼容症，即社会有机体会因为移植外来器官而产生“排异”现象。

众所周知，西方发达国家，有效的市场经济理论、产权制度或政治制度等是在长期试错过程中，与其他文化因素和社会条件相互结合的过程中形成的，它的有效性有赖于其他因素的支持，但这种制度一旦移植到其他国家，它所需要的支持条件和“配套”要素却不可能同时也搬过来，于是，这种制度往往在后发展国家中失效。中国的戊戌变法和辛亥革命的失败就是明证。清朝第一代留学生严复曾经探讨过这个问题，提出了著名的“严复悖论”：单独移植西方的个别制度无济于事，而全方位地移植该制度赖以存在或配套的支持系统，又是不可能的。[②] 日本学者青木昌彦也指出，即使能从国外借鉴良好的正式规则，如果本土的非正式规则因为惰性而一时难以变化，新借鉴来的正式规则和旧有的非正式规则势必产生冲突。其结果，

---

①西方学者的共识是，制度是“社会的博弈规则”（Social Rules of Game），一种具有整体性特征的“规则集合”和“规则系统”；制度系统由规则（内部制度）及其执行（外部制度）两部分组成；或由正式规则（法律、宪法、规则）、非正式规则（习惯、道德、行为准则）及其实施效果构成；或由显性制度（政治、经济或法律制度构架）和隐性制度（文化、习俗、伦理、道德、宗教、惯例或潜规则）两部分组成；也是非正式的制度安排即“非正式约束”（习俗、道德、文化等）软件或“（潜）规则约束”，以及和正式的制度安排即“正式约束”（法律、规则、产权等）硬件的总和，而制度和组织的互动形成了经济中的制度演进过程。

②严复以牛如何追赶马为例来说明：牛看见马比自己跑得快，以为症结在于马蹄而将其移植到牛腿上。可是牛仍然跑不快，先后置换马的骨骼、肌肉和血液都无济于事。结论是牛必须变成马，否则牛永远追赶不上马。严复在这里实际上提出了著名的“严复悖论”：单独移植西方的某些制度无济于事，而全方位地移植该制度赖以存在或配套的支持系统，又是不可能的。

借鉴来的制度可能无法实施又难以奏效。这种冲突是外来制度规则与本国相应的“配套”要素和支持系统的排斥反应，实质上是一国的基本制度（基础性制度安排）即制度环境与移植过来的新制度的矛盾或非相容性的表现。

四、一个案例：西方产权理论和制度的移植

我们既重视理论和制度自身的创新，也重视外来理论和制度的移植。但是，一种经济理论尤其一种经济制度的跨国移植要慎之又慎。即使在正常的情况下，也还需要政府和企业进行“宏观修正”“硬着陆”“软着陆”或“微调”，来抑制、预防和克服跨国移植诱发的“排异”反应或非兼容症。

例如，为什么造成国有资产大量流失？这就是一种因西方产权制度设计或规则与中国本土支持系统和“配套”要素相异而产生的“排异”反应。据有关方面的统计资料，每年国有资产流失额从20世纪90年代起扩大到1500亿元。其中一个重要原因，就是通过大规模地一窝蜂移植西方股份制和MBO（管理层收购）制来进行国有企业改革。西方盛行的股份制度和MBO制所需要的支持条件和“配套”要素（暂且不论赖以滋生的资本主义私有制、现代化大生产和一定的管理水平），至少包括独立的中介机构，发达的资本市场尤其是证券市场、企业家或经理人市场，以及市场法律框架和市场诚信规范等。洛伊（Lowi，1985）曾经列举了与市场经济配套的9个要素和前提。[①] 中国社会和各地的企业是否基本具备了启动这种制度改革、

①洛伊（Lowi，1985）曾经列举了与市场经济配套的9个要素和前提：法律和秩序，稳定的货币，财产法和财产权，合同法，支配交换的法律，公共领域转到私人手中的法规，公共物品的提供，人力资本（劳动）的提供与控制，分担风险。何况，从制度供给、制度创新、制度安排和制度移植成本的角度来分析，至少包括：①规划设计、组织实施的费用；②清除旧制度的费用；③消除制度变革阻力的费用；④制度变革及其变迁造成的损失；⑤实施成本；⑥随机成本。

制度移植所必需的初始性条件？反过来，凡是符合国情、符合各个地方各个企业实际情况并大体具备了初始性条件的单位，股份制改革又为什么不能搞呢？我们并不排斥在马克思主义产权理论外围或保护层融合西方产权理论和制度的有用成分和合理因素。只有以马克思主义产权理论为指导，尊重制度变迁和制度移植的规律，才能够建立有中国特色的非私有化导向的、适合中国国情的产权经济学理论和社会主义产权制度。总之，既要大胆、积极和主动，同时又要慎之又慎、分类指导，防止一刀切。

（原载于《毛泽东邓小平理论研究》2005 年第 9 期）

中国经济可持续发展的困境及其向科学发展的转型

当今世界正处在大变革、大调整之中，中国作为发展中大国，既面临着前所未有的机遇，也面对着前所未有的挑战。我们在取得举世瞩目的发展成就的同时，也付出了巨大的发展代价。如何走出诸如“增长中的贫困”“增长中的烦恼”或者“不带来好运”① 一类的可持续经济发展的瓶颈和困境，深化对“什么叫发展、怎样发展，为谁发展、依靠谁发展、由谁来享受发展成果”等一系列问题的认识，实现经济社会向全面、协调、可持续的科学发展的向度转移，已成为当前经济社会发展的重大理论和实践问题。

中国经济学对世界的贡献很有可能产生于彰显科学发展的中国特色发展经济学、转型经济学或者制度经济学领域。② 本文的主题是当前中国经济

---

①联合国开发计划署在总结人类发展经验时曾归纳了五种“不带来好运”的经济增长：Jobless——没有创造就业机会的经济增长，Ruthless——成果不能为社会共同分享的经济增长，Voiceless——没有发言权、没有推进民主政治发展的经济增长，Rootless——没有文化根基的经济增长，本民族的文化和传统逐渐消失，以及 Futureless——以资源浪费、环境破坏为代价的没有前途的经济增长。详见联合国开发计划署：《1996 年人类发展报告》。笔者认为，还应该加上 Independenceless——依附型增长现象。这也是应该加以杜绝的第六种病态的、导致不可持续性的经济发展现象。

②“软实力”概念的提出者、美国学者约瑟夫·奈把“中国特殊的发展模式和道路”视为一种值得各国效仿的榜样，即软实力。他在 2008 年 2 月对记者说：“中国的经济增长不仅让发展中国家获益巨大，中国特殊的发展模式和道路也被一些国家视为可效仿的榜样……更重要的是将来，中国倡导的政治价值观、社会发展模式和对外政策做法，会进一步在世界公众中产生共鸣和影响力。”美国战略与国际研究中心资深学者詹姆斯·刘易斯承认中国模式对发展中国家非常有吸引力。牛津大学蒂莫西·加顿·阿什承认中国的现代化发展模式绝不是西方模式也不是自由模式，而是将其定性为一种由国家主导的“专制资本主义”或者“权威资本主义”（Authoritarian Capitalism）。在西方有识之士看来，中国不是一个“另类”的国家，其发展路径具有普遍的长期性；中国解决世界性问题的能力，取决于是否创造出了许多吸引人的原创性的制度。（详见《参考消息》2008 年 9 月 13 日，第 3 版；《环球时报》2008 年 9 月 22 日，第 7 版）

可持续发展的困境及其向科学发展的转型，首先概述新发展理论的三个发展阶段，随后着重阐发在推动科学发展中要着力实现的创新型发展、公平与和谐型发展、绿色型发展和非依附型发展的特征。

一、 新发展理论的嬗变

现代新发展论经历了三大发展阶段。第一阶段是新发展理论的诞生时期，其产生的背景是20世纪70年代的两次石油危机。新理论的诞生有两大标志。一是1972年联合国人类环境会议发表的《斯德哥尔摩宣言》（即《人类环境宣言》），首次提出了可持续发展（Sustainable Development）的七项原则。它们强调“可持续发展既是满足当代人的要求，又不对后代人满足需求能力的发展构成危害”①。二是佩鲁的《新发展论》，强调发展的“整体性”“综合性”和“内生性”，提出“一切人的发展和人的全面发展”②。

第二阶段是新发展论的深化时期。国际社会尤其是联合国和世界银行等国际组织对20世纪90年代各国发展状况进行了反思和总结，进而提出“可持续发展”“人类的可持续发展”“人类发展”“人类安全”“社会安全”“社会保护和社会资本”等一系列新理念和发展战略，呼吁摈弃Jobless、Ruthless、Voiceless、Rootless、Futureless一类违背“以人为本”，而“不带来好运”的经济发展观念，并在其各种会议、文件、报告中多次强调这种新颖的发展论，力求推动世界范围内的人类发展。众多学者开始反思传统的发展观，不仅区分了发展和增长，而且区分了经济发展和社会发展。他们鲜明地提出“发展是一个全面范畴”的主张，要“以人为中心”。这是

①宣言中这段话的英文原文为：“Sustainable development is development that meets the needs of the present without compromising the ability of future generations to meet their needs.”

②详见［法］弗朗索瓦·佩鲁：《新发展观》，张宁、丰子义译，华夏出版社1987年版。

“发展目标”或“发展重心”的转移，并把以人为中心的原则更加具体化。

这一阶段的标志是对20世纪下半期各国发展状况进行反思和总结的两大宣言，即以环境保护和可持续发展为主题的联合国环境与发展大会1992年通过的巴西《里约热内卢宣言》，以及1995年的《哥本哈根社会发展问题宣言》[①]。宣言强调坚持“以人为中心的可持续发展”并使之具体化和政策化，例如，它做出了任何国家在社会事业（如教育、文化、卫生、体育、安全环境）的投资至少占GDP30%的规定。宣言还赋予了社会保障以个人化和普遍的权利与原则，包括创造重返工作的刺激原则，健康保障的普遍权利，基本的退休金保障和家庭补贴；以及劳动力市场和提升机会均等相结合的原则，包括劳动力流动的普遍权利以及终身学习的普遍权利。详而言之，这些深化的新发展论提出了以下与时俱进的认识。

——应该一如既往地区分“发展”和“增长”，要重视发展，而增长是比较狭隘和单一的概念；要区分“社会发展”和“经济发展”，要重视“社会发展”，而“经济发展”是比较狭隘和单一的概念；在“社会发展”中，既要重视世界社会的发展，因为世界社会发展状况是衡量经济增长质量和社会福利增量的基本方面，同时又要重视人类福利、人类公平、人类尊严和人的发展。

——经济增长必须与公众参与和治理等问题结合起来，在发展过程中

---

①《哥本哈根社会发展问题宣言》有下述特点：①“民间社会广泛参与制订和执行影响各国社会的运作和福利的各项决定”；②“具有广泛基础的持续经济增长和可持续发展模式，把人口问题同经济和发展战略结合起来，将加快可持续发展和铲除贫困的工作并促成实现人口目标和提高人民生活质量”；③“在社会群体和国家之间公平和非歧视性地分配增长利益，并扩大生活与贫穷中的人民获得生产性资源的渠道”；④“有利于效率和社会发展的市场利率的相互作用”；⑤“设法克服分化社会的贫富悬殊现象并尊重多元主义和多样性的公共政策”；⑥“促进民主、发展以及所有人权和自由之间关系相互增强的稳定的支持性政治和法律框架”；⑦“避免排他性、同时尊重多元主义和多样性包括宗教和文化多样性的政治和社会进程”；⑧“按照《哥本哈根社会发展问题宣言》的各项原则、目标和承诺以及国际人口与发展会议的原则、目标和承诺，强化家庭、社区即民间社会的作用”；⑨“更多地取得知识、技术、教育、保健服务和信息”；⑩“增强各级的团结、伙伴关系和合作”；⑪“使人民有能力终身享有良好健康和生产力”；⑫“在以人为中心的可持续发展范围内保护和养护自然环境”。（转引自丁元竹：《国际组织关于“以人为本”思想的要点》，《开放导报》2004年第2期）

必须保证每一个人的权利和利益，而不是仅仅保证投资商和精英们的权利和利益。

——以往的发展政策往往忽视经济增长与提高生活质量之间的联系，经济增长必须与生活质量的提高挂钩。

——社会发展的核心是强调消除贫困、减少失业和消费歧视，而各国十年来的发展表明，在经济增长的同时收入不平等在加剧，经济增长与消除贫困之间没有必然的联系。因此，社会发展要保证全体居民尤其是农民的收入及就业安全，减少贫困，增加儿童福利和改善政府的社会政策。在社会发展中尤其要给农村发展以特别关注，发展政策要满足农村发展的基本需求，保证农民收入平等和持续增长，为乡村人口创造就业机会。

——要关注所有的资本，包括有形资本、人力资本和自然资本。这是一个重要的发展原则。其发展目标应该从物为本转到以人为本。发展就是改善人民的生活质量，就是提高他们构建自己未来的能力。这通常需要提高人均收入，但它还涉及更多的内容。它涉及全体人民更平等地享有受教育和工作的机会，更高水平的性别平等，更好的健康和营养状况，更清洁和可持续程度更高的自然环境，更公正的司法体系，更广泛的公民和政治自由，以及更丰富的文化生活。其发展内容从过去的关注人力资本转到关注综合资本。为了提高增长率，人们长期以来大多关注有形资本的积累，但其他的关键资产——人力资本、社会资本和自然资本等也应当受到关注。这些资本对穷人来说也是至关重要的。

——时时关注分配问题，也是一个重要的发展原则。发展分布要注意分配方面的问题，重视发展的质量带来了对增长进程中分配问题的重视。更平等地分配人力资本、土地和其他生产性资本，意味着更平等地分配收入机会，意味着强化人民利用技术优势和创造收入的能力。

——重视治理良好的机构框架也是一个重要的发展原则。发展动力从政府推动到社会治理。治理有方的机构建设是为促进经济增长所做的一切工作的基础。政府机构的有效运转，法规框架，公民自由，以及确保法律规章和民众参与的制度的透明度、重任感，对于经济增长和发展都是重要的。

此外，在第二阶段还推出了新公共服务理论和新公共服务型政府角色理论；而对GDP理论即西方国民收入核算及其规定的理论反思，产生了以“绿色GDP”为代表的新国民收入核算方法。第一个试图打破GDP情结的，是两位美国学者詹姆斯·托宾和威廉·诺德豪斯。世界银行、联合国组织和一些西方发达国家已经设计出了许多新的衡量社会进步和可持续发展的标准，其中包括“绿色GDP”核算体系、进步指数（GPI）、国内发展指数（MDP）等综合发展指标。

在世纪之交应运而生的中国特色社会主义的科学发展观，是现代新发展理论的新发展。首先，我国经济发展中面临的不可持续性问题以及中央领导集体着力推进科学发展的政策、思维向度和话语体系，构成了科学发展观的实践起点和直接来源。胡锦涛总书记在全党深入学习实践科学发展观活动动员大会上作重要讲话后，《人民日报》发表了题为《发展中国特色社会主义的重大战略部署》的社论。社论告诫全党：“我们还应当清醒认识到，当今世界正处在大变革、大调整之中，我国发展既面临着前所未有的机遇，也面对着前所未有的挑战，国际环境中不稳定、不确定因素增多，我国发展的外部条件复杂多变；我国发展形势总的是好的，但也面临着不少突出矛盾和问题，如果不抓紧采取措施解决这些突出矛盾和问题，必将对我国经济社会发展特别是长远发展产生重大影响。”① 其次，马克思关于人的全面自由发展和社会经济发展三形态的学说是科学发展观的基础性来源。最后，中国传统的民本文化和道文化是科学发展观的本土性来源。而国际社会发展的基本经验和新发展论，构成了科学发展观的一个补充性思

①《发展中国特色社会主义的重大战略部署》，《人民日报》2008年9月20日，第1版。

想来源。我们的科学发展观以大写的“人类”为本，贯穿了“四大统一”的精神——人文精神与科学精神的统一，人本主义发展观、生态发展观、协调和可持续发展观与系统合力发展观的统一，物与物的关系、人与人的关系和人与自然的关系的统一，以及经济规律与自然规律的统一。总之，中国特色社会主义的科学发展观第一要义是发展，核心是以人为本，基本要素是全面协调和可持续发展，从而在发展理论史上，为解决“什么叫发展、怎样发展，为谁发展、依靠谁发展、由谁来享受发展成果”等一系列重大问题指出了根本方向。

二、 提倡创新型发展， 构建创新型国家

科学发展的特征之一，就是旨在构建创新型国家的创新型发展。“创新型国家”有狭义和广义之分。前者着眼于科学技术的创新，后者则是涵盖制度创新、科技创新、文化理论创新在内的综合性概念。必须谨防经济增长的 Rootless（没有文化根基的经济增长）现象，摒弃那种病态的因本民族的文化和传统逐渐消失而丧失文化根基、丧失学术创新能力的经济增长类型。

发展中国家在发展的初始阶段，大规模引进和模仿发达国家科学技术、借鉴西方先进的经营管理经验和方法是必要的；而“比较优势”“木桶效应”和“市场交换技术”等对外开放的战略或策略在一定历史条件和具体环境下，是有利于资源配置的。根据中国的国情，在比较优势上偏重于以廉价的劳动力和原材料参与国际分工，在早期阶段也是十分必要的。根据美国全球财经研究公司提供的数据，中国占全球制造业附加值的比重从 1995 年的 5%，增加到 2007 年的 14%，与日本并列为世界第二大制造业大

国，仅次于美国。[①]

但是，正如联合国开发计划署2001年的报告所言，中国一直是一个以技术模仿为主的制造业大国，而不是以独立的自主创新能力为特征的制造业强国。这里讲的创新是狭义的科学技术创新，其中包括原始创新能力、集成创新能力和引进消化吸收的再创新能力。中国的发展现在已经到了这样一个历史转折点，我们必须完成从启蒙型、模仿型移植走向自主创新的历史大跨越，即转向自主创新经济，而不是依附型经济；转变为“世界工厂”“世界办公室”和“世界实验室”，而不是“世界加工厂”或者“OEM（贴牌生产）大国”；转变为“大脑型国家”、创新型国家，而不是提供原材料和低端加工产品的附庸经济、打工经济、外包经济一类的“躯干型国家”。我们应该尽快完成这一大转变，把振兴民族创新精神、提高自主创新能力、构建创新型国家上升到涵盖科教兴国战略和人才强国战略在内的国家发展战略的核心地位。创新精神是一个民族进步的灵魂，具备创新能力是一个国家兴旺发达的不竭动力。我们要把增强自主创新能力作为科学技术发展的战略基点，作为调整产业结构、转变增长方式的中心环节。这是构建创新型国家，提高我国国际竞争力，增强民族自豪感和振奋民族精神的基础。

应该看到，国内外流行的“木桶效应”理论实际上是美国学者斯蒂格利茨所批判的“价格神话”或者“市场万能神话”的新翻版。“造不如买，买不如租”或者“用市场换技术”，是用中国式话语对这一理论的诠释。实际上，这是新自由主义泛市场化改革思路的逻辑延伸：完全市场化—发挥廉价劳动力的比较优势—融入全球化国际分工和交换体系。拉美依附论学派尤其是其中激进经济学家早就警告过，这是曾经把拉美国家拖进依附型发展的“比较优势陷阱”；而在伊曼纽尔看来，发展中国家与发达国家的交

①《中国新规则：制造商开始跨越低成本》，英国《金融时报》2008年5月29日。

换是形式上的等价交换而实际上的不等价交换。但是，八亿件衬衫与一架空客 A380 的交换，或者一架波音 747 飞机能换 5000 万件衬衫①，却被一些学者称为“双赢”或者“发挥比较优势”的典型。另据中国纺织工业协会统计，我国纺织业的平均利润率仅为 3.9%，而其中 2/3 的企业平均利润只有 0.62%。不仅是纺织行业，电子元器件、玩具、陶瓷、家具等劳动密集型产业的境遇也类似。② 这种交换的代价无疑是中国资源的耗竭和环境的破坏，并最终将被发达国家锁定在提供原材料和低端加工产品的从属位置上。这只能是一种依附型的“双赢”。

事实证明，不能单纯依赖市场化，用市场也交换不到核心技术和创新能力。核心技术、设计技术和系统集成技术，以及战略性产业核心竞争力，高科技人才、工作团队及其创新能力，都是不能假手于他人的。它们是藏身于全球化市场交换体系之外的。③ 单纯依赖市场化，非但不能从根本上解决一个大国的科技进步问题，并且容易滋生技术依赖症。④

由此可见，必须走出束缚可持续发展的瓶颈和困境，切实解决“怎样发展”“依靠谁发展”这一重大问题。中国如果单纯依赖移植或亦步亦趋地

①参见《信心比黄金和货币更重要——记温家宝总理与美国经济金融界人士座谈美国金融危机》，《光明日报》2008 年 10 月 1 日。

②参见《重塑“中国制造”的辉煌》，《光明日报》2008 年 9 月 17 日。

③仅以中国汽车产业为例。据德国罗兰·贝格国际管理咨询公司的对比统计，在汽车通用技术领域，我国与日本的差距约为 3~4 年；在汽车标准技术领域的差距约为 6 年；在汽车高级技术领域，包括手动变速器、ABS 等，差距为 8 年左右；而在超高级技术，如发动机控制器元件、自动变速器、安全气囊等方面，差距为 10 年以上。

④例如，我国关键技术自给率低，长期受制于人，对外技术依存度在 50% 以上。而发达国家在关键技术上的对外依存度都在 30% 以下，美国和日本则在 5% 左右。世界经济论坛指出，每 100 万人口获美国专利与商标局的发明专利授权在 15 件以上的国家或经济体，可以跻身于世界经济论坛推出的“核心创新国”行列。2001 年有 24 个国家或经济体满足这一标准，其中，美国排名第一，每 100 万人口所获专利数为 314 件。而中国排名 62 位，每 100 万人口所获专利数为 0.15 件，俄罗斯排 33 位（1.64 件），巴西 43 位（0.64 件），印度 58 位（0.17 件）。由于不掌握核心技术，目前我国每台 DVD 售价的 20%、每部国产手机售价的 20%、计算机售价的 30%、数控机床售价的 20%~40% 要付给国外专利持有者。（详见科学技术部专题研究组：《我国产业自主创新能力调研报告》，北京科学出版社 2006 年版）

模仿发达国家的技术，就不能成为真正崛起的大国。而自主创新与引进技术相结合是目前可行的、现实的理性选择。应该用竞争优势及自主创新理论取代比较优势和“木桶效应”理论。我们的开放引进战略应该从比较优势阶段转向竞争优势阶段或两者并存阶段，从偏重“木桶效应”和“市场交换技术”转向自主创新为主的阶段。因此，我们必须坚持走中国特色的自主创新道路，把增强自主创新能力贯彻到现代化建设的各个方面，即建立国家创新体系，以及企业为主体、市场为导向、产学研相结合的技术创新体系，形成自主创新的基本架构；充分利用全球科技资源，促进自主创新，推动我国的产业结构升级；认真落实国家中长期科学和技术发展规划纲要，支持基础研究、前沿技术研究、共性技术研究、社会公益性技术研究，增强装备制造业的自主创新能力，加大对自主创新投入尤其是研究开发投入和人力资本开发的力度，着力突破制约经济社会发展的关键技术；努力造就世界一流水平的科学家和科技领军人才；深化科技管理体制改革，优化科技资源配置，完善鼓励技术创新和科技成果产业化的法制保障、政策体系、激励机制、市场环境，实施知识产权和技术标准战略；扩大对外投资，培育中国的骨干企业和跨国公司，使其具备国际市场竞争的实力，等等。

应该强调指出，就建构广义的创新型国家而言，现在到了这样一个历史拐点，应该从对西方理论和制度的大规模移植、引进和模仿，进入以自主创新为主的历史大转折阶段。众所周知，西方先进的理论和制度是值得借鉴的。19与20世纪之交，“西学东渐”的积极成果送来“德”（Democracy）先生和“赛”（Science）先生，还有“富”（Wealth）先生。这个世纪之交的“西学东扩”送来的是市场经济即“马”（Market）先生、人文精神即“猴”（Human）先生，以及以绿色发展为代表的新发展理论即“驴”（Green）先生。但是，我们不能一直停留在借鉴、引进、移植和模仿的启蒙阶段。这种国际扩张是一把双刃剑，既有正面影响，也有负面影响。学术依附性有余，学术自主性、原创性或者“悟性”不足，“西学东渐”有余，“东学西渐”不足。这些都是中国哲学社会科学界应予以高度重视的问题。原创性或原生态是可以分层次的——首先是最高层次是开拓意义上的创新，专指体系构筑力和思维方式的创新；其次是具有批判意义的创新，指对前人理论成果的推陈出新；最后是在传统意义上的创新，指对前人理论成果进行创造性的综合、丰富、深化和完善。如果第一层次乏善可陈，缺乏能够进入世界学术前沿创新第一方阵的世界大师级人物，缺乏学术自主创新能力和理论体系构建水平，提不出基于中国国情和中国经验的术语、范畴、话语、方法、分析框架、学术范式和理论体系，就很难融入“国际主流学术”而进行平等的国际学术对话和学术论战，就不能自立于世界创新型国家之林。中国学术界尤其是经济学界要摆脱西方理论范式和话语体系的羁绊，从亦步亦趋的“东施效颦”中解放出来，不能总是在学术综述、理论借鉴和话语诠释中徘徊，应该不断总结实践的新鲜经验，不断提炼研究课题，不断扩展理论视野，不断做出新的理论概括，开展具有中国形态的“术语革命”（马克思语）或“话语领导权”（福柯语）运动，在时代性、现实性和实践性中实现学术的自主性和原创性。我们要准确把握时代特征和中国国情，并“瞄准当今世界的学术前沿，着力用马克思主义指导哲学社会科学，提高学术创新能力，努力形成贯穿马克思主义立场观点方法、体现中国特色社会主义事业发展要求、吸收当代人类文明的有益成果的哲学社会科学的学科体系和学术体系”①，着力建构中国形态、中国气派或中国学派的哲学社会科学体系，重铸“东学西渐”的辉煌篇章，为世界学术做出中华民族应有的贡献。

①胡锦涛同志在中央政治局第26次集体学习时的重要讲话，详见《坚持马克思主义理论同中国实际相结合，为全面建设小康社会提供科学理论指导》，《光明日报》2005年11月27日。

三、 突出公平与和谐型发展， 构建和谐社会与小康社会

科学发展的特征之二，就是旨在构建和谐社会与小康社会的公平与和谐型发展。全球社会发展正处于一个结构性的转型过程中，中国也面临社会发展模式的战略转型问题。作为发展中大国的中国社会发展模式，是无法用哪一个西方既定的社会经济发展理论和模型来进行诠释的。历史经验证明：资本主义的发展规律是遵循“李嘉图定律”和“库兹涅茨假说”的。“李嘉图定律”的实质是：生产力发展和社会发展与构成整个发展基础的劳动群众的利益相矛盾，并以牺牲后者的利益为代价；而库兹涅茨所谓的倒“U”型曲线规律，即人均财富差异和不平等是不可避免的必然规律，则把这一定律模型化；[①] 可以说，中心—外围理论正是“李嘉图定律”在国际空间上的拓展和运用。它们反映出西方社会及其发展模式的制度性缺陷和内在的根本性矛盾。中国社会及其发展模式是发展的理念、原则、目标和机制诸方面的统一体。为实现全面建设小康社会与和谐社会的战略目标，它要用发展的办法解决前进中的问题，发展还要有新的思路。它必须把以人为本作为核心理念，“可持续性”是其内在的发展原则。“全面”是其布局原则，经济建设、政治建设、文化建设、社会建设和生态建设五位一体是中国特色社会主义事业的总体布局。“协调”是其运作机制和结合原则，在实践层面上体现为“五个统筹”，即统筹城乡发展、统筹区域发展、统筹经济社会发展、统筹人与自然和谐发展、统筹国内发展和对外开放。总之，科学发展观指引的是一条全面协调可持续的发展道路。

因此，在社会模式发展的绩效和成果的价值评判标准上，科学发展观

---

①参见颜鹏飞：《构建社会主义和谐社会与西方和谐冲突理论》，《红旗文稿》2007 年第 2 期；陈银娥、李铁强：《颜鹏飞学术思想述评》，《高校理论战线》2008 年第 1 期。

注重生产力发展和实现社会公平与正义、效率与公平之间对立统一的辩证关系，追求经济效益、政治效益、文化效益、生态效益和社会效益的辩证统一。而非科学的或反科学的发展，则是没有创造就业机会的经济增长（Jobless），是改革开放成果不能成为社会共同分享的经济增长（Ruthless），是以牺牲相当一部分劳动者利益为代价的“李嘉图推进”，会导致以忽视公平和影响稳定为代价的跛腿社会。生产资料的社会主义公有制度优于资本主义私有制度的地方，在于党和政府坚持发展为了人民、发展依靠人民、发展成果由人民共享的原则，应该对在改革过程和分配方式中吃了亏的农民、民工、下岗失业者等弱势群体和不发达地区，直接地、主动地支付和补偿转轨成本、改革成本亦即和谐成本。

在现阶段，我们尤应注重改善民生问题，着力解决社会公正，特别是三大收入分配差距或者三大利益失衡问题，亦即居民收入差距、中观层次的地区差距以及宏观层次的国家与居民收入差距，从而促进经济社会又好又快又和谐地发展。

三大利益失衡之一是微观层次的居民收入差距，问题较为突出。居民收入在国民收入中的比重已呈下降趋势。从2001年至2006年，中国劳动者报酬占GDP的比重从51.5%下滑到40.6%①，与此对应的则是利润侵蚀工资，资本分配比重提高的现象。根据世界银行《世界发展报告2006》提供的127个国家近年来收入分配不平等状况的指标，中国居民收入的基尼系数已由改革开放前的0.16上升到目前的0.47，不仅超过了国际上的0.40警戒线，也超过了世界所有发达国家的水平。基尼系数低于中国的国家有94个，高于中国的国家只有29个。这种状况说明，中国的基尼系数高于所有发达

①参见赖德胜：《工资上涨会压垮中国这座“世界工厂”吗?》，《上海证券报》2008年4月21日，《人民日报》2008年5月5日。另据美国一家权威经济调查机构的报告：中国社会财富总量在2006年保持着惊人的增长速度，但与此同时，中国工人和农民的收入加在一起，也就只有GDP的15%到20%，国际的平均水平应该在40%到50%。而在美国，工资和福利加在一块占GDP的60%。

国家和大多数发展中国家，也高于中国的历史高点。

就横向比较而言，2007 年中国正规部门制造业小时工资，为美国制造业小时工资的 4.4%（目前美国劳动力的平均小时工资接近 18 美元，即使是最低工资标准也接近每小时 6 美元，而德国西部工人工资是平均每小时 27.87 欧元），是墨西哥（平均小时工资达到 4 美元）的 32.6%，韩国的 10.9%，新加坡的 16.7%，我国香港特别行政区的 17.1%，台湾地区的 21.6%。中国进城务工人员（非正规制造业部门的劳动者）的小时工资绝大多数连 1 美元都达不到。在制造业、建筑业和服务业，中国工人的小时工资只有印度工人小时工资的 60% 至 80%，美国制造业小时工资的 2.3%，韩国的 5.7%，新加坡的 8.8%，墨西哥的 17.2%，[①] 我国香港特别行政区的 9.0%，台湾地区的 11.4%）

二是中观层次的地区差距。东中西部之间的差距、城乡居民之间财产分布的差距，已远远超过居民个人收入分配的差距。大规模的民工潮能不能使农民富裕起来？刘易斯二元经济模式及其政策建议是否适合中国国情？依靠进城打工能不能卓有成效地改变城乡收入差距？这是需要认真探讨的问题。韩国新乡村运动，日本发展农村的经验，值得借鉴与参考。坚定不移地继续推进社会主义新农村建设，坚定不移地走中国特色农业现代化道路，坚定不移地加快形成城乡经济社会发展一体化新格局，坚持工业反哺农业、城市支持农村和多予少取放活的方针，始终把实现好、维护好、发展好广大农民根本利益作为农村一切工作的出发点和落脚点，是解决“三农”问题的一个很好思路。

三是宏观层次的国家与居民的收入差距，以及国富民弱而不是国富民强。我们长期强调“国家利益本位”“集体利益本位”“国富”理念，强调

---

①以上参见蔡昉：《论对劳动雇佣关系合法保护》，《光明日报》2008 年 4 月 29 日，第 10 版。美国研究中国问题专家詹姆斯·金奇认为，中国工人的平均工资折算起来还没有英国工业革命时期英国工人赚得多。（《低工资是在透支中国未来，学学福特的工资观》，《环球时报》2007 年 12 月 10 日）

"大河有水小河满"而不是"小河有水大河满"，强调"国家拥有"而不是"国民拥有"或"藏富于民"。尤其在计划经济时期要求个人低消费和低工资、国家高积累，甚至牺牲农民的利益（例如工农业产品价格剪刀差）来发展生产。

根据统计，从增量上来看，2007 年国内生产总值达到 24.66 万亿元，世界排名升至第四位。全国财政收入达 5.13 万亿元，同比增长 1.17 倍，外汇储备超过 1.52 万亿美元。[①] 从存量上来看，政府作为中国最大的资产所有者，拥有 76% 的资产（包括国有企业资产、公有土地以及矿产资源等）。把国家的资产性可支配收入与财政税收的 5.1 万亿元加在一起，政府可以支配的总收入是 15.7 万亿元。[②] 国富固然可以增强国家宏观调控能力，有钱可以集中力量办大事。但是，国与民之间长期利益失衡带来的弊端不利于社会稳定与和谐社会的建设。而且，增强带有凯恩斯主义色彩的国家消费（政府扩大公共品和公共服务的供给），会产生对居民个人消费的"挤出效应"。再者，国家垄断大量本来应该由市场配置的资源，会产生对市场配置资源的"挤出效应"。

政府收入即税负重不重？政府支出多不多？这是衡量国富民弱还是国富民强的标志之一。2007 年我国财政收入增长速度（32.4%）和税收收入增长速度（33.7%）是 GDP 增长速度（11.4%）的近 3 倍。从 1994 年开始计算，这已是连续 13 年税收增长速度几乎是 GDP 增长速度的 2 倍以上。[③] 根据《福布斯》（Forbes）最新发布的税负痛苦与改革指数，中国在世界税负最重的国家中排第五，税负已经达到 31%—32%，仅仅略低于发达国家；而发展中国家平均税负仅为 17.9%。我国的行政成本长期居高不下，高出世界平均水平 25%。我国当前吃财政饭的总人数已达 4000 多万，还有 500

①参见温家宝总理在全国人大十一届一次会议所作的《政府工作报告》，《人民日报》2008 年 3 月 6 日。

②参见陈志武：《中国的政府规模有多大?》，《东北之窗》2008 年第 7 期。

③石建勋：《占 GDP 比重连年上升 财政收入高增长下的隐忧》，《中国经济时报》2008 年 4 月 25 日。

多万人依赖于政府的权力实行自收自支，这意味着全国人口中，每二十多人就有一个属于财政供养。[①] “三公”遏制不力，公车消费和公款吃喝一年的总数高达6000亿元以上，如果加上公款出国，更是高达9000亿元以上，几乎相当于全国财政收入的30%左右。[②]

西方经济思想史的一个带规律性的现象，就是其理论研究的重点存在着先关注生产、供给，继而转向分配、消费需求的变迁过程。在随后继起的发展阶段，生产问题或者分配问题轮流凸显，取决于经济发展的现实状况和需要。英国学者马歇尔提出“四位一体”分配公式，是最早强调研究贫困问题和福利经济学问题的新古典经济学家。[③] 自1870年“边际革命”以来，鼓吹效率至上的古典功利主义在经济哲学和经济伦理学领域终于取得了实质性胜利。他们主张福利经济学应当只研究效率，而不是公平，认为经济效率才是最大福利的影响因素。西方现代分配经济学、规范经济学或者经济伦理学的一个重大进展，就是跳出功利主义的狭窄框架，试图提出某种优于功利主义的替代理论。罗尔斯提出的“作为公平的正义”（Justice as Fairness）理论，率先向200多年来占据统治地位的古典功利主义伦理理论发出挑战，由此引发了关于经济争议问题的当代争论，包括“公平分配正义”与“第一正义”理论、自由至上主义者的“权利持有正义论”、社群主义者的“多元社会正义论”、西方马克思主义的“劳动生产正义论”，以及“新”功利主义的“经济效率正义论”，等等。

现阶段的中国，收入分配问题成为摆在经济学家和政治家面前的一个十分突出的重大问题，国外的一些经验可供参考借鉴。值得称道的收入分配和利益均衡的政策和建议出自1995年的《哥本哈根社会发展问题宣言》。它明确指出，要在社会群体和国家之间公平和非歧视性地分配增长利益，

①唐敏：《我国行政成本高出世界平均水平25% 五大原因造成》。

②竹立家：《政府管理改革的几个切入点》，《学习时报》2006年3月13日。

③〔美〕E. K. 亨特：《经济思想史：一种批判性的视角》，颜鹏飞总校译，上海财经大学出版社2007年版。

使生活于贫穷中的人民扩大获得生产性资源的渠道。诺贝尔经济学奖获得者、英国经济学家詹姆斯·米德倡导“社会分红”理论。他认为，国家理应将利润的一部分作为社会分红分给消费者；“社会分红”在经济萧条时期能够起到扩大消费的作用，因而是一种“反周期”的政策工具。新加坡和中国的香港、澳门、东莞实际上也实施了发“大红包”的政策。近年来，俄罗斯员工的工资每年以16%的速度增长，高于本国GDP的增长速度，这一现象值得关注和研究。还有，美国阿拉斯加州用石油收入建立“政府资源基金”，阿拉斯加州的每个居民每年都能从基金带来的利润中获得分红。我们也可以考虑通过立法让国民享受到国有资产带来的红利，而不仅限于在国有资产利润的国家再分配中对福利和公共设施的投入。与此同时，政府还要有针对性地扩大公共品和公共服务供给的范围。中国医疗卫生体制改革弊端的根本原因就是没有厘清市场与政府的职责，把公共产品和半公共产品的供给完全用市场化的办法来解决，这样的改革必然走向趋利化，违背公益事业的发展规律，造成严重的社会问题。

总而言之，中国现阶段国民收入的分配出现了利益失衡的趋向，国民创造的大量财富通过利润和税收的形式转移到了生产要素所有者和各级政府手中，而没有向劳动者倾斜，“李嘉图定律”和“库兹涅茨假说”的阴影正在中国游荡。中国必须走出束缚可持续发展的瓶颈和困境，切实解决“为谁发展”“发展成果为谁拥有和享受”这一重大问题，否则就会走向两极分化，进而蜕化为“中国特色的资本主义”①。中国改革目前已经走到一个新的拐点，是走“三唯”（唯效率、唯GDP、唯市场）至上，仅仅兼顾公平的改革之路；还是走扭转利益失衡，更加注重社会公平和经济正义，使全体国民分享改革成果和利益的改革之路，通过科学发展共同走向和谐与

①参见麻省理工学院经济学教授黄亚生：《中国特色的资本主义》；耶鲁大学教授古斯塔夫·拉尼斯：《有中国特色的资本主义》，《耶鲁全球化》在线杂志，2008年6月19日。

小康社会？我们应该重新研究效率与公平的关系，重新检讨“效率优先、兼顾公平”的分配取向，倡导初次分配和再分配都要处理好效率和公平的关系，而再分配更加注重公平的社会再生产方式，落实区域经济协调发展战略，逐步提高居民收入在国民收入分配中的比重，创造条件让更多群众拥有稳定的可持续增长的财产性收入。

四、推崇绿色型发展，推动生态文明建设

科学发展的特征之三，就是旨在构建资源节约型社会、环境友好型社会和生态文明型社会的绿色型发展。坚决杜绝经济增长的 Futureless 现象，即以资源浪费、环境破坏为代价，危及子孙后代，破坏人与自然和谐的没有光明前途的经济增长类型。据环境问题专家估算，如果把环境的恶化考虑在内，中国 GDP 的实际增长要减少 6 个百分点。2003 年中国空气和生态破坏造成的损失占当年 GDP 的 15%。中国环境污染每年导致 GDP 损失 6000 亿元，在一定程度上抵消了经济发展的部分成果。① 推行绿色型可持续发展战略，推进生态文明建设，是对我国人口剧增、资源短缺、环境恶化的国情进行深刻反思后的一种理性选择。这是从人与自然这一视角解决“怎样发展”，从而走出可持续发展的瓶颈和困境的一个重大问题。

尽管西方学界有“绿色马克思”和“黑色马克思”（琼·罗宾逊语）之争，并且有三种生态文明理论派别或者绿色思潮之分，包括生态中心论、现代人类中心论和激进的生态学社会主义，“生态文明”是各国媒体使用频

---

①我们一般重视直接的环境损失或生态损失而漠视广义的环境损失或生态损失，后者包括未计入成本的对资源与环境的浪费和破坏及其恢复代价。易正先生的《中国抉择：关于中国生存条件的报告》（石油工业出版社，2001 年），从生态经济学角度估计 1997 年广义的环境损失或生态损失大约为 21 万亿元人民币，相当于当年 GDP 的 3 倍。据美国对外关系委员会 2004 年 9 月公布的研究报告《中国环境问题的挑战》，2001 年世界银行公布的世界污染最严重的 20 个城市中，中国占了 16 个；2002 年，中国有 2/3 的城市空气质量达不到世界卫生组织的标准。根据世界银行的报告，中国每年由于环境污染和恶化造成的损失相当于国民生产总值的 8%—12%。

率最多而争议甚少的名词之一。他们中的许多人要求放弃人类中心主义的主观价值论、理性主义哲学世界观和机械自然观，确立“自然价值论”和“自然权利论”的生态价值观以及有机论的哲学世界观和自然观。激进派把马克思绿化，推崇马克思生态—环境伦理学、生态学马克思主义（有人称之为“21 世纪马克思主义的最高阶段”）或生态学社会主义。

众所周知，生态文明是中国“天人合一”古代哲学的现代话语，然而，语言的再版却是人类摒弃了农业文明时代不合理的土地利用方式和工业文明时代以牺牲环境为代价的生产方式、生活方式和思维方式的产物。它是自然—社会—文化生态系统的一种动态平衡和良性循环，能够为社会提供可持续发展的生态安全保障。生态文明作为不可或缺的社会文明形态，与物质文明、精神文明、政治文明平起平坐，使人人享有生态民主、生态福利、生态公正、生态正义和生态义务。

西欧大约 200 年的工业化进程（从 18 世纪中叶到 20 世纪 60 年代），经历了生态环境的破坏和修复，不足世界人口 15% 的发达国家靠消耗全球 60% 的能源和 50% 的矿产资源实现了工业化。并且，欧美大国的崛起倚重“内有外化、外财内移”（日本学者庚欣语）来转移和化解发展的代价和风险。21 世纪全球其余 85% 的人口中将有相当一部分陆续进入工业化阶段。中国 13 亿人口对矿产资源、土地资源和淡水资源的人均占有量大大低于世界平均水平，加上生态环境的破坏，实在无法支撑按照西方工业化模式实现的长期经济增长和发展。18 世纪中叶工业革命兴起时，整个西欧人口不到 1 亿，西欧的人口现在也不过 4 亿左右。而我国开始改革开放时的人口是 12 亿。中国人口密度是世界平均值的 3 倍，人均资源的 1/2，每一百美元工业产值产生的固体废物比发达国家高出 10 倍至几十倍，国土单位面积的污水负荷量为世界平均数的 16.5 倍，污染总量增长率为总产值增长率的数倍，工人劳动效率是英国的 1/30、美国的 1/36、德国的 1/45，每年使用的资源环境价值是GDP的数倍以上。[①] 中国水资源状况不容乐观，农业缺水大约300亿—400亿立方米，城市年缺水量约60亿立方米。工业由于缺水，每年损失2300亿元人民币，影响粮食生产300亿公斤；更有甚者，我国70%的江河污染严重，沙漠化面积扩大到300多万平方公里，部分矿产资源面临枯竭。在中国最大的出口制造业中心珠江三角洲，土地遭重金属污染十分严重。[②] 根据中国科学院1998年给中央的报告，中国在2030年人口停止增长以前，环境恶化的局面不可能发生根本性转变，环境有所恢复则是2050年以后的事了。我们目前面临的生态困境难度，大大超过了历史上的西欧国家。因此，当今的中国必须进行全面的总体性调整和反省，包括价值观念、发展战略和利益格局。

例如，我国汽车产业的发展道路和发展战略就很值得反思。汽车制造所用的原材料增长速度是人口增长速度的3倍，汽车产业快速膨胀不仅威胁环境，而且威胁着汽车自身的发展。我国进口石油的1/2用于小汽车的消费，已经威胁到国家能源乃至经济的安全。从发达国家的实践看，汽车已成为能源的主要消费者和环境污染的主要制造者。[③] 一个尖锐的问题摆在我们面前：中国的能源状况、土地和道路状况有必要优先发展汽车产业尤其是小汽车吗？为什么不优先发展绿色公共交通、绿色汽车？为什么迟迟不开征燃油税和推出防治汽车排放污染物的法规？况且我们拱手让出的汽车市场并没有交换来汽车制造业的核心技术。中国汽车工业合资20年，至今没有开发出一款走向全世界的民族品牌，汽车技术仍然严重滞后，而邻国

---

①颜鹏飞、戚义明：《论中国特色科学发展观的思想来源》，《湖北经济学院学报》2004年第6期。

②参见《环球时报》2008年9月12日的相关报道。另据广东省地质勘查部门监测，仅在珠江河口周边的1万平方公里范围内，过半土壤遭到重金属污染。其中，高氟异常区5263平方公里，高镉异常区逾6000平方公里，镉、汞、砷等8种元素污染面积达5500平方公里。

③汽车排出的尾气是环境污染的罪魁祸首之一。联合国环保组织的调查显示，目前城市中的空气污染50%来自燃油汽车的废气排放，而汽车拥有量最集中的欧美国家的一些城市，空气污染源的60%来自汽车废气。据测定，汽油、柴油动力汽车排放的废气中含有害物质达160多种。由于汽车排放的废气严重威胁着人类健康和生存，因此许多国家制定了严格的法规，要求汽车废气排放量必须达到“欧盟标准”。

韩国坚持自主开发道路，用同样的时间就把韩国品牌的汽车推向了世界。

与此相关，中国以廉价的劳动力及土地资源、优良的基础设施和地方政府竞争性的优惠政策，吸引了全球投向发展中国家最高额的境外资本，成为世界制造业最大的加工工厂。在这个过程中，很多稀缺性资源、基础性资源、战略性资源和核心资源被消耗殆尽，以至于中国成了世界原材料的最大进口国；很多被发达国家设置了较高门槛的污染产业转移到了中国，中国已经成为污染物排放大国和世界废物的抛弃场所。中国的经济是否呈现出过度工业化的特征，尤其是高能耗、高污染的重化工业（包括钢铁产业①）？如何走出中国新型工业化道路，要不要从过度工业化转变为适度工业化？如何卓有成效地软化“过重”的产业结构和实现经济增长方式的转变？② 印度高适度工业化，大力发展服务业尤其是软件产业及信息技术带动的服务外包业，这些经验是否值得借鉴和推广？绿色 GDP 新核算体系为什么不能尽快地取代黑色 GDP 或 GNP（人们戏称 GNP 为国民总污染即 Gross National Pollution，或者垃圾“Garbage”、噪音“Noise”和污染“Pollution”）核算体系？如此等等，涉及的都是包括绿色型发展在内的可持续发

①中国钢铁行业是粗放发展的典型模式。中国连续6年钢产量超过1.4亿吨，2003年为2.2234亿吨，稳居世界第一，但每年约2000万吨进口钢材的总价值超过了所有国产钢材的总价值。据《工业统计资料》（2003年），中国钢铁行业的能耗总量已达一亿吨煤炭，700亿千瓦时电力，400多万吨重油。钢铁行业的运输占全国铁路总运量的18%。中国铁矿石需求为4.71亿吨，其中进口1.46亿吨，为国际铁矿石市场交易量的30.9%。同时，钢铁行业是污染大户，例如首钢每年固体颗粒物排放曾达1.8万吨，占全市工业排放的40%以上，对环境造成很大压力。

②目前中国的能源消费强度约为经合组织成员均值的4.6倍。中国专家测算，包括能源、交通、通讯、环保、生态建设等基础设施在内的前期发展成本，我国比世界平均水平高25%。我国消耗了全球31%、30%、27%和40%的原煤、铁矿石、钢材、水泥，创造出的 GDP 却不足全球的4%。我国每单位能源消费所产生的 GDP 只及发达国家的1/10左右。中国 GDP 总量占世界4%左右，消耗的一次性能源占世界12.1%。“电力悖论”是一个著名的例子，即中国不是一个缺电国，但又是缺电国。日本的装机容量是2.8亿千瓦，却创造了比中国高4倍的 GDP。问题在于我国产业结构不合理，高能耗工业太多。工业耗电占74%，第一产业用电占50%左右，城乡居民用电只占11%，第三产业也占得很少。因此中国的产业结构调整和经济增长方式的转变势在必行。（详见颜鹏飞：《西学东渐与科学发展》，载《政府、市场与经济变迁——近世中国经济发展模式选择与实践国际研讨会论文集》，江西人民出版社2007年版）

展的重大国策问题。

五、谨防依附型发展，构建开放型自主经济

科学发展的特征之四，就是克服经济全球化的负面影响，制订和走出符合自己国情的经济发展战略、道路和模式。杜绝病态的依附型增长（Independenceless）现象的办法，如上所述，就是大力推行科技创新，构建开放型自主经济。这是从新的视角解决“怎样发展”，从而走出可持续发展的瓶颈和困境的又一个重大问题。

学术界有些同志认为，在冷战时期特殊的地缘政治环境下，一大批南美国家及东亚地区的日本、韩国等，以及中国的台湾地区，走的是依附美国（美国的市场、美国的安全保护）的发展道路，这就是所谓的“依附发展”；中国的发展模式实际上也是一种依附模式，而且是世界上目前为止规模最大的“依附发展”。[①] 中国在走“依附发展”道路这一结论，目前显然言过其实。因为发展是一个涉及经济、社会和政治等诸领域变化的综合性概念，若仅仅就经济层面而言，上述论断不无道理。我们有求于别人而引进外资、先进技术和社会化生产管理经验，在初始阶段不可能讲对等的双赢，只能是依附性的“双赢”，这是发展中国家经济起飞所必须付出的代价。但是，我们要尽快跨域这一阶段，否则，长此以往就会从商务领域的依附导致外交事务、政治事务等多方面的依附，因此，应该谨防依附型发展。

首先，这种依附型发展是经济全球化的产物，亦即“全球化陷阱”“新保守主义（新自由主义）陷阱”或者“拉美陷阱”。学术界和实业家过分沉溺于经济全球化的正面影响，而对经济全球化的负面影响关注不够，乃至

①庞中英：《中国的开放不能只开放自己》，《环球时报》2008 年 7 月 18 日。

置若罔闻。马克思在150年前就已经指出资本主义经济全球化和世界市场总体的矛盾运动所导致的两种趋势（进步趋势和从属趋势）、两种过程（全球同质化、普遍化和异质化、特殊化）、两种影响（正面影响和负面影响）、两种后果（建设性后果和破坏性后果）；当代资本主义经济全球化仍然是一把双刃剑，挑战与机遇并存，负面影响与正面影响并存，破坏性与建设性并存，是一种两难选择或者“狄更斯悖论”。① 迄今为止的当代全球化实际上是美国经济主导下的全球化，我们必须对其负面影响有足够清醒的认识和判断。西方的“单边开放主义”，对于向西方“一边倒”的思潮应该是一剂清醒药。

西方发达国家尤其是美国和日本的“单边开放主义”，往往保护自己的国内市场，而要求别的国家开放自己的国内市场。中国力图用市场交换和吸引外资及其先进技术，“全方位”地开放自己的国内市场，并且以开放程度和吸引外资数量来评判开放的政绩与成果。尽管如此，中国现在却愈来愈难以打开他国的市场，价格低廉的法宝愈来愈不管用了，对外贸易经常遭遇他国的反倾销摩擦，西方“单边开放主义”动辄就给中国戴上“非完全市场经济国家”的紧箍咒。

其次，我国在相当长一段时间推行出口导向的大国发展模式，它在促进中国经济高速发展的同时，也在一定程度上助长了依附型发展的倾向。这种模式的特点是过分依赖外资、国外市场和贸易顺差。外贸依存度是衡量贸易风险的重要参考指标，在中国已由1978年的9.7%上升到2000年的30.6%，2005年猛增为63.8%（此为世贸组织数据，按当年汇率测算为62.9%），到2006年进一步增至66.9%。中国对外贸易依存度已超过所有8个工业发达国家和2个发展中大国。以2005年与外国比较，比美国

①颜鹏飞：《坚持独立自主与参与经济全球化相结合，构建创新型国家》，《思想理论教育导刊》2008年第7期。

21.2%、日本24.7%、澳大利亚33%、英国40.1%、西班牙41.3%、意大利43.3%、法国45.3%、俄罗斯48.5%、加拿大60.9%、德国62.7%和巴西24.7%、印度28.2%要高出1.1个（德国）至42.6个（美国）百分点。[①] 外资对国内市场的控制率是衡量一国产业风险的又一重要指标，国际通行的外资市场控制率警戒线标准通常为20%，一般行业为30%，少数竞争性行业为50%。在华外资企业销售收入占全国工业企业销售收入的比例，已经从1993年的8.64%上升到2006年的31.55%，超过了20%的国际警戒线。中国能源供给的对外高依存度也不容忽视。20世纪80年代末中国还是欧佩克之外最大的石油出口国，2006年我国石油消费的对外依存度达到了47%[②]，成为居美国之后的世界第二大石油进口国。此外，我国的外资依赖度（外资占私人固定投资的比例）在50%以上[③]，远远高于发展中国家（印度只有8%）；2004年，中国全年60%的出口和80%的贸易顺差是由外资企业创造的。长期以来，我国每年平均9%的增长中，外资驱动部分占1/3弱（2.7%），经济的较高增长主要靠投资和出口拉动，而国内消费和新科技研究开发的贡献相对很小，消费结构畸形。[④] 由此可见，中国经济正日益形成一个依赖外资、外贸和外需以及制造业比重过大的结构。这不是一个健康的、稳健的、可持续发展的经济结构。中国只是市场供给意义上而

---

①孙学文：《中国对外开放、创办“三资”企业的反思性研究报告》，《中国社会科学》（内刊）2008年第3期。

②《中国2006年石油消费增长9.3%，对外依存度提高》，http://www.oilchina.com，2007年2月15日。

③黄亚生：《中国“外资依赖症”的成因和成本》，《社会科学报》2004年4月13日，第1版。

④中国新增投资对GDP的贡献从2000年的35%，上升到了2006年的50%。目前我国的投资率已接近50%，每年生产出来的利润有一半又进入投资领域，而日本当年高增长时期的投资率也只有25%。投资比重过高，导致能源、资源消耗量大，环境污染加重，可持续发展难以为继。我国最终消费占GDP的比重已从20世纪80年代的62%左右下降到2007年的36%，居民消费率也从1991年的48.8%下降到2007年的36.2%，均达历史最低水平。而世界平均消费率高达78%—79%。1978年，我国家庭消费约占其全部开支的2/3，而今天只是全部开支的2/5。中国的需求是把内需排除在外的“跛腿需求”（过分追求外贸和生产消费），还不足以形成大规模的国内消费市场即大国型需求。国内消费率低迷已经危及拉动中国经济增长的“三驾马车”（投资—消费—出口贸易）的平衡。因此，中国很有必要使经济结构朝着消费内需导向的方向转变。

非需求意义上的大国。日本政府在20世纪80—90年代未能使出口主导型经济增长转变为内需拉动型经济增长，从而酿成日本经济长达16年的萧条，其教训值得中国深思。

经济全球化过程是全球经济的整合与统一化过程，有利于吸引外资、引进先进技术、扩大对外贸易和加快产业结构调整。但是，长期以来，西方发达国家主宰了世界的经济发展，垄断了国际经济组织的决策权、国际经济规则的制定权、国际市场价格的确定权，并以其强大的经济实力、技术实力、管理实力，把这种不平等的国际分工和世界市场的国际经济秩序强加给发展中国家，使之在分享全球化“红利”和世界产业技术链中，往往处于不利地位和依附性的“双赢”状态。中国经济现在已经进入一个关键的战略调整期，主要由投资、出口、低端加工业及廉价劳动力推动的发展模式已经走到尽头，其负面影响日渐凸显。很多结构性的长期矛盾与供求总量平衡的短期矛盾交织在一起的中国经济，不可能长期倚赖变幻莫测的国外市场需求来拉动。其深层问题，也不能总是期待靠扩大外需来化解。世界资本主义经济的周期性波动是不可避免的，随着美国金融危机的深化和世界经济的衰退，“入世”后的中国经济将面临改革开放以来最严峻的外部冲击。

总之，对于中国来说，对外开放的创新和深化、经济发展模式的反思和创新以及发展战略的正确定位势在必行。它们向科学发展的转型需要考虑以下因素。一要搞双边的开放主义，不能再一厢情愿地搞单边的开放主义。我们要正确处理对外开放和保护国内市场尤其是维护国家经济安全的关系，解决好经济自主发展与依附型发展的矛盾。我国政府要积极参与国际规则的制定与实施，在制定国际经济秩序的游戏规则以及应对国际经济问题的谈判和对话中，争得话语权，维护和发展自己国家的长远利益。二要在提升出口竞争力、改善国内引资环境、启动“走出去”战略等方面，有意识地更新传统的对外开放观念，从过去依靠廉价手段实现的经济依附型发展模式的束缚中解放思想。三要保护和增强发展中国家的经济民族主义，共同对付美国经济霸权主义的控制。在坚持独立自主发展方针的前提下，中国政府在倡导区域性经济协调、构筑区域性经济安全共同体、组建经济地区合作组织、通过国际合作抵御世界经济风险等方面，应当发挥更加积极的作用，提高我国在国际经济合作中的地位，大力维护国家经济安全。四要调整外资优惠政策。这方面的措施包括：因时制宜地颁布和更新外资产业投资目录，认真落实产业政策，引导外资流向非环境污染、低能源消耗、高技术和优先发展的行业；同时为外资与内资提供公平的竞争环境，取消前者享受的“超国民待遇”。对于地方政府为吸引外资、张扬政绩而自作主张地制定优惠政策，造成了破坏国家产业政策、挤垮民族资本等后果的行为，中央政府应当依法进行严肃的干预。五要完成出口导向型大国发展模式的转型，即从“外向型经济”向“开放型自主经济”的转变。外向型经济以出口导向为主，总体上是一种政策性开放。开放型自主经济则以内需为主。优化国内的产业结构和地区结构、实现我国经济增长方式从粗放型向集约型的转变，是构建开放型自主经济的前提和基础。开放型自主经济具有消费、投资和出口协调拉动，第一、第二、第三产业协同发展的竞争优势，因而其运行能够内外联动、互利共赢、安全高效，这是一种可持续的制度性开放。从坚持独立自主并参与经济全球化这个结合点出发，我们迫切需要能够长期保持国内外经济平衡发展的对外开放取向、对外经贸战略和政策。目的旨在追求速度、质量和效益相统一，经济发展与人口、资源和环境相协调的又好又快的发展模式。

六、 结束语

当今中国正站在历史新时期的起点，将实现从非持续性的粗放发展向可持续性的科学发展的转型，这是一个具有里程碑意义的历史拐点。改革开放这一大方向作为基本国策是不能动摇的，但我们应当正视并认真研究中国经济发展不可持续的方面，在社会实践中不断解决“改革什么、怎么改，开放什么、怎么开放”的问题，走科学发展的道路。综上所述，创新型发展、公平与和谐型发展、绿色型发展和非依附型发展构成了科学发展的主要特征。目前，改革开放方针政策调整的具体导向与发展方式的转型是有轨迹可循的，在笔者看来，主要有以下几个方面。

第一，科学发展观统领下经济改革的市场导向，应该是有选择的（公共品和准公共品应有选择地、程度不一地退出纯市场化改革）、综合配套的（辅之以宏观调控、微观规制和中观区域协调为主要内容的国家干预和法律支撑体系）、建立在社会主义基本经济制度之上的历史进程。

第二，应该进入以自主创新为主的战略调整期。改革开放必须走出借鉴、引进、移植和模仿的启蒙阶段，创造中国自己的核心技术和知识体系、中国特色社会主义的市场经济体制和转型政治经济学体系。科学发展要构建的创新型国家是一个综合性概念，包括理论、制度和科学技术等多方面的创新。

第三，中国主要由投资、出口、低端加工业以及廉价劳动力推动的发展模式已经走到尽头，向开放性自主经济发展模式的转型已成为议事日程上的急迫任务。

第四，中国社会面临的战略转型是全方位的结构性调整。和谐社会的建设将是集经济建设、政治建设、文化建设、生态建设、社会建设五位一体的多元化综合配套改革，从而推动中国的发展走进改善民生、更加关注公平、全面协调的新阶段。

目前，历时一年半的全党深入学习实践科学发展观活动已经在全国启动，这是推动中国社会向科学发展转型的总动员。胡锦涛总书记在动员大会的重要讲话中，要求全党“切实增强贯彻落实科学发展观的自觉性和坚定性，着力转变不适应不符合科学发展要求的思想观念，着力解决影响和制约科学发展的突出问题以及党员干部党性党风党纪方面群众反映强烈的突出问题，着力构建有利于科学发展的体制机制”，为此“必须紧紧依靠人民群众，做到谋划发展思路向人民群众问计，查找发展中的问题听人民群众意见，改进发展措施向人民群众请教，落实发展任务靠人民群众努力，衡量发展成效由人民群众评判，最大限度地把全社会的发展积极性引导到科学发展上来”[①]。这是一项前所未有的伟大事业，其中的艰巨性、复杂性和曲折性要求我国的哲学社会科学界人士进一步解放思想，为这一重大转型的顺利进行做出应有的贡献。

〔原载于《中国社会科学》（内刊）2008年第6期，第二作者为李华〕

①胡锦涛：《在全党深入学习实践科学发展观活动动员大会暨省部级主要领导干部专题研讨班开班式上的重要讲话》，《人民日报》2008年9月20日，第1版。

中国社会经济转型和可持续改革开放的四大新拐点

中国的改革开放这一基本国策是从党的十一届三中全会以后逐步发展并确立起来的。经过近30年的实践，一个历史转折的新拐点已经到来。本文着重探讨中国特色的市场导向改革以及可持续改革开放的具体思路、具体路径、经济发展模式，以及社会结构和发展模式的调整或转型。

一、改革具体思路的调整或转型——中国特色市场导向的改革

中国特色的市场导向的改革，就是有选择的（公共品和准公共品应程度不一地退出纯市场化改革）、有国家干预体系（宏观调控、微观规制和中观层次区域协调）和法律制度予以配套的、建立在社会主义基本制度之上的市场导向的改革，并且与旨在构建经济建设、政治建设、文化建设、生态建设、社会建设五位一体和谐社会的多元化综合改革相匹配。

这种改革具体思路的调整或转型有助于克服诱发市场缺陷的“泛市场化”倾向，并且有助于克服导致政府缺陷的“泛行政化”倾向。

不可否认，对于传统体制的破坏和新体制的构建，大规模的市场化和民营化改革扮演了“创造性破坏”（熊彼特语）的角色。但随着市场化改革所释放的制度能量的扩展，市场缺陷也在放大，现在到了这样一个历史拐点：中国不能走完全市场化或泛市场化的改革和发展道路，而是要着力打

造和构建中国特色的市场导向的改革模式。尤应审时度势，全面地准确地界定市场资源配置机制和政府干预机制各自的边界和作用范围。市场和政府都要各得其所，都要有所为有所不为，不能“缺位”“错位”和“越位”，即很多应该由市场管的事情，政府在管，很多应该由政府管的事情，反而交市场去做。应该大力预防和纠正诱发市场缺陷的“泛市场化”以及导致政府缺陷的“泛行政化”倾向，这样才能真正发挥市场对资源配置的基础性作用，以及政府的调控、协调和公共服务职能。否则，就会产生市场发育不足和政府治理不足双交织的坏的市场经济，甚至转向市场缺陷和政府缺陷双凸显的权贵市场经济。最典型的莫过于煤矿、房地产、公路修建和医药业这四大市场。

其一，要破与“泛市场化”或“市场决定论”相关的三个误区。

第一个误区：商品（例如房子）和要素（例如劳动、资本和土地）由市场定价，政府无权干预；是否靠供求机制定价而不是政府行政定价，是衡量市场化的第一重要标准。正确的观点是：应该采取两种手段即市场定价和行政定价相结合的办法，换而言之，其定价机制是“看不见的手”和“看得见的多主体的手”的联手，真正做到政府引导与市场机制的有机结合。因此，应摒弃单一的市场化定价模式，启动行政性干预机制，寻找兼顾行政与市场机制本性、市场效率与社会效益以及消费者和生产者利益的混合定价模式和最佳价格区域。

错误观点之一：我国劳动者尤其进城务工人员工资的定价长期偏低是市场化的合理产物，不必忧天悯人。廉价劳动力之所以廉价是因为劳动力供大于求，这是西方市场经济学的ABC。而染上“魁奈因素”综合征（托夫勒语）的某些学者，刻意回避另一个西方市场经济学ABC，即西方工资的定价机制也不是单独诉诸“看不见的手”即市场化运作，而是工人阶级的斗争和谈判，非政府组织其中包括工会和行业协会、政府和议会以及各种利益集团的博弈和干预等“看得见的多主体的手”的综合作用。西方工资黏性或刚性理论就是阐述这种因劳动后备军长期存在而导致的工资“低水平陷阱”或低价刚性问题及其解决对策的定价经济学。

发人深省的是，对于这种进城务工人员工资长期远远背离其所创造的价值的状况，许多学者乃至一些地方政府熟视无睹，以至于进城务工人员自身要通过“民工荒”的形式来抵制，甚至要惊动共和国总理通过替进城务工人员讨债来启动全国范围尤其各种特区和开发区的进城务工人员工资的合理化回归运动。

错误观点之二：房地产行业不能直接定价，否则有违市场化改革，甚至以商业机密为由讳言建房成本；即使是公共品和自然垄断这些经典的“市场失灵”，政府主导也往往不是最有效的解决方案。尽管房地产行业市场化改革推进中国房地产经济的繁荣，但是，其市场缺陷也日益膨胀并势必诱致社会的不和谐。因为仅靠市场机制无法解决住房领域的社会不公平问题。任由市场力量主导房地产行业的所谓“不干预”的中国香港模式的教训（中国香港房市价格高走并且社会财富高度集中于房地产商），以及政府房屋建设局提供微利房（占房屋总体供应量的80%）的新加坡模式的启迪，值得重视。

第二个误区：公共品和公共服务领域也应该搞市场化改革。

一般而言，社会产品可划分为三大类，即私人产品、公共产品（包括基础教育、环境保护、科学研究等）和准公共产品（包括高等教育、文化卫生、基础设施等社会公益事业）。其中私人产品市场能有效提供。公共产品则不能通过市场有效提供，必须由政府通过税收和公共财政来提供；其供给和服务涉及住、行、信息对称、司法公正、社会治安、环境保护，尤其医疗保险①、义务教育、社会保障都属于广义的公共品范畴。

①例如，2000年，世界卫生组织（WHO）首次对世界191个成员国的卫生体系绩效做出评估，中国被列为144位。中国在事关社会的关怀程度和公民生命健康的公共医疗服务和资源的分配上，其公平性落到了全球第188位，即倒数第4位。

实践证明：医疗卫生领域的市场化改革弊端严重，教育领域的市场化和产业化试验问题丛生，社会保障覆盖面有限，因此成为破坏社会和谐的重灾区，即“新三座大山”。毫无疑问，市场化改革并不适用于普通民众的基本医疗保障和普及教育的目的。后者正是以提供公共产品服务为己任的政府大有作为的领域。

第三个误区：推崇“木桶效应”理论。

这是泛市场化改革思路的逻辑延伸：完全市场化—发挥廉价劳动力的比较优势—融入全球化国际分工和交换体系。木桶效应理论是市场配置理论和比较优势理论的衍生品，是美国学者斯蒂格利茨所批判的“价格（市场）神话”的新翻版[①]。“用市场换技术”则是用中国式话语对这一理论的诠释。事实证明，核心技术是藏身于全球化市场交换体系之外的。并且，这种理念易滋生技术依赖症，从而使民族工业（如国产大飞机、国产轿车和国产核电设备产业）边缘化。应该用自主创新理论取代木桶效应理论。而自主创新与引进技术相结合是目前可行的现实的理性选择。

总而言之，市场经济制度是一国经济崛起的必要条件之一。政府是一国经济崛起的又一个必要条件。

其二，应该弄清楚哪些行业可以市场化，哪些行业不能市场化，哪些是处在市场和政府接合部的行业，哪些是要通过国家产业政策扶持乃至需要运用国家力量实现跨越式发展的战略产业，以及如何确定其产品的性质（公共品还是非公共品）及其定价机制（究竟是市场机制、行政机制或数量机制还是混合机制定价）。

其三，中国特色的市场导向改革并未穷尽，尤其要素市场化改革滞后。据统计，中国的经济自由度为54%，低于平均标准，美国则为82%，而产权自由度、金融自由和投资自由也仅为20%—30%。

---

①〔美〕约瑟夫·E·斯蒂格利茨：《社会主义向何处去：经济体制转型的理论与证据》，周立群等译，吉林人民出版社1998年版，第283、284页。

其四，政府自身的治理严重滞后，政府还掌管大量本来应该交由市场配置的资源，并且还要正确处理具有发散型、开放型及风险型特征的市场改革与带有集中及凝聚型倾向的政府改革之间的关系。

因此，改革绝不是单维度的市场化、民营化和开放化。中国的市场经济改革行程，已经逼近到这样一个历史拐点：从由数量建设为主转向侧重市场质量建设；从大规模的市场化改革转向有选择的、有国家干预体系予以配套的、建立在社会主义基本制度之上且在科学发展观统领下的市场导向的改革，转向涵盖非经济领域的多元化的综合改革。

二、 改革具体路径的调整或转型——构建广义的创新型国家

应该从西方理论、制度和科学技术大规模移植、引进和模仿，进入以自主创新为主的历史大转折阶段。

西方先进的理论和制度是值得借鉴的。近代全球化时期的西学东渐送来了“德”先生（Democracy）、“赛”先生（Science），其实还送来一位“富”先生（Wealth）[①]，现代全球化时期的西学东扩送来“马”先生（Market）、“猴”先生（Human）和“驴”先生（Green）。但是，它是一把“双刃剑”，既有正面影响也有负面影响。借鉴、移植和应用西方经济学说及其制度设计的合理成果，也要尊重理论移植和制度移植的原则和规律。制度是由正式规则和非正式规则、显性制度和隐性制度，制度规则及其支持或“配套”要素这两部分组成的一个系统。能否进行有效的制度移植，在于这两者整体的协调配合。因此不能忽视制度的系统性，尤其不能忽视隐性制度或非正式的制度安排，此即中国国情，此即所谓“马头”不能安

①“富”先生是指严复翻译的亚当·斯密的《国富论》，其主旨是强调“富国裕民”、“看不见的手”（市场经济）、经济自由主义和以近代工厂制度为标志的社会化大生产。该书75处涉及中国，并把自给自足、中央集权、轻视对外贸易和不保护个人私有财产视为中国经济停滞不前的重要原因，因而对中国近代工业化（“振兴实业”）起了不可低估的促进作用。

在“牛身”上的“严复悖论”，即单独移植西方的个别制度无济于事，而全方位地移植该制度赖以存在或配套的支持系统又是不可能的。说到底，这种外来制度规则与本国相应的“配套”要素之间的排斥反应，实质上是一国的基本制度（基础性制度安排）即制度环境与移植过来的新制度的矛盾或非相容性的表现。

大规模引进和模仿发达国家科学技术，在发展的初始阶段是必要的。“以市场换技术”的方针，在一定层面上取得了成效，但不能从根本上解决一个大国的科技进步问题，并且容易滋生技术依赖症。而核心技术、设计技术和系统集成技术，战略性产业核心竞争力，高科技人才、工作团队及其创新能力是不能假手于他人的。它们是藏身于全球化市场交换体系之外的。可是在相当长一段时期，中国许多产业的发展实践基本上是按照下述思路走过来的：崇尚比较优势和木桶效应理论，按照市场给予中国的技术定位醉心于发挥比较优势，并不急于在技术上追求超越市场的进步，并且宣称要安心维持近20年打工经济地位；还以市场化改革为借口，反对政府使用国家产业政策来实现技术上的跨越式进步。据统计，2002年，欧洲、美国、日本三方专利中，美国占35.6%、欧盟占31.5%、日本占25.6%，中国仅占0.3%。我国关键技术自给率低，对外技术依存度达到50%。可见，中国如果单纯依赖移植或亦步亦趋模仿发达国家的技术，是不能成为真正崛起的大国的，只能沦为“世界加工厂”“OEM（定点生产）大国”，或者扮演提供原材料和低端加工产品的附庸经济、打工经济、外包经济一类的“躯干型国家”角色。

总之，我们不能一直停留在移植、启蒙、引进和模仿阶段。大规模的借鉴和移植已经走到尽头。现在到了这样一个历史拐点：我们必须完成从启蒙型、模仿型移植走向自主创新的历史大跨越，从依附型经济转向自主创新经济，从“世界加工厂”转变为“世界工厂”“世界办公室”和“世界实验室”，从躯干型国家走向大脑型国家、创新型国家；并从西方经济理论范式、话语权和体制这种舶来品的羁绊中解放出来，创造中国自己的马克思主义政治经济学体系和社会主义市场经济体制。这样才有望进入创新型国家的行列。这里所说的创新型国家是一个综合性概念，包括理论、制度和科学技术等多方面的创新。

三、经济发展模式的调整或转型——发展中大国不能搞以投资、外资和出口拉动的外向型经济模式

中国在很长一段时间，推崇以外向型经济（出口导向型或外贸导向型）为主体，并以投资尤其外资唱主角以及 GDP 至上的发展模式。但是，成绩很大，问题也不少，中国经济正日益形成一个依赖外资、外贸和外需以及制造业比重过大的结构。平均每年 9% 的增长中，外资驱动部分占 1/3 弱，中国外贸依存度现在接近 80%，由此成为世界上外贸依存度最高的大国。这不是一个健康的、稳健的可继续发展的经济结构。因此，应该使经济结构朝着消费尤其内需导向的方向转变。中国只是供给意义而非需求意义上的大国。中国的需求是“跛腿需求”，还不足以形成大规模的国内消费市场亦即大国型需求。世界平均消费率高达 78%—79%。国内消费率低迷（我国最终消费占 GDP 的比重已从 20 世纪 80 年代 62% 左右下降到 2005 年的 52.1%，居民消费率也从 1991 年的 48.8% 下降到 2005 年的 38.2%，均达历史最低水平）已经危及拉动中国经济增长的“三驾马车”（投资—消费—出口贸易）的平衡。中国新增投资对 GDP 的贡献从 2000 年的 35% 上升到了 2006 年的 50%。目前我国的投资率已接近 50%，每年生产出来的利润有一半又进入投资领域，而日本当年高增长时投资率也只有 25%。由于经济增长在很大程度上主要靠外部的需求和投资需求拉动而不是国内需求和消费拉动，所以很多结构性的矛盾、长期性的矛盾和总量矛盾、短期问题交织在一起。日本政府在 20 世纪 80 年代初 90 年代未能使出口主导型经济增长转变为内需拉动型经济增长，从而酿成日本经济“失落的十年”的教训，仍值得中国借鉴。

中国在经济发展模式方面业已进入一个关键的战略调整期。从经济发展模式的角度看，一国崛起大体有五种模式：欧美型、拉美型、苏联型、俄罗斯型、东亚型。我们在很大程度上模仿东亚发展模式。但是，问题在于：小国可以搞外向型或外贸型经济发展模式，发展中大国能否把经济发展建立在出口牵引型经济基础之上？

这种以投资、外资和出口拉动经济发展的外向型经济模式，其特征是外生型、外源型、风险型以及一系列依赖症（外资依赖症、市场依赖症）和失衡症（经济增长“三驾马车”失衡症，破坏开放尺度与经济安全、内需与外需之间的平衡），从而有可能掉入“出口陷阱”“全球化陷阱”和“反倾销陷阱”。

因此，这需要我们重新思考新时期的经济发展战略和增长模式。中国在经济发展模式方面已经进入一个关键的战略调整期，把巨大的廉价劳动力用作“现代化跳板”并且赚取“人口红利”的机会转瞬即逝，主要由投资、出口、低端制造业以及劳动力与资本推动的发展模式已经走到尽头，因此，我们既要实现经济体制的转型、经济增长方式的转变，又要从工业化初期以投资依赖、资源依赖、出口依赖和制造业依赖为特征的粗放发展模式和外贸拉动的东亚出口模式（要素的低成本、无视环境因素、低税政策起支撑作用），逐步转换到以技术创新驱动、生产效益提高和内需拉动为主的，并且又好又快的增长模式上来，实现从外向型或出口拉动型经济以及投资主导型增长向消费主导型增长的转换，最终形成那种旨在追求速度、质量和效益相协调，消费、投资和出口相协调，人口、资源和环境相协调的内生型、内源型和协调型发展模式。

四、 社会结构和发展模式的调整或转型——全面协调可持续的社会发展模式

全球社会发展正处于一个结构性的转型过程中，中国也面临社会结构

调整和转型问题。尤其“新社会阶层”（中产阶层或中间阶层）的崛起，宣告农民、工人、知识分子的传统“三分”结构的解体。改革开放以来出现的新的社会阶层大约有5000万人，并掌握着10万亿元资本，贡献全国近1/3的税收，每年吸纳着半数以上新增就业人员。中间阶层成为社会主体，即社会经济结构呈纺锤形或橄榄状，是社会实现和谐与稳定的基础。但一个软弱的中产阶层对一个国家来说并不是什么好事。正确处理和协调新社会阶层这一新生的利益集团与传统社会阶层的关系，是考验初级阶段社会主义基本政治经济体制张力、活力和和谐力的重要标志。

作为发展中大国的中国社会发展模式，是无法用哪一个西方既定的社会经济发展理论和模型来进行诠释的。从社会发展模式的大视角上看，中国改革开放已到达向纵深化、系统化和全面化发展的一个战略转折点，从增量改革、循序渐进、单点突进，转向存量改革、全面推进和综合改革，即从单一的经济建设和市场化改革转向旨在构建经济建设、政治建设、文化建设、生态建设、社会建设五位一体和谐社会的多元化综合改革，从而减少不协调成本，力求发展—改革—稳定三者的平衡。这是一条全面协调可持续的发展道路和模式。否则，就导致以污染环境、耗竭资源、忽视公平和影响稳定为代价的跛腿社会而不是和谐社会，就不是不损害他人利益的“次帕累托改进”或给予社会补偿的“卡尔多推进”，而是以牺牲相当一部分劳动者利益为代价的“李嘉图推进”。① 社会主义公有制度优于资本主义私有制度的地方，在于党和政府坚持发展为了人民、发展依靠人民、发

①历史经验证明：资本主义的发展遵循“李嘉图定律”和“库兹涅茨假说”。“李嘉图定律”的实质是：生产力发展和社会发展和构成整个这一发展基础的劳动群众的利益相矛盾并以牺牲后者的利益为代价。而人均财富差异与人均财富增长、增长与不平等的关系、公平（正义）与发展（效率）遵循库兹涅茨所谓的倒“U”型曲线规律，即人均财富差异和不平等是不可避免的必然规律。例如美国资本主义“镀金时代”即19世纪末20世纪初期完成了向工业资本主义的转型，但社会动荡伴随其中；自第二次世界大战以来，为了维护社会正常秩序和社会制度运行的稳定性，力图跳出“李嘉图定律”怪圈和“库兹涅茨假说”。GDP大约1000美元—3000美元的社会发展阶段，既是经济的加快发展机遇期，又是各种矛盾凸显期和非和谐期。西方国家和谐思潮以及稀释和缓解社会矛盾和非和谐的若干举措，有一定的借鉴意义。

展成果由人民共享的原则，应该对在改革过程和分配方式中吃了亏的农民、进城务工人员、下岗职工等弱势群体和不发达地区，直接地主动地支付转轨成本、改革成本亦即和谐成本，并把制定和落实关于社会和谐成本的方针、政策、法规、体制和战略系统化。在中国发展正遭遇“李嘉图推进”和“不公平约束”的背景下，中国应该适时选择把以人为本、注重公平作为突破发展约束的新的动力源，引领中国新一轮改革创新。

（原载于《发展经济学研究》2012 年第 1 期）

构建社会主义和谐社会与西方和谐冲突理论

一、关于西方和谐与冲突主线

美国犹他州大学 E. K. 亨特（E. K. Hunt）教授在 2002 年推出《经济思想史：一种批判性的视角》一书中，提出一个关于经济思想史的主题和主线问题："经济思想史中一个反复出现的主题是——该主题也是本书的中心——资本主义究竟是导致和谐还是导致冲突的一种社会制度。在亚当·斯密和大卫·李嘉图的著作中，两种观念都有进一步阐述。李嘉图之后，大多数经济学家要么认为资本主义是根本和谐，要么认为是根本冲突。这一分歧决定了每一个经济学家如何选择其分析的范围、方法和内容。另一个经常争论的主题是有关资本主义是内在稳定还是内在不稳定的问题。关于经济理论中合理的价值判断问题也一直有不同的意见。"①

所谓主线就是各个历史阶段反复出现的主题。因此，E. K. 亨特在这里实际上提出了一个重要的命题：和谐与冲突理论是贯穿于西方经济思想史的一条主线。西方经济学界因此形成两大学派，即和谐学派与冲突学派。而这种裂变，始自西方经济学的开山鼻祖亚当·斯密。"斯密—李嘉图—穆勒定律"（Smith – Ricardo – Mill Law）——我们简称为"李嘉图定律"——是和谐抑或冲突这两条理论路线分歧的一个起点或分水岭。斯密是这一定

①[美] E. K. 亨特：《经济思想史：一种批判性的视角》（第二版）序言，颜鹏飞总译校，上海财经大学出版社 2007 年版。

律的始作俑者，但是不断游离于两条对立的理论路线之间，一方面强调劳动价值论和阶级冲突，另一方面则强调效用价值论、社会和谐和“看不见的手”。然而在实际上，他建立了一个较完整的古典政治经济学逻辑体系，即在一个竞争、自由放任的资本主义经济体系中，自由市场会把所有利己主义的、赢利性的和唯利是图的行为纳入到一个和谐占主导的互惠互利的“最明白最单纯的自然自由制度”。英国古典政治经济学的最后完成者大卫·李嘉图，也是这一定律的鼓吹者。他是生产力经济学家，把分配问题作为政治经济学的主题。发展生产力的要求是大卫·李嘉图评价经济现象的基本原则，他公开承认资本主义是有利于生产力发展和社会发展的一种生产方式，尽管它和构成整个这一发展基础的工人群众的利益相矛盾并以牺牲后者的利益为代价。作为西方经济学第一次大综合完成者的约翰·穆勒，把李嘉图的上述观点作为一种“生产规律”和“分配规律”纳入其折中主义政治经济学体系。有所区别的是，亚当·斯密对资本主义社会的前途表现出一种乐观主义情绪，而李嘉图尤其是穆勒已经看到了分配制度的弊病，所以他们对资本主义发展前途的看法是喜忧参半。在他们看来，社会生产力的发展和社会的进步必然以牺牲某些阶级或阶层的利益为代价，被称为绝对合理的必然规律。这就是“李嘉图定律”的实质。

“李嘉图定律”是西方经济思想发展史上一个重要的路标。由此出发的和谐理论路线，历经巴斯夏经济和谐论—凯里利益调和论—瓦尔拉斯一般均衡论—帕累托最大化原理—克拉克边际生产力分配论—马歇尔“四位一体”公式，力图论证资本主义社会的和谐性和分配的公正性。而始于霍布森、庇古的福利经济学、新福利经济学、新新福利经济学、福利国家政策和后福利国家理论，是当前西方现代经济学和谐路线的终点。其中，帕累托最大化原理可以说是西方和谐理论路线的典型，也是对“李嘉图定律”的反动，因为它主张：一个人福利的增加、效用水平的提高的同时不能使其他任何人的福利和效用水平受到损害；使一部分人受益而另一部分人受损的资源配置的变化就不是帕累托最优。由此而分道扬镳的另一条理论路线是为冲突做论证的。西方冲突理论的典型是“李嘉图定律”和“库兹涅茨假说”：生产力发展和社会发展是和构成整个这一发展基础的劳动群众的利益相矛盾并以牺牲后者的利益为代价，是李嘉图定律的实质；而人均财富差异与人均财富增长、增长与不平等的关系、公平与发展则遵循库兹涅茨所谓的倒“U”型曲线规律。激进学派和马克思主义学派是这条理论路线的一条分支，它表现为阶级和阶级斗争学说。随着资本主义进入国家垄断资本主义阶段和后工业时期，这两条理论路线实际上有融合的趋势，其特征是往往用和谐理论来掩盖资本主义社会的矛盾和对抗。新自由主义学派是体现这一趋势的最大代表。

二、西方国家力图跳出“李嘉图定律”和“库兹涅茨假说”怪圈

西方国家为了维护社会正常秩序和社会制度运行的稳定性，力图跳出“李嘉图定律”怪圈和“库兹涅茨假说”阴影，因而在某些观念、生产关系和具体政策上做了局部改变、调整和变革。稀释和缓解社会矛盾与非和谐的主要办法是发展生产力，全球化扩展，扩充中产阶级，发展社会保障制度以及倡导“绿”色的新发展观。美国为此耗费了近一个世纪，日本用了半个多世纪，韩国用了大约1/4世纪，社会矛盾和非和谐情况才有所缓解。可是，上述做法在客观上又带来另外一种后果和发展趋势，即为资本关系即资本主义生产关系的进一步扩展设置了新的界限、障碍、限制和桎梏，从而进一步促进了对资本关系自身规定性及本质的自我背离、自我否定和自我扬弃的进程。这就是资本主义生产方式矛盾运动的辩证法。

其一，始于20世纪末期的经济全球化运动表明：现代资本主义生产方式正在不断地复制其生产力和生产关系。因此，它尚有容纳生产力和生产

关系发展的空间和制度弹性，在它所能容纳的全部生产力发挥出来以前，在它尚能提供人们赖以生存、享受和发展的各种必需品、公共品、资本品以及社会赖以支撑、维系和运转的各种硬件或软件之前，是决不会灭亡的。而经济全球化又使其在时空两个维度上有所拓展，并赢得了转嫁非和谐因素如经济危机的历史契机。但是，建立在价值和剥削之上的狭隘的资本关系必然不能容纳它召唤而来的越来越发达的生产力，先进的生产力必然要摆脱束缚其身的资本关系的桎梏，并召唤先进的生产关系与之相匹配。

其二，中产阶级人数不断增长，比例超过蓝领劳动者。20 世纪 50 年代以来，西方发达国家都开始出现了新中产阶级数量不断增长的趋势。在 70 年代又波及东亚地区。一个重要的现象就是由薪金雇员和公务人员组成的所谓“白领”即“新中产阶级”，占经济活动人口比例大多超过蓝领劳动者。2001 年，发达国家“新中产阶级”占经济活动人口比例分别是 59.9%（美国）、52.2%（英国）、52.4%（德国）、45.3%（意大利）、44.3%（澳大利亚）。可见，除了意大利和澳大利亚，其他三个国家的白领工人人数都超过了蓝领工人。应该看到，这种橄榄状社会结构在加强社会系统稳定性的同时，也给资本关系的扩展设置了新的社会结构界限。

其三，现代社会福利保障制度是在资本主义生产方式内部滋生出的一种异己的否定因素。它与股份制度一样——后者把个人资本转化为社会资本——把个人收入转化为社会收入并转化为社会保障基金，也是一种“积极的扬弃”。无疑，这给资本关系的扩展设置了新的再分配界限、束缚和限制，而传统的 8 小时工作制、最低工资法、劳动法等都难以望其项背。

其四，重视非政府组织和慈善事业。非政府组织是独立于市场和政府两股力量之外的又一种平衡因素和制约力量。非政府组织提供的公共产品是志愿性质的、个性化的、竞争性的而不是排他性的。有人把非政府组织和慈善组织称为“第三次分配”的主导力量。西方学者指出，市场是第一次分配，关注效率，所谓成本最小化和效益最大化；政府是市场失灵的克星，并因其提供基础性的公共产品而属于第二次分配，关注公平、公正和平等的最大化；以非政府组织和慈善组织为主的社会力量志愿地和无偿地提供的个性化、竞争性的公共产品则属于第三次分配，其功能是补救市场和政府的双重失灵。

其五，强化对企业的微观规制和劳动立法，缓解劳资矛盾。其中包括著名的企业社会责任标准；这是大多数针对蓝领工人的生存状态而采取的保护性措施和限制，也是为资本关系扩展所设置的“蓝色壁垒”。什么是企业的社会责任？它要求企业必须超越把利润作为唯一目标的传统理念，强调对股东承担法律责任的同时，不仅在再生产过程中对员工的价值进行关注，还要强调对消费者、对社区和环境、对社会的贡献。“社会责任”是发达国家的商业惯例和企业家精神的重要内容。全球一些行业、地区，乃至全球性的行业组织和非政府组织也制定了各自的社会责任标准和守则。据国际劳工组织统计，这样的守则已经超过400个。

其六，倡导“绿”色的新发展观。新发展观发端于20世纪60年代的西方生态运动和绿党政治，科学生态学、人文生态学、生态社会主义、绿色后现代主义、生态政治理论、环境运动团体和绿色政党应运而生。20世纪70年代的石油危机进而促成新发展论的产生，主要标志有1972年《人类环境宣言》和佩鲁的《新发展论》，后者提出“一切人的发展和人的全面发展”的命题。80—90年代，新发展论进一步具体化。联合国1987年《我们共同的未来》报告，第一次阐述了可持续发展的六项原则，其中包括公平性原则、持续性原则与和谐性原则。对20世纪下半期各国发展状况进行反思和总结的1992年《里约热内卢宣言》和1995年《哥本哈根社会发展问题宣言》，则强调“以人为中心的可持续发展”，并更加具体化和政策化。与此同时，UNDP（联合国发展计划署）提出“以人为本”的新发展观。世界银行、联合国组织和某些西方发达国家也设计出了包括“绿色GDP”核算体系在内的新的衡量社会进步和可持续发展的标准等。上述情况表明，资本关系已被设置了限制其扩展的人文界限和生态界限。

尽管西方发达国家已经出现倡导和谐的思想取向、政治取向和政策取向，并已取得某些成效，但是西方发达国家并没有完全跳出“李嘉图定律”怪圈和“库兹涅茨假说”阴影。美国民主党副总统候选人爱德华兹在2004年大选中，就提出一穷一富“两个美国”的理论。日本也没有完全从泡沫经济和“失去的十年”的阴影中走出来，其贫困率为15.3%，贫困人口达2000万，已经成为发达国家中的“贫困国家”。建立在剥削基础之上的资本主义私人占有制度，铸就了其必将永久徘徊于“李嘉图定律”怪圈和“库兹涅茨假说”阴影之中的历史结局。

三、历史拐点：中国挑战“李嘉图定律”和“库兹涅茨假说”

马克思主义理论既有关于冲突的内容例如阶级斗争和无产阶级专政学说，也有关于和谐的内容，其中包括未来共产主义理论。

西方学者大都把马克思的和谐理论称为“人道马克思主义”“早期马克思主义”或“人本马克思主义”。他们十分关注马克思关于共产主义是人的本质的“复归”和两大矛盾的“真正解决”的思想。马克思在《1844年经济学哲学手稿》中指出：这种共产主义，作为完成了的自然主义＝人道主义，而作为完成了的人道主义＝自然主义，它是人和自然之间、人和人之间矛盾的真正解决，是存在和本质、对象化和自我确证、自由和必然、个体和类之间的斗争的真正解决。马克思和恩格斯在《共产党宣言》中还指出：“代替那存在着阶级和阶级对立的资产阶级旧社会的，将是这样的一个联合体，在那里，每个人的自由发展是一切人的自由发展的条件。”① 但是，

①《马克思恩格斯选集》第1卷，人民出版社1979年版，第294页。

他们人为地制造“早期马克思主义”与着重阶级斗争和无产阶级专政学说的“晚期马克思主义”的对立，是不可取的。

我国当前正处在一个以和平与发展为主题的经济全球化时代。一个国家处于人均GDP大约1000美元—3000美元的社会发展阶段，一般呈现二元化特征，即它既是经济的加快发展机遇期，又是各种矛盾凸显期和非和谐期。这已为许多国家的发展实践所证实。新世纪初期的中国正处于具有鲜明二元化特征的体制改革时期。这是一个改革开放狂飙突进，凸显实践、创新和借鉴的重要历史时期，也是从西方市场经济理论和制度大规模借鉴性移植进入以自主创新为主的历史大转折时期；是从增量改革转向存量改革，从保持比较优势（如低廉的劳动力资源）转向追求竞争优势，从“引进来”转向“走出去”的关键时期。在这一时期，必须解决不发达的经济同人们日益增长的物质文化需求的矛盾，解决经济社会发展同人口、资源、环境压力越来越大的矛盾，尤其是就业、社会保障、扶贫、教育、医疗、环保和安全生产等方面的问题。

生产力的进步和社会发展必然要以牺牲某些阶级或阶层的利益、以冲突取代和谐为代价吗？社会的发展一定要采取对立和不公平的形式吗？人均财富差异与人均财富增长、增长与不平等的关系、公平与发展（效率）必然是一种倒“U”型曲线规律吗？奴隶社会、封建社会和资本主义社会都没有逃出“李嘉图定律”怪圈和“库兹涅茨假说”阴影，社会主义社会也一定会重蹈这一历史覆辙吗？

马克思关于“有利于生产力的发展，有利于社会关系的发展，有利于更高级的新形态的各种要素的创造”的基本原理，马克思新发展观及其对“李嘉图定律”的评论，邓小平关于“三个有利于”的重要论述，“三个代表”重要思想，以及科学发展观、和谐社会理论和新发展模式，是涤荡“李嘉图定律”和“库兹涅茨假说”阴影的思想武器。解决问题的思路和办法就是：

1. 继续做好生产力发展这篇大文章。离开发展这个解决中国一切问题的关键，就没有生机勃勃的中国特色的和谐社会和“全面小康”社会。这种发展的品性是科学发展、协调发展、全面发展和可持续发展。因此，必须创新发展模式，要实现单一经济建设政绩观向科学发展观、以物为本向以人为本的转变，经济增长方式从粗放式到集约式的转变，GDP 增长至上发展战略向可持续、可循环、两个和谐和跨越式发展或追赶战略的转变，区域不平衡发展战略向区域协调发展战略的转变。中国必须走出一条科技含量高、经济效益好、资源消耗低、环境污染少、人力资源优势得到充分发挥的新型工业化、新型农业化发展道路。

2. 思想和观念要解放。这种解放有两种表现形式。其一是反对教条主义。一些新自由主义经济学家不考虑中国具体国情而全面照搬西方经济理论，主张经济自由化、市场化、私有化、国家干预软化和国际化，这是一些地方出现国有资产大量流失、权力寻租和窃取公共财产行为丛生、教育和卫生体系被破坏、贫富分化和社会不公加剧的一个重要思想根源。其二是与时俱进，思想不能僵化。对关于什么是社会主义，怎样搞社会主义，社会主义公有制与市场经济如何结合这个大问题的认识，要随着实践的发展而深入发展。要从正确认识“什么叫发展、怎样发展，为谁发展、依靠谁发展”入手，以科学的发展观统领经济社会发展全局，坚持以人为本，转变发展观念、创新发展模式、提高发展质量，把经济发展和社会发展切实转入全面协调可持续发展的轨道。

3. 中国改革的路径不是牺牲劳动群体利益的“李嘉图推进”，也不必遵循承认人均财富差异与不平等存在的合法性并且否认公平的所谓倒“U”型曲线规律。社会主义公有制度优于资本主义私有制度的地方，在于党和政府应该对在改革过程和分配方式中吃了亏的农民、进城务工人员、下岗职工等弱势群体和不发达地区，直接地主动地支付改革成本，这也是促进社会走向和谐的和谐成本。支付和谐成本的重点要从支付生存成本调整为支付发展成本，并把制定和落实关于社会和谐成本的方针、政策、法规、体制和战略系统化。衡量我们工作是非得失、发展与改革成败的判断标准，还要以是否有利于全体国民共享改革和发展的成果为准绳。中国正处在深层次矛盾凸显的改革攻坚阶段，处在从西方理论和制度的借鉴性移植转向自主创新的历史拐点。我们必须斩关夺隘，全面贯彻落实科学发展观，构建社会主义和谐社会，防止社会主义市场经济的发展出现依附化、边缘化、权贵化，乃至全盘西化和全盘私营化现象。

4. 实现经济、政治、社会、文化和环境的相互协调和可持续发展。应该继承以社会机体发展规律和历史“合力”论为代表的马克思主义经典作家的新社会发展观，构筑以社会主义经济建设、政治建设、文化建设、社会建设四位一体的社会主义和谐社会、资源节约型社会、环境友好型社会、“全面小康”社会和创新型社会。经济、政治、社会、文化和环境必须相互协调才能实现可持续发展。这种中国特色社会主义事业的总体布局，造就一种历史“合力”，即“软实力”“软国力”“软力量”或“软权力”，也就是“和谐力”。它是一国综合实力的组成部分，是一国的内外政治动员能力，即对国内外硬实力的调动和使用能力、国际影响力、自主创新能力、感召力。和谐力包括意识形态信仰力、民族凝聚力、文化凝结力、政府公信力和社会公正力，是决定人心得失向背进而趋向同心同德、同志同欲的巨大力量。这样才能团结一切可以团结的力量，调动一切可以调动的积极因素，充分发挥人民群众以及各方面创建社会主义和谐社会的积极性、主动性和创造性。

（原载于《红旗文稿》2007 年第 2 期）

增长是发展的源泉吗?

人类发展是时代永恒的主题，涉及诸如什么叫发展（What），怎样发展（How），为谁发展（For）、依靠谁发展（By）、由谁来享受发展成果（Of）等重大问题。古今中外，答案纷呈："万物皆流，无物长驻"；"周虽旧邦，其命惟新"；"人惟求新，器惟求新"；"创造性破坏"；"熊彼特式的内涵增长"；"斯密型成长"；"库兹涅茨型成长"；"理性增长"；"有利于穷人的增长"；"包容性增长"；"发展型国家"；"以人为中心的可持续发展"，不一而足。21世纪将成为发展的世纪：一是新兴国家如"金砖五国""VISTA五国""灵猫六国""新钻十一国"展现出强劲的发展潜力；二是发展理论、发展哲学和发展经济学也成为一门显学。这里着重探讨发展与增长、科学发展与非科学发展之间的辩证关系，反对形而上学的发展观。

一、正确区分经济发展与经济增长

经济学意义上的发展与增长，是有明确界定的两个不同概念。经济增长是指社会财富的增长，经济发展是指随着经济的增长而促成的社会经济各领域多方面的变化，例如社会发展、文化发展以及生态文明。联合国教科文组织在《文化政策促进发展行动计划》中指出，发展可以最终以文化概念来定义，文化的繁荣是发展的最高目标。

两者既有区别又有联系：①经济增长内涵较窄，经济发展内涵较广；

②经济增长是一个数量概念，经济发展兼具数量概念和质量概念；③经济增长是经济发展的基础，没有经济增长，不可能有经济发展，经济发展是经济增长的结果和目的，但也有可能出现无发展的增长现象；④GNP（国民生产总值）一般是衡量经济增长的通用尺度，因此，GNP 也成为经济增长的同义语或者代言词，而衡量经济发展的指标呈现多元化趋势，其中包括 HDI（人类发展指数）、GPI（真实发展指标）、MDP（国内发展指数）、ISEW（可持续经济福利指数）、GNH（国民幸福总值）、绿色 GNP 等；⑤由此而衍生出发展经济学与增长经济学，前者是以后进国家的经济增长与经济发展为研究对象的，并且越来越把研究扩展到经济学之外的政治、社会、文化等其他领域，后者大都关注发达国家的经济增长问题，着重研究经济增长的各个具体因素和增长的源泉，并且经历了斯密型古典增长理论—新古典增长理论—新增长理论三大发展阶段，呈现下述五大取向，即知识外溢和边干边学增长型、内生技术变化增长型、线性技术内生增长型、开放经济内生增长型、劳动分工和专业化内生增长型。应该正确解读关于经济发展与经济增长的辩证关系：经济增长即社会财富总量的增长，是经济发展、社会发展、文化发展以及生态文明传承的基础。发展经济学与增长经济学迄今已经出现了融合的取向，新增长经济学的研究对象把发展中国家也囊括其中，力图把发展经济学融合到主流经济学的理论框架之中。

我们一度犯过“唯 GDP 至上”的形而上学错误。短缺经济的历史让中国成为最看重 GDP 总量的国家，这在一个特定历史时期是可以理解的，可是却走向另一个极端，即大力推行以 GDP 增长为唯一目标的新发展主义、新生产力论或 GDP 至上主义，以至于造成了生态环境恶化、资源严重浪费、发展难以为继、民生问题丛生等不良后果。因此，必须反对“GDP 崇拜”“GDP 情结”“GDP 图腾化”，即以透支资源、透支环境、透支未来，以牺牲生态环境、社会环境和社会软件（教育、卫生、计划生育、扶贫、环境保护等）为代价去追逐 GDP；应该杜绝和谨防“带血的 GDP”、低端低技术附加值 GDP、“土建 GDP”、房地产 GDP、泡沫 GDP、“黑色 GDP”、“重 GDP”、仅仅分享“蛋糕的碎片”的 GDP 等等。

但是，应该注意一种倾向掩盖下的另一种倾向：人为割离发展与增长的联系，过分放大两者的对立，宣传 GDP 无用论、稳定压倒一切论、“分好蛋糕”优先论，甚至将 GNP 戏称为“垃圾、噪音和污染”（Garbage、Noise、Pollution）。这是另一种形而上学观。中国社会对 GDP 应该持理性、务实的态度，应该搞两点论，有贬有褒，褒既不能过度，贬又不能太损。作为“20 世纪最伟大的发明之一”（萨谬尔森语）的 GDP 及其相关指标，是一国经济活动总量的晴雨表和国际通用的测度指标，也是反映一国国力或者比较各国经济能力强弱的最通用的“灯塔般的指标”。没有以 GDP 为标志的经济增长的所谓发展是无源之水、无本之木、无米之炊，因此，告别 GDP 崇拜不是要告别 GDP，而是弥补这一指标的缺陷和不足，辅之以更为科学、全面和系统的测度指标体系。中国科学院发布的《中国科学发展报告 2011》，首次推出了“中国 GDP 质量指数”，即通过数量维（发展度）、质量维（协调度）和时间维（持续度）三者本质叠加的最大化构成“GDP 质量指数”，并且采用了“经济质量、社会质量、环境质量、生活质量、管理质量”五大子系统。这是把单一追求数量属性的 GDP 改造成以“数量质量综合度量”的测度工具的有益尝试。

二、正确区分科学发展与非科学发展

科学发展与非科学发展的区分是发展理念的创新。非科学发展被称为“增长中的贫困”“增长中的烦恼”“不带来好运的增长”“发展陷阱”或者 GDP 至上主义，至少有七种“增长困境”，即 Jobless（无就业的增长）、Ruthless（无情的增长）、Voiceless（无声的增长）、Rootless（无根的增长）、Futureless（无望的增长）、Independenceless（低头的增长）、Controlless（失控的增长）。此外，还有中等收入“拉美陷阱”，以权力支撑财富的“西班牙幻影”，创新乏力的“日韩困境”，等等。

科学发展着力实现创新型发展、协调型发展、绿色型发展、公平与和谐型发展和非依附型发展，着重解决What、How、For、By、Of五大问题。

1. 促进创新型发展，构建创新型国家。“创新型国家”有狭义和广义之分。前者着眼于科学技术的创新，后者则是涵盖制度创新、科技创新、文化理论创新在内的综合性概念。我们必须完成从启蒙型、模仿型移植走向自主创新，从附庸经济、打工经济、外包经济、“世界加工厂”或者“OEM（贴牌生产）大国”一类的“躯干型国家”转向“世界工厂”“世界办公室”和“世界实验室”一类的“大脑型国家”和创新型国家，提高我国国际竞争力。此外，应该从对西方经济理论和经济体制的大规模移植、引进和模仿，进入着力建构中国形态、中国气派或中国学派的经济学体系的新阶段，开展具有中国形态的“术语革命”（马克思语）或“话语领导权”（福柯语）运动，实现学术的自主性和原创性。

2. 促进协调型发展，构建经济结构合理，供求均衡，投资、消费和出口协调拉动，并且统筹经济增长、社会进步和环境安全的经济发展方式，完成从粗放式发展方式（“量”的过度扩张）向集约式发展方式（“质”的战略提升）的转型。

3. 促进绿色型发展，构建资源节约型社会、环境友好型社会和生态文明型社会。绿色型发展的深层次含义是：绿色生产力或者绿色生产方式已经成为社会经济发展的新的“领先因素”和“始基因素”。这是从人与自然这一视角解决“怎样发展”，从而走出可持续发展的瓶颈和困境的一个重大问题。

4. 促进公平与和谐型发展，构建和谐的民富国强的小康社会。中国也面临社会发展模式的战略转型问题。这是涉及与民生问题息息相关的“为谁发展”“发展成果为谁拥有和享受”的重大问题。

5. 促进开放型自主发展，谨防依附型发展，构建开放型自主经济。这是从一个新的视角解决“怎样发展”的又一个重大问题。

中国改革开放之所以成功的秘诀就是：发展是硬道理。这种发展的本质就是“有利于生产力的发展，有利于社会关系的发展，有利于更高级的新形态的各种要素的创造”①。因此，发展过程中产生的问题，是要通过进一步的发展，尤其经济增长逐步解决或催生解决条件。在现阶段，以加快转变经济发展方式为主线，贯穿于经济建设、社会建设、文化建设和生态建设全过程和各领域，从而更加注重全面协调可持续发展，更加注重统筹兼顾，更加注重以人为本，注重保障和改善民生，是重中之重。基于生产力决定生产关系、生产关系决定分配关系这一马克思主义的基本原理，不能醉心于利益博弈而重蹈“拉美陷阱”“中等收入陷阱”之覆辙，既要“分好蛋糕”，更要“做大蛋糕”，更不能舍“做大蛋糕”“做好蛋糕”之本而逐“分好蛋糕”之末，而是两者兼顾，标本兼治，在“做大蛋糕”“做好蛋糕”的基础上“分好蛋糕”。对发展与增长原则产生的任何怀疑、动摇或者干扰，就是一种战略性的失误，就是改革开放事业的倒退。

（原载于《解放日报》2011 年 9 月 5 日，第 14 版）

①马克思：《资本论》第 3 卷，人民出版社 1975 年版，第 926 页。

倡导“社会主义调节经济”新话语

中国经济改革和发展已经到了一个新阶段，从西学东渐的引进阶段转向以建构东学、占领话语权制高点为特征的创新阶段。“术语革命”是这一阶段的重要标志。本人倡导的“社会主义调节经济”这一新话语，是在“社会主义市场经济”话语基础之上的深化、升华和发展。

这一新术语的特征有如下几点。一是具有马克思主义遗传基因、元素和话语。市场调节在马克思调节经济理论中，居于重要地位。二是具有中国本土化文化根基、价值支撑和话语内涵。秦汉以来一直把经济学视为经邦济世、强国富民之学，充分体现厚生、惠民、彰显民生本位的特征。把国家调节和市场调节融为一体，是中国对经济学的重大贡献。三是基于马克思总体性方法论和社会发展的“合力”理论。

着重寻找政府调节和市场调节之间边界厘定、变动和修正的规律，是这一新话语体系的重中之重。应该尽全力寻找和剖析经济发展全过程中平衡各种关系的契合点、调节点或者制约经济发展的合力，适时调整相关调节政策，不断地纠正市场缺陷和市场异化或者政府缺陷和政府异化亦即错位、越位、缺位现象，有针对性地处理不同阶段遇到的不同性质的问题。

如何着重从理论上阐释先进的社会主义公有制社会形式与市场经济的相互融合和调节，并由此而构建一种话语逻辑体系，这是构建社会主义调节经济话语体系的难点和创新处。私有制与市场经济这两者关系的调节、兼容和相互融合，曾经呼唤出巨大的生产力和资本主义物质文明；公有制社会形式与市场经济这两者关系的调节、兼容和相互融合，必将在更高一级程度上创造出前所未有的灿烂和辉煌。

（原载于《湖北日报》2014 年 6 月 17 日）

中国面临依靠谁发展的战略选择

大凡各个时代和一定的历史发展阶段，都不能回避发展，尤其经济发展这一永恒的主题。古代就有“万物皆流，无物长驻”“人惟求新，器惟求新”的提法。世纪之交是凸显和平发展、变革、转型和经济全球化趋势的时代。新兴国家如“金砖五国”“VISTA 五国”“灵猫六国”“新钻十一国”展现出强劲的发展潜力。尤其改革开放后的中国，创造了发展的世界性奇迹和科学发展理念。从发展是硬道理（邓小平）、科学发展观（胡锦涛），一直到“有效益、有质量、可持续的增长”（习近平），关于中国特色的发展理论是一脉相承的，并且已成为中国共产党和社会主义国家的指导思想、社会公众意识以及主流学术思想。经济领域中的科学发展观的主题是，着力把握发展规律、创新发展理念、破解发展难题，推进发展转型，不断实现科学发展、和谐发展、和平发展、平等发展。

一、 经济发展概念已日趋系统化

经济发展概念的演变和转型大致可划分为四个演化阶段：经济发展观阶段、社会发展观阶段、可持续发展观阶段，以及以人为中心的综合发展观阶段。20 世纪 50 年代一般把发展等同于经济增长；60 年代则认为发展包含增长加结构变化；70年代转变到强调贫困、失业和分配不公问题的改善；80年代把注意力转到环境与可持续发展；90年代以来，国际社会和国际组织对各国发展状况进行了反思和总结，实施了“发展目标”或“发展重心”从单一的经济增长到人类发展及可持续发展的革命性转型。联合国发展计划署1990年首次提出“人类发展”这一概念，并且每年推出一份人类发展报告，其中包括人类发展的概念与度量、人类发展的全球维度、人类发展的新维度、经济增长与人类发展。2011年达沃斯论坛的主题则是关注增长质量和平衡增长。经济合作与发展组织的最新发展报告《致力增长报告》(2013年）的主题，则强调结构性改革可以为政府提供强有力的手段以促进经济增长，创造就业机会。

经济发展概念历半个世纪的演变和转型已日趋系统化。它涉及六大向度：经济发展四大维度，包括数量维度、质量维度、成本维度（涵盖人力成本、社会成本、环境成本）和速度维度。应该看到，以往推动我国经济发展的人口红利、低成本红利、国际化红利已渐行渐远，而质量维度所涉及的技术含量、创新含量、结构优化含量（内在经济结构、外在制度结构），又是中国经济发展的软肋、短板和瓶颈，这就需要我们在理论和实践的结合上，进行科学论证和精确设计，旨在追求“有质量的增长”而告别低质量GDP、数量GDP和速度GDP。此外还有经济发展方式（怎样发展），经济发展目标和任务（为谁发展），经济发展的主体（依靠谁发展），经济发展成果的分配（谁来享受发展成果）以及发展成果评估指标体系，由此而组成基于六大向度或发展要素的经济发展概念体系。

二、 非科学发展向科学发展为重中之重

科学发展与非科学发展是衡量经济发展方式性质的关于“怎样发展”

的首要问题。非科学发展向科学发展的转型为重中之重。科学发展的含义，就是创新型发展、协调型发展、绿色型发展、公平与和谐型发展及非依附型发展，同时，还需整理和剖析改革开放过程中出现的种种非科学发展或者“增长困境”，例如无就业的增长、无情的增长、无声的增长、无根的增长、无望的增长、低头的增长、失控的增长等；问需于民，问政于民，问计于民，在“摸着石头过河”和“加强顶层设计”相结合的基础上，提出行之有效的克服非科学发展、促进科学发展的政策主张和解决方案。

三、“李嘉图定律”的阴影还在中国游荡

西方学术界自20世纪后期以来，对于西方主流经济学家崇尚的“李嘉图定律”、新发展主义、新生产力论、GDP至上主义及其速度型经济增长模式进行了深刻的反思和批判。社会生产力发展和社会的进步以牺牲某些阶级或阶层的利益为代价，被称为绝对合理的必然规律，这就是以英国古典经济学家李嘉图命名的“李嘉图定律”的实质。

积弱积贫和短缺经济的历史让中国成为最看重GDP总量的国家，一度以牺牲民生利益、社会环境和生态环境为代价，推崇以“GDP崇拜”“GDP情结”和“GDP图腾化”为标志的新发展主义，以至于生态环境恶化、资源严重浪费、发展难以为继、民生问题丛生，“李嘉图定律”的阴影至今还在中国游荡。因此，从追求单一的经济发展而罔顾社会发展和生态发展的模式，转变为三者并举的科学发展模式，是经济发展的重大转型。

四、克服中国大转型带来的剧烈阵痛

学术界自20世纪80年代以来，多次开展了关于发展与公平、正义和效

率之间孰主孰从、孰先孰后的争论。我们是效率与公平以及“做大蛋糕”“做好蛋糕”与“分好蛋糕”的辩证统一论者。没有惠及民生的发展（发展的目的），没有普惠式的收入增长（成果的分配），没有高水平低成本的发展（成果的质量），中国就会陷入“中等收入陷阱”“发展陷阱”乃至“李嘉图定律陷阱”。从效率优先、“先富”到注重公平、“共富”是极其重要的转型，概因其涉及到既定的生产关系的性质——“分配关系本质上和生产关系是同一的，是生产关系的反面”（马克思，1867 年）——乃至国家和意识形态的性质。

如何搞好关于利益格局的配置和发展红利分配的顶层设计，克服微观层次（居民个人收入之间）、中观层次（城乡、地区和行业之间）、宏观层次（国家与居民收入之间）的三大分配失衡问题，这是中国经济发展必须迈过去的一道坎。关键在于克服中国大转型带来的阵痛，包括尖锐的利益冲突和激烈的利益博弈，坚持维护社会公平正义，坚持走共同富裕道路，大力搞好城镇化建设，扩充中产阶级队伍，促进公共服务均等化，以及构建具有路标导向的衡量经济发展成果的科学的指标体系，其中包括物本发展指标（涉及绿色 GDP 和质量 GDP 指标体系）、人本发展指标（涉及民生 GDP，以及“隐性的国民财富”，即人的全面发展和“幸福感、社会关系与权利共享”）以及社会制度发展指标。

五、由“两轮驱动”到“四大主体驱动”

谁是经济发展的主体，也就是依靠谁发展的战略性选择问题。经济发展应该从仅仅依赖国家和市场的“两轮驱动”，转变为依靠国家、市场、社会和文化的“四大主体驱动”，这是经济发展转型进而启动中国新一轮深度改革的关键所在。

厘清政府与市场的边界是重中之重。国家干预主义与经济自由主义斗了几百年。一个英国人约翰·穆勒在150多年前就阐述了包括市场缺陷论和国家缺陷论或者市场失灵和政府失灵在内的“双缺陷（失灵）论”。在现阶段，务必谨防市场缺陷和市场异化，务必谨防政府缺陷和政府异化，务必谨防“中国式新经济自由主义”“中国式新凯恩斯主义”和“中国式新重商主义”。例如把带公共产品性质的医疗卫生事业和具备准公共产品特性的房地产行业推向市场；长期以来以外汇储备额和GDP量为衡量标准，推崇以出口导向和投资拉动为标志的政府主导型增长模式。务必让甚嚣尘上的市场权力尤其是政府权力回归制度和法律的笼子，尤其要杜绝权贵资本主义和新自由主义资本主义。中国市场经济改革行程已经逼近到这样一个历史拐点：摒弃泛市场化或者纯市场化改革导向，转向涵盖非经济领域的多元化的综合改革，转向有选择的（公共品和准公共品应程度不一地退出纯市场化改革）、有国家干预体系予以配套的、建立在社会主义基本制度之上且在科学发展观统领下的中国特色的市场导向改革。

六、 注重经济发展方式这一中介范畴的转型

“经济发展”从初始的概念层次上升到“经济发展总体”，必然涉及经济发展规律、经济发展模式和发展道路等问题。推动经济发展的本质规律可以表述为：生产力—中介范畴—生产关系的辩证运动。众所周知，一切事物的矛盾运动具有对立性、统一性和中介性，一切差异都在中间阶段融合，一切对立都经过亦此亦彼的中间环节或中介范畴而互相过渡和转化。生产关系也是如此。它是不可能直接与生产力发生作用的，必须通过一系列中介范畴、中介环节和中介运动，才能与现实生产力相结合。这一类中介范畴和中介环节的可贵品性，在于它们充当了生产力与生产关系相互作

用和相互结合的管道，扮演了旨在推进生产力发展，诱致生产关系革命、变革或完善，从而使生产力和生产关系达到最佳结合的突破口这一重要角色。

选择何种能够使生产力和生产关系平衡发展的中介范畴与突破口？这是一种战略性思考和顶层设计。中国的实践表明：新中国基本经济制度（1949—1978 年）、市场经济体制（1978—2008 年）扮演了这一类性质的中介范畴，极大地谁动了中国的经济发展；而现阶段终于选定的经济发展方式涉及发展理念的变革、发展模式的转型、发展路径的创新，引起生产方式、生活方式和思维方式的深刻变化。因此，从一定意义上说，转变发展方式像改革开放一样，是关系我国发展命运的战略抉择，是新的历史条件下的一次新的革命性转型。

（原载于《社会科学报》2013 年 6 月 6 日）